她們的選擇

作家們想說

關於人工流產，

CHOICE WORDS:
WRITERS ON ABORTION

安妮・芬奇——主編
聞若婷、夏荣泓——譯
EDITED by ANNIE FINCH

獻給我的姊姊

瑪莉・達布尼・貝克・芬奇
（Mary Dabney Baker Finch, 1952–2018）
很遺憾，
妳年輕時悄悄進行的人工流產，
對妳和許許多多女性造成了傷害

目 錄 Contents

11　前言………凱莎‧波利特｜Katha Pollitt
15　引言………安妮‧芬奇｜Annie Finch

▍心智 MIND

28　〈你在這裡〉………Cin Salach
30　〈早孕驗孕棒〉………Desiree Cooper
33　出自《布魯斯特街的女人們》………Gloria Naylor
36　〈母性〉………Georgia Douglas Johnson
37　〈（安柏）〉………Debra Bruce
38　出自《灶君娘娘》………譚恩美
45　〈一百萬個女人都是你的母親〉………Saniyya Saleh
51　〈哦對耶，因為妳可以選擇不要〉，出自《現在，一路向北》………Emily DeDakis
56　〈非自願墮胎〉………Caitlin McDonnell
61　〈自由且安全地墮胎〉………Ana Gabriela Rivera
63　〈荒野自身〉………Molly Peacock
65　出自《瑪麗亞：又名，女人之過》………Mary Wollstonecraft
69　〈妳沒有名字，沒有墳墓，沒有身分〉………Manisha Sharma
71　〈脆弱的五月期〉………Burleigh Mutén
73　出自《逾期》………Anne Finger
77　出自《刺耳：一個大聲婆的筆記》………Lindy West

85 〈藥丸與春田市礦坑慘案〉………… Joanna C. Valente

86 〈你不懂〉………… Judith Arcana

88 〈加扎勒〉………… Jenna Le

90 出自《你最近有為我做過什麼嗎？》………… Myrna Lamb

94 〈人工流產術後問卷──由SurveyMonkey公司進行調查〉………… Susan Rich

身體BODY

100 出自〈譚林〉………… 無名歌謠詩人

107 〈機器負責的事〉………… 林玉玲

109 出自《熱與塵》………… Ruth Prawer Jhabvala

113 〈讚美詩〉………… Alina Stefanescu

114 〈記1962年遭非法執行人工流產手術致死並碎屍萬段的十九歲少女芭芭拉・洛夫拉曼托〉………… Pat Falk

116 出自《祈求釋放子宮內有靈生命的自我儀式》………… Deborah Maia

119 〈而邊隙出現了〉………… Lauren R. Korn

121 〈拉扯〉………… SeSe Geddes

122 〈即使妳別無選擇，妙音天女仍會讚頌妳的名〉………… Purvi Shah

125 〈招募新諮詢師〉，出自《珍：人工流產地下組織》………… Paula Kamen

129 出自〈箱子組詩〉………… Sue D. Burton

131 〈生產〉………… Wendy Chin-Tanner

135 〈紅字A〉………… Soniah Kamal

154 〈抱歉我遲到了〉………… Kristen R. Ghodsee

157 〈鵜鶘〉………… Mahogany L. Browne

158 〈異國神祇與孩童的名字〉………… Valley Haggard

161 〈最後一次月經來的日期〉………… Amy Alvarez

163　〈還記得我的印第安祖父是如何告訴我
　　關於一個懷孕的女人吞下了西瓜籽〉………… Jennifer Reeser
165　節錄自〈自己找路回家〉………… Leila Aboulela
169　〈一顆酪梨打算要墮胎〉………… Vi Khi Nao
171　〈蛋黃（動詞）〉………… Emily Carr
175　〈這個醫生說：人工流產屬於醫療保健〉………… Sylvia Ramos Cruz
177　〈在這之中，我是一座火山〉，摘錄自《終止：一》…………
　　Lynne DeSilva-Johnson
181　〈冷盤與受孕〉………… Julia Conrad
183　〈我的藉口：我墮過一次胎。妳呢？〉………… Laura Wetherington
185　〈德黑蘭的寶石〉………… Sholeh Wolpé

情感 HEART

190　〈地方〉………… Mariana Enriquez
193　〈婦女解放運動〉………… Judith Arcana
195　〈看板教宗〉………… Galina Yudovich
198　〈下葬〉………… Pratibha Kelapure
199　〈她沒有告訴她媽媽（一首拼貼詩）〉………… 肯亞青少年與 Annie Finch
201　〈提著燈的女士〉………… Dorothy Parker
210　〈關於我的身體，我已經習慣保密〉………… Josette Akresh-Gonzales
214　〈天氣〉………… Lisa Coffman
215　〈那失蹤的五千萬人〉………… Shikha Malaviya
217　〈我的姊妹，她一會兒長大一會兒又變小〉………… Linda Ashok
220　〈北愛爾蘭流亡者的推文〉………… Jennifer Hanratty
237　〈童貞殺手（給愛人的信）〉………… Thylias Moss
241　〈墮胎幻視〉………… Larissa Shmailo
242　〈熄滅的黃銅熔爐：人工流產後之歌〉………… Diane di Prima

253　〈曾經如此，依然如此〉⋯⋯⋯Alida Rol
255　出自〈人工流產〉⋯⋯⋯Anne Finger
257　〈通經劑之歌〉⋯⋯⋯Lesley Wheeler
259　〈只是一陣風〉⋯⋯⋯Farideh Hassanzadeh-Mostafavi
260　〈亡靈〉⋯⋯⋯Teri Cross Davis
262　〈忽現心頭的墮胎回憶〉⋯⋯⋯Leslie Monsour
263　〈葛麗特：成為非母親〉⋯⋯⋯Lauren K. Alleyne
264　〈哞叫與奴僕〉⋯⋯⋯Dana Levin
268　出自《愚人之船》⋯⋯⋯Cristina Peri Rossi
273　〈人工流產〉⋯⋯⋯Bobbie Louise Hawkins
276　出自《有請擲幣人》⋯⋯⋯Dymphna Cusack & Florence James
281　出自〈堅守陣地〉⋯⋯⋯Ursula K. Le Guin
295　〈一顆藍莓大小的，親愛的小輓歌〉⋯⋯⋯Katy Day
297　〈再見，我的愛人〉，選自《墮胎聖禮》⋯⋯⋯Ginette Paris
301　〈來生〉⋯⋯⋯Joan Larkin

意志 WILL

304　〈經由血液〉⋯⋯⋯Busisiwe Mahlangu
306　出自《薩米：我的新名字》⋯⋯⋯Audre Lorde
317　〈生命之泉〉⋯⋯⋯Ann Townsend
320　節錄自〈「概念」引言及「概念」〉⋯⋯⋯Hilde Weisert
322　〈不是你的〉⋯⋯⋯Angelique Imani Rodriguez
327　〈做一個女人〉⋯⋯⋯Jennifer Goldwasser
328　〈墮胎日的雙人和聲咒語〉⋯⋯⋯Annie Finch
329　〈我想她是女孩〉⋯⋯⋯Leyla Josephine
333　〈關於選擇〉⋯⋯⋯Alexis Quinlan
334　〈我們女人〉⋯⋯⋯Edith Södergran

• 7 •

335 〈美國人工流產十四行詩第七首〉………… Ellen Stone

337 〈做完人工流產，有個計畫生育聯盟的白人志工大嬸
問我丈夫有沒有來，還捏了一把我的大腿，說「妳做了對的決定，」
又說，「要是川普當上總統就慘了，
我是說，妳可能根本不會在這個地方。」〉………… Camonghne Felix

341 〈新世界秩序〉………… Lisa Alvarado

343 出自《大地的女兒》………… Agnes Smedley

346 〈告解第一首〉………… Yesenia Montilla

347 〈惹麻煩〉………… Jacqueline Saphra

349 〈孩子的聖戰〉………… Ana Blandiana

350 〈許諾〉………… Gloria Steinem

靈魂 SPIRIT

354 〈一個好女人永遠不會這麼做〉………… Sylvia Beato

355 〈墮胎並不美〉………… Nicole Walker

358 〈抹大拉的馬利亞〉………… Amy Levy

363 〈法令更改的那一年〉………… Carol Muske-Dukes

365 〈我盛開了〉………… Angie Masters

367 節錄自〈日冕與告解〉………… Ellen McGrath Smith

371 〈那個承諾〉………… Tara Betts

372 節錄自〈一場墮胎的療癒儀式〉…………
Jane Hardwicke Collings & Melody Bee

374 〈向死而生生產計畫書〉………… Hanna Neuschwander

390 〈那一天〉………… Arisa White

392 〈新興宗教〉………… Mary Morris

393 〈萬福瑪利亞〉………… Deborah Hauser

395 〈蜥蜴〉………… Ulrica Hume

398 〈靈禱文〉⋯⋯⋯⋯ Starhawk
400 〈失去的嬰兒之詩〉⋯⋯⋯⋯ Lucille Clifton
402 〈火篇〉，出自《人工流產：療癒儀式》⋯⋯⋯⋯
　　 Minerva Earthschild & Vibra Willow
405 〈一場人工流產〉⋯⋯⋯⋯ Frank O'Hara
407 節錄自〈接生婆守則〉，出自《我惡名昭彰的人生》⋯⋯⋯⋯
　　 Kate Manning
411 〈妮可萊特〉⋯⋯⋯⋯ Colette Inez
413 節錄自〈莉莉在雕像室進行人工流產〉，出自《與女神同行》⋯⋯⋯⋯
　　 Annie Finch
416 〈寬恕禮拜堂〉⋯⋯⋯⋯ Cathleen Calbert
418 〈害喜／哀疾〉⋯⋯⋯⋯ T. Thorn Coyle
420 〈搖籃曲〉⋯⋯⋯⋯ Claressinka Anderson

422 謝詞
427 重印文本出處
432 作者介紹
447 21世紀前作品年表

編註：由夏菉泓翻譯的篇章為第一部「心智」〈你在這裡〉至〈荒野自身〉；第二部「身體」〈鵜鶘〉至〈德黑蘭的寶石〉；第三部「情感」〈地方〉至〈北愛爾蘭流亡者的推文〉，以及〈一顆藍莓大小的，親愛的小輓歌〉至〈來生〉；第四部「意志」〈經由血液〉至〈我們女人〉；第五部「靈魂」〈一個好女人永遠不會這麼做〉至〈萬福瑪利亞〉。其餘篇章由聞若婷翻譯。

前言
凱莎・波利特 | KATHA POLLITT

　　從幾千年前開始,女人就在進行終止妊娠這回事了,然而我們卻很難想出幾首提到人工流產的經典詩作或故事,即便有,多半也是由不以為然的男人所寫的。試想艾略特的詩作〈荒原〉(The Waste Land),其中提到酒吧中一群勞工階層的女性粗野地議論某個朋友吞藥丸來「打掉它」;或是海明威的短篇小說〈白象似的群山〉(Hills Like White Elephants),故事中,一個漫無目標的異鄉人想要說服他貼心而順從的女友去做人工流產,但她顯然並不情願。人工流產在男性筆下是一種象徵,象徵現代的疏離以及更廣泛的貧乏,幾乎沒有例外。

　　唯有女性作家才能賦予這個主題血淋淋的現實感以及情感面與社會面的複雜層次。早在1960年代和1970年代婦女解放運動前,女性就在書寫人工流產,既是記錄個人經驗,也視其為廣泛的議題:它是一種必要的自衛手段,用來對抗貧窮、汙名、疲憊、難以承受的社會期待、自身太過旺盛的生育力,以及野蠻的男人。

　　人工流產是數百萬女性共有的經驗,但世上卻不存在一種普遍性的人工流產經驗,因為每個女性都不同。你所能想像到的每一種人工流產,幾乎都收錄在本書裡了。合法與非法的,安全與危險的,還有致命的;雖千萬人吾往矣的,以及聽命於人——甚至受制

於人——的;為了找回自我的,以及為了放棄自我的。有的是悲劇,也有的像是諷刺的喜劇,如同 Vi Khi Nao 在〈一顆酪梨打算要墮胎〉中寫道:

一顆酪梨打算要墮胎。葡萄柚該怎麼辦?又不是它讓它懷孕的。肯定不是。

在〈早孕驗孕棒〉裡,Desiree Cooper 精確地寫出了人工流產的多樣化,以及它的無所不在:

喬依絲一直到八年後結了婚才有性生活。崔希回到工作崗位上,像什麼都沒發生過一樣。我們每逢周年都會捐一筆錢。我們懷著記憶度過餘生。我們再也沒有想起這件事。

在大眾的想像中,人工流產與排斥母性畫上等號——進行人工流產的女人都是冷血的「職業婦女」、仇孩、不負責任的蕩婦。然而在現實生活中,進行人工流產的美國女性,約有60％都已經有孩子了。有一件事雖不令人意外但仍值得注意,那就是在這些篇章中,我們發現人工流產往往被置於母性的脈絡下,尤其是黑人作家。Georgia Douglas Johnson 的人工流產詩作為〈母性〉;Gwendolyn Brooks 的作品叫〈母親〉[1]。在〈失去的嬰兒之詩〉裡,Lucille Clifton 寫道:

1　編註:因未取得授權,繁體中文版並未收錄 Gwendolyn Brooks 的作品〈母親〉(the mother)。

倘若我無法為了你絕對會有的弟弟妹妹
成為一座堅強的山
就讓河川將我滅頂吧

不過有一種人工流產你不會在本書中看到，那就是假想式的反墮胎宣傳：因為輕浮而做的無謂人工流產，淫蕩而不自愛的女人懶得採取保護措施而人工流產，貪圖「方便」而人工流產。正如Marge Piercy在她詩名取得很棒的作品〈生的權利〉[2]中所寫的：

我不是你的玉米田，
不是你的鈾礦場，不是讓你
養肥的小牛，不是你擠奶用的乳牛。
你不准拿我當你的工廠。
神父和立法者未持有
我子宮或大腦的股份。
這是我的身體。如果我曾給了你
我要拿回來。我的生命
是不容討價還價的合法要求。

人工流產永遠都是很嚴肅的一件事。和生產一樣嚴肅。

2　編註：因未取得授權，繁體中文版並未收錄Marge Piercy的作品〈生的權利〉(Right to Life)。

引言
安妮・芬奇｜Annie Finch

　　我在1999年做了人工流產。在搜尋文學作品來幫助自己走過這段經歷時，我才發現自己鮮少讀到任何關於人工流產的作品（而我還擁有文學博士學位）。我非常詫異地發現，竟然沒有一本像樣的文選集，是以我和數百萬人生命中最深刻的經驗為主題。人工流產是一種叩問生死議題，揉合了生理、心理、道德、精神、政治和文化面的現實，應該成為文學作品的一大主題才對。

　　本書即為這最初的震驚和失落感中衍生而出，累積二十年的搜尋結果。我登高一呼徵求詩歌、長短篇小說和劇本，並聯絡作家與學者尋求推薦和指引，結果發現一些重要作家確實曾寫過這個題材，但它們若不是很難覓得，就是未曾出版，或是被埋沒在廣大的文學之海中。這個計畫有時候真令人氣餒，就在我瀕臨放棄的時候，一場令人受創的總統選舉以及令人憤怒的最高法院任命案，又重新燃起我將本書編完的鬥志。

　　隨著歲月累積，這本文選集日漸豐碩，包含了抒情詩與敘事詩、劇本、短篇小說、推特文、回憶錄、極短篇、儀式紀錄、日記，以及長篇小說的部分段落。這些文字能喚起讀者心中的悲傷、抗拒、恐懼、羞愧、迫切、愛、敬畏、柔情、傷痛、懊悔、同情、希望、絕望、決心、憤怒、自豪、安心和平靜。本書收錄了十六世紀到二

• 15 •

十一世紀的作者，跨越多元的種族、文化、性別與性傾向，包括來自各種背景的美國作家，也能聽見來自保加利亞、中國、英國、芬蘭、印度、伊朗、愛爾蘭、肯亞、北愛爾蘭、巴基斯坦、羅馬尼亞、沙烏地阿拉伯、蘇格蘭、南非、蘇丹和敘利亞的聲音，分享階級、父權、種族、財富、貧窮和宗教傳統，如何影響我們對人工流產的看法以及相關經驗。

本書包含許多走在時代尖端、勇於發聲的指標性文章，例如 Blandiana 的〈孩子的聖戰〉；Brooks 的〈母親〉；Clifton 的〈失去的嬰兒之詩〉；Lamb 的《你最近有為我做過什麼嗎？》；Piercy 的〈生的權利〉；Saleh 的〈一百萬個女人都是你的母親〉；以及 Wollstonecraft 的《瑪麗亞：又名，女人之過》。有些作品是感動人心的第一人稱敘事，寫作者由當代的巴基斯坦高中生到 Audre Lorde 和 Gloria Steinem 等女性主義傳奇人物都蒐羅在內。其他作品則表現出重要作家充滿想像力的文學眼光，例如 Margaret Atwood、Ruth Prawer Jhabvala、Ursula Le Guin、Gloria Naylor、Joyce Carol Oates、Anne Sexton、Ntozake Shange、Leslie Marmon Silko、Edith Södergran、譚恩美、莫言[3]，以及許多作家。

本書中充滿力量的文學作品描繪出我們共同的勇氣，一方面艱困地爭取生育自由，一方面申明身體自主權對人類自由與健全是多麼必要。它們寫出種種文化上、政治上、宗教上的壓迫，要我們生孩子，要我們進行人工流產，或是讓我們必須在羞愧、沉默和孤立中做出生育方面的抉擇，會對我們造成多麼可怕的情緒和生理折磨。這些是我們應該從現在開始好好體會的文字。

---

3 編註：因未取得授權，繁體中文版並未收錄 Margaret Atwood、Joyce Carol Oates、Anne Sexton、Ntozake Shange、Leslie Marmon Silko、莫言的作品。

本書的架構

本書分為五個部分:「心智」、「身體」、「情感」、「意志」、「靈魂」。「心智」聚焦於大家是如何做出往往很煎熬的終止妊娠決定,以及在一些不能公開談論人工流產的時代和文化中,我們如何獨自承擔這個決定的重量,忍受沉默不語的壓抑感。從 Debra Bruce 的故事中一個年輕女人被抗議者糾纏到放棄原本的決定,到 Gloria Naylor 於《布魯斯特街的女人們》中描繪的貧窮和家庭衝突,再到 Lindy West 描寫當代做決定時的泰然,這部分生動地證明了人工流產這回事,最終決定權只應該屬於子宮裡裝著胚胎的那個人,因為不論他人如何影響,要永遠伴隨這個決定活下去的是這個心智、身體、情感、意志和靈魂。正如同 Caitlin McDonnell 所寫的:「無論做決定的過程多麼地痛苦,充滿多少搖擺不定與自相矛盾,這都是我們的決定。」

「身體」主要探討人工流產的生理經驗,這種經驗儘管有其普世性,卻又因時代與文化而呈現巨大差異,就從十六世紀英文敘事歌謠[4]〈譚林〉中,女主角「在歡欣的翠林中」尋找能墮胎的草藥說起。從林玉玲描寫 1970 年代在「長長的一排又一排死寂的」行軍床上進行的毫無人味的人工流產,到 Ruth Prawer Jhabvala 敘述印度的產婆用按摩提供平靜的人工流產,這些文字不只呈現出人工流產的真實情況,也告訴我們它是很有彈性的;人工流產有如此多種版本,我們大可以重新想像它的傳統,來配合我們的需求。

「情感」聚焦在人工流產刻骨銘心的情緒層面,開篇即是 Gwendolyn Brooks 震懾人心的詩作〈母親〉,其中有一個令人難忘的句子

---

4 譯註:此處原文為 "English ballad"。〈譚林〉實際上是十六世紀源自蘇格蘭、以蘇格蘭語創作的敘事歌謠,然而本書收錄的版本已經相當接近現代英文,而非原始的語言形式。

是「人工流產不會放過你的記憶」。這部分呈現出未消化的悲傷情緒，如 Diane di Prima 的〈熄滅的黃銅熔爐：人工流產後之歌〉，以及 Zofia Nałkowska 筆下1935年一名悲慘的波蘭女性，在孤立又充滿創傷的人工流產後陷入憂鬱[5]。這裡也提到在講求客套的社會中保持沉默有多麼孤獨，Dorothy Parker 在令人難忘的辛辣諷刺文中描繪出這件事。這部分的許多文章也生動傳達出一些熱心的人如何充滿愛地幫助我們走過人工流產的過程。這裡提到義氣相挺的朋友，Ursula K. Le Guin 的〈堅守陣地〉中母女間的緊張紐帶，以及 Judith Arcana 溫柔地描繪出勇敢而有同情心的人工流產運動人士，如何在墮胎合法化的年代之前幫助大家尋求非法管道。

「意志」著眼於我們生育力中固有的個人與政治力量，以及即使人工流產合法且在文化上也為人所接受，做出這決定仍然可能需要勇氣和決心。這部分的許多篇章呈現出女性針對自己身體裡的生與死，重新取回道德權威，那是我們這具有繁殖能力的身軀與生俱來的權利——無論是 Alexis Quinlan 大膽地將生育自由冠上二十世紀末的一句軍隊口號「盡你所能」（be all you can be），或是一百年前的 Edith Södergran 以更為低調的用語爭取同樣權利。這部分包含 Audre Lorde 1950年代在布魯克林獨自偷偷做的人工流產，也有 Marge Piercy 令人著迷又豪氣的〈生的權利〉，開頭就是值得記誦的句子「女人不是一棵梨子樹／不假思索地拚命產果／捧向這個世界……」；Kathy Acker 經典的實驗性文學〈唐吉訶德的人工流產〉將女主角視為勇敢的騎士，身上綠色的病人服是她的盔甲；還有 Ntozake Shange 令人目不轉睛的文字，描寫一個女人下定決心不計任何代價也要擺脫令她受

---

5 編註：因未取得授權，繁體中文版並未收錄 Zofia Nałkowska 的作品《邊界》(*Granica*)。

盡創傷的身孕[6]。

「靈魂」以詩歌、散文以及戲劇化的儀式典禮收束這本書,將人工流產置於靈性的框架內來檢視。這部分的共同主題是,許多人在父權制信仰的脈絡下,試圖釐清她們該如何看待自己做了人工流產這件事而產生的羞愧與困惑。Kate Manning 小說中維多利亞時代的產婆X夫人,講出了她身為基督徒只可能以什麼道德標準看待人工流產(「它自始至終都沒有活過」)。另一方面,Leslie Marmon Silko 和 Margaret Atwood 寫出在這段脆弱時期,自然對女性來說具有什麼靈性療癒力量。[7]如同 Deborah Maia 和 Ginette Paris 在本書其他部分的文章,這部分的儀式呈現出人工流產與女性主義的靈性層面是互有關聯的:必須走上人工流產這條路,可能促使女性重新發揚靈性智慧;而既有的以女性為主的靈性思考,也能為人工流產提供發生的場域,在這個場域中,生命和死亡都被視為神聖的。[8]

模式與共同主題

我們寄望於作家來闡明我們的感情,幫助我們正視自身未獲承認的部分,並與他人那些感覺陌生或具威脅性的部分結合,讓我們複雜又矛盾的思緒能盡情抒發。這是此時此刻,文學在關於人工流產的論述中扮演如此關鍵角色的原因之一。政治上的論點早已講到爛了;從某個角度來看,已經沒什麼可說的了,然而該說的話仍有

---

6 編註:因未取得授權,繁體中文版並未收錄 Kathy Acker 的作品〈唐吉訶德的人工流產〉(Don Quixote's Abortion),以及 Ntozake Shange 的作品。
7 編註:因未取得授權,繁體中文版並未收錄 Leslie Marmon Silko 和 Margaret Atwood 的作品。
8 原註:參見瑪麗・康德倫(Mary Condren)精采的著作《毒蛇與女神》(*The Serpent and the Goddess*),此書探討愛爾蘭宗族社會的起源,提供了類似連結的一個驚人歷史案例。

太多太多。這本書裡的聲音，能贈予讀者精準的洞見、生理知識、同情心、意志力以及直觀的祝福。它們未提供簡單的答案，不過確實呈現一些模式：

以愛為出發點的人工流產

哲學家索蘭・瑞德（Soran Reader）在一篇犀利且前衛的論說文中，指出無論對於原有的孩子抑或決定不生下來的孩子而言，母親們選擇人工流產都是一種充滿愛的關懷之舉。[9] 我們當前的社會結構以相反的刻板印象纏繞住人工流產的概念，正顯示女性與制定法令者之間存有多麼大的鴻溝。然而若是本書中女性遭到政府和宗教暴力荼毒的諸多陳述激發讀者的憤怒和悲傷，也請別忽略了從陰影中浮現的隱微光點，也就是一切都有改善空間的預兆。例如 Ruth Prawer Jhabvala、Deborah Maia 以及 Hanna Neuschwander 的精采作品，都以勇氣和溫柔示範了在充滿關愛的社群中，是可以造就保有力量與尊嚴的人工流產經驗的。

日常活動般的人工流產

儘管與女人和死亡相關的疑慮與不安，結合成一團縈繞在人工流產這種行為上的毒霧，但本書某些文章中所描述的痛苦經歷並非源於人工流產手術，而是來自這種手術遭到控制、強迫、判為非法、受到審查，或是被譴責。不論最後的結果是像 Langston Hughes[10] 和譚恩美的選文中所言的死於非命，或是像 Soniah Kamal 的〈紅字A〉

9　原註：Soran Reader, "Abortion, Killing, and Maternal Moral Authority," *Hypatia* 23, no. 1 (Jan-March 2008): 136-139.
10　編註：因未取得授權，繁體中文版並未收錄 Langston Hughes 的作品。

中說的,被強制的緘默引發羞恥與疏離感,令人耿耿於懷、一蹶不振的,都是因為失去了掌控自己身體實質的權利。本書中多樣化的視角顯示生育選擇很獨特,它因人而異且複雜——因此絕對不該由任何人藉著法律規範來替另一個人作主。人工流產是正常的;暴力地控制人工流產才不正常。

作為象徵和原型的人工流產

如同死亡與新生,人工流產具有強大的象徵力量,能夠擴張作家的創作版圖。對於本書的某些作家而言,人工流產本身不是她們要講的重點,而是談論另一個主題的媒介;例如,將懷孕時優先考慮到自己,連結到做自己人生的主角,就是很多篇選文中明顯可見的主張,包括 Rita Mae Brown[11]、Angelique Imani Rodriguez 和 Lindy West 的作品。Ulrica Hume 的〈蜥蜴〉中的人工流產,某程度上可視為一種觸發作用,而它在角色內心觸發的更深層的轉變,或許才是故事真正的主題。如同凱莎・波利特在前言中指出的,男性作家往往將「人工流產」當作貧乏和疏離的象徵。Langston Hughes 的〈恬不知恥的珂拉〉可視為延續這個傳統,不過加入了種族議題而更形細膩和複雜。[12] 譚恩美那篇擷取自《百種神祕感覺》的選文中,由於決定人工流產時會召喚超乎現實的破壞力量,它似乎染上些許神話色彩。[13] Pat Falk 曾在談及本書所收錄的她的詩作時,寫道:「〔芭芭拉・珍的〕死亡、肢解——褻瀆——的畫面,在我腦中成為了一種

---

11 編註:因未取得授權,繁體中文版並未收錄 Rita Mae Brown 的作品。
12 編註:因未取得授權,繁體中文版並未收錄 Langston Hughes 的作品〈恬不知恥的珂拉〉(Cora, Unashamed)。
13 編註:因未取得授權,繁體中文版並未收錄譚恩美在《百種神祕感覺》(*The Hundred Secret Senses*)中的選文。

隱喻，指涉的是在所有女性和男性，乃至於我本人心裡，已經被扭曲、否定、貶抑的女性原則。」

唯有自由是非暴力的——而自由需仰賴公義

任何違反他人意志而強迫做出的生育決定，都有暴力成分在其中。正如同 Hanna Neuschwander 的文章，Jennifer Hanratty 的推特文分享了基於醫療理由而必須放棄很想保留的胎兒，卻得承受反墮胎法或他人偏見的打壓，這樣的婦女有多麼痛苦。很多讀者可能會在本書中訝異地發現一件事，那就是儘管美國和歐洲大部分國家的人民認為施行人工流產是基本自由，然而由 Linda Ashok、Shikha Malaviya、Manisha Sharma 和莫言[14]的選文可清楚看見，數百萬女性拚了命要拒絕施行人工流產——通常肚子裡是女嬰。唯有生育公義存在時，才有選擇權可言，而 Ai[15]、Gloria Naylor、Saniyya Saleh 等許多作家，都一再演示了由貧窮、財富、政治、族裔、階級、宗教、婚姻狀態、年齡、地理位置或國籍造成的差異，是如何不公平地限制了生育自由。儘管有那麼多差異，讓父權制能見獵心喜地拿來當作藉口，合理化明擺在眼前的生育不公平，然而，本書跨文化而又直陳真相的內容，仍揭露了不公平本身具有一些關鍵的相似之處——譬如，譚恩美的《灶君娘娘》以及 Mary Wollstonecraft 的《瑪麗亞：又名，女人之過》中主角所面臨的處境。看出這類廣泛的模式既令人振奮和有所啟發，同時也讓人深為驚恐。

---

14 編註：因未取得授權，繁體中文版並未收錄莫言的作品。
15 編註：因未取得授權，繁體中文版並未收錄 Ai 的作品。

生育自由可能帶來複雜情緒

儘管本書的前提是,能進行安全合法的人工流產屬於基本人權,但我仍選擇納入許多對於終止妊娠表達慘烈悲悔,或是對人工流產的道德和精神面存有疑慮的文章,包括 Lucille Clifton、Teri Cross Davis 和 Farideh Hassanzadeh-Mostafavi 的作品。這不是自相矛盾。我們對某一次人工流產有負面情緒,並不表示人工流產整件事是錯的。如同 Caitlin McDonnell 所指出的,可能產生負面感受,正是做決定所要擔負的責任之一。

對人工流產的感受可能會因時而進

人工流產的後續效應就和手術本身一樣多元,而復元可能是一種動態且持續變化的過程。如同 Ava Torre-Bueno 可貴的著作《人工流產後的和平》(*Peace After Abortion*)所解釋的,在做完人工流產後,我們有些人覺得需要情緒上的療癒,而這可能提供一條路徑,去面對其他與人工流產無關的舊傷口。有好幾位作者都告訴我,她們在事隔三十年、四十年,甚至五十年後,再書寫當初進行人工流產的經歷,令她們的心靈終於獲得平靜;有些人覺得這本文選集是頭一回有人允許她們把這件事寫出來。需要被述說的人工流產故事是不會放棄的。但是相反地,文章中寫到的某些人,幾乎是立刻就繼續過日子了,只需要在女同志酒吧跳一支挑逗的舞,在保加利亞喝一杯葡萄酒,或是在格林威治村吃一個燻牛肉三明治。

連結與支持的重要

這些選文中,很多都寫到了充滿關懷的支持者有多麼重要:Ursula K. Le Guin〈堅守陣地〉中的女兒,Audre Lorde《薩米》中的路

易斯小姐，Rita Mae Brown《紅果叢林》中的準情人[16]，Gloria Steinem 回憶錄中的醫生，Deborah Maia《祈求釋放子宮內有靈生命的自我儀式》中的靈母，Sholeh Wolpé〈德黑蘭的寶石〉中的朋友。另一方面，缺乏這樣的支持可能令人痛苦難耐，像是 Dorothy Parker 逗趣至極的故事中所挖苦的，或是在 Deborah Hauser 的〈萬福瑪利亞〉中那位母親的刻薄所呈現的，或是可從肯亞青少年在〈她沒有告訴她媽媽〉的文字中流露的孤寂感體會。有一項隱微而悲哀的明確事實是，父權制對女性以及非常規性別者的傷害，會代代相傳，使我們在生死關頭失去照顧與珍惜彼此的能力。

對本書的期許

我期許本書發揮的作用，可以用三個同心圓來代表：個人經驗、共同理解、社會變革。在個人層次，我希望這本書對本身要做人工流產或是想深入了解它的讀者有所幫助，提供同情、支持、陪伴與洞察。無論你對這議題持何種立場，都希望這本書使你更加明白，做過人工流產的人一樣保有完整的人性。若你正在產科診所候診室閱讀這本書（感謝將近五百位贊助者支持 Kickstarter 募資活動，捐贈書籍給診所），即使你只有幾分鐘空檔，你也很可能讀到一些凝聚心神、撫慰心靈，或是堅定意志的文字，不管是 Leyla Josephine、Busisiwe Mahlangu 或是 Marge Piercy 的作品。

在共同理解的層次，我期許本書成為各文化和文學本身，以及相互對照時的知識與啟發來源。即使是平日不太讀文學的人，也會在這些篇章中發現豐富的人性連結——關於我們所重視的生命的故

---

16 編註：因未取得授權，繁體中文版並未收錄 Rita Mae Brown 的作品《紅果叢林》(*Ruby Fruit Jungle*)。

事，傳達我們必須更深入了解的感受的詩歌，鋪陳出可以用什麼迫切的新方法將我們的生活與思維套入情境的劇本和散文。至於文學面，當本書選文的作者回應男作家的文本——Kathy Acker[17]回應Cervantes，Joanna C. Valente回應Richard Brautigan——或是點明我們自以為了解的女性作家原來在其想像世界中為人工流產賦予什麼角色——Lesley Wheeler對Edna St. Vincent Millay，Yesenia Montilla對Anne Sexton——她們也以前所未有的方式重塑了文學傳統。

　　如同任何一本文選集，本書只是一個起點。在編輯過程中我對此深有體會，因為某些作家的觀點亟需被聽見，包括受到囚禁以及跨性別的作家，然而我向其邀稿，孜孜矻矻地追索了漫長時光後，卻仍然一無所獲。國家跨性別平權中心（National Center for Transgender Equality）的Gillian Branstetter對我說的話很中肯：「汙名和緘默使所有人都很難談論自身人工流產的經驗，對那些感到被排除在這個話題外的人而言，往往更嚴重——包括跨性別男性和非二元性別者。所以他們的故事才如此重要。」想要更加了解跨性別社群中人工流產相關事項的讀者，可以在各地的計畫生育機構（Planned Parenthoods）、計畫生育聯合會（Planned Parenthood Federation）、全國女性與家庭夥伴關係（National Partnership for Women and Families）、生育權中心（Center for Reproductive Rights）、人工流產資助基金（Abortion Access Fund）以及國家跨性別平權中心獲得資訊和支援。我希望本書能激勵未來的編輯繼續朝這個方向發展，也開拓許多新的可能。

　　在社會公義和生育權的層次，我希望本書能為組織社群以及行動主義提供一個著力點。很多人已經開始認知到，性自主權和生育

---

17 編註：因未取得授權，繁體中文版並未收錄Kathy Acker的作品。

自主權受到掌控，與其他形式的專制和剝削有密不可分的關係。本書可以當作讀書會討論的主題，讓我們朝變革踏出第一步，喚起人們的注意；它可以作為人工流產療癒圈以及意識覺醒圈所使用的來源文本（source text），幫助我們走向變革的下一階段，並療癒自己；它也能作為跨越不同意識形態的社群討論的重點，或是在我們團結起來展開行動時，當成募款活動上朗讀的文本。

結語

我在國會圖書館（Library of Congress）的主閱覽室寫下這些文字，此時正值生育權面臨嚴峻挑戰的關頭，在美國是如此，在地球上許多地方亦然。然而這些跨越時代和地域的文學之聲所合唱出的一連串樂章，讓我深受鼓舞和感動。現今的客觀條件驅使新的聲音不再猶豫或羞於說出生育公義對於全世界的人權有多麼重要。在我們完整的人權得以復興的關鍵時刻，能運用文學的力量闡揚人工流產的主題，是我的榮幸和喜悅。

原書編註：儘管 Ana Blandiana 近來發表了令人無法忍受的言論，而飽受批評，我也贊同那些批評，但我仍選擇在本書中納入她的作品，因為我重視的是她的作品在人工流產文學上所占的歷史地位。
另外也需提醒的一點是，由於這本選集跨越的時空尺度很廣，有些作品中使用的文字，對現代讀者而言可能顯得過時或偏頗。

心智
MIND

你在這裡
CIN SALACH

噢自由之地,勇者之家
這需要多大的勇氣
向異論的異論者們
撒謊、恫嚇、誇誇其談?

還需要多少勇氣
將彼此擁入胸懷
提醒彼此你我皆血肉之軀
在彼此的生命中低語
我不同意你,但我愛你。
我不同意你,但我尊重你。
我不同意你,但我不會將我的標語硬塞進你的嘴裡
你因此噤聲而僅有我的得以聞見。

聽我說聽我說聽我說聽我說聽我說
聽你說聽你說聽你說聽你說聽你說
聽我說聽你說聽我說聽你說

這眾口齊奏,我們稱之為想法
稱之為訴求
稱之為是與非、左與右
這眾聲齊奏,就稱之為我們的大合唱吧
然後要聲嘶力竭地詠頌
你,這動人的見解,你屬於我
我將你命名為「自由」

生命始於何時?每一刻。
吐納之間,萬象復始。
形上的受孕幾時成真
幾時長出血肉幾時內化於我?
我需要借助碼錶才能知道嗎?
一種非常、非常、非常精確的時間測量方法
倒數到最後一毫秒三二一一
用力,呼吸,用力,呼吸,用力
恭喜你,這毫無疑問是一個生命。我的。

這裡是美國。如果你不能忍受自由
就離開這個國家。

早孕驗孕棒

DESIREE COOPER

　　看到驗孕棒的那一刻，有些人瞬間跪倒在浴室的地板上。只來過一次月經的我們，曾以為這是不可能的。來過無數次月經的我們，搖著日漸發白的一頭華髮，心想：「這才不是什麼奇蹟。」蘇珊——十四歲的她還是跟最心愛的娃娃同眠共枕——硬生生地忍住眼淚，開始收拾行李。我們知道我們的母親不會相信我們。艾比買了一張去紐約的機票，悄悄善後此事。

　　我們把自己反鎖在浴室裡嗚咽抽泣，孩子們砰砰砰地猛敲門：「媽咪，求妳出來。」對我們之中的某些人來說，擁有三個四肢健全、身體健康的孩子就夠了。對其他人來說，有特殊需求的孩子連一個都嫌多。有一天，我們會擁有很多孩子。有一天，在幾十年之後，我們仍然無兒無女。

　　超音波技師深深吸了一口氣，沒再吐出來。我們深怕是一個完美的嬰兒。躊躇不決，我們觀望過久。應機立斷，我們馬上就知道該怎麼做。在我們為此懊喪之前，我們都曾十分滿意這個決定。

　　我們向朋友借了現金，這筆錢就不會出現在保費收據上。我們沒有保險。我們其實有保險，但子宮擴刮術（D&C）只在流產的情況下才會獲得理賠。布列塔妮的大學室友幫她辦了一場「產前派對」（baby shower），吸管杯裡裝的都是伏特加。我們的阿姨說：「妳很幸運，

妳不用像我一樣在別人的地下室任人宰割。」

琳恩是被繼父送來的,連同她的手提箱和她的貓。儘管現在是報稅季,我們還是打電話向公司請了病假。瑪麗的男朋友搧了她一巴掌,然後一把將她推出車外。「妳今天晚上最好給我把晚餐搞定。還有妳那該死的肥屁股最好把胎兒處理掉。」

公車。計程車。熱氣。腳踏車。雪。塞車。我們晚到了,但有趕上。提前了兩小時出門,因為我們無法忍受枯坐在家。

在候診室裡,我們閃避眼神接觸。同伴們緊抱著我們。珍惴惴不安地擺弄她那虛構的未婚夫送的戒指。我們則是孤身隻影,一臉浮腫。黛安已經有一些懷孕前兆——每次似乎總比其他人早了幾週。一對夫妻與櫃台發生了爭執。他們從另一個州開車過來,但不知道要等上二十四小時。我們之中,有些人任淚水恣意流淌,有些人聽著iPod,癱倒在粉色的座椅上。必須與這些人同處一室讓我們悚然。我們滿懷羞愧地撥弄著念珠。充滿憤怒地詛咒上帝。

「放鬆,」當醫生準備就緒,和善的護理師握住我們的手,「很快就會沒事的。」

我們很懷疑還有什麼事情會再次好起來。安妮渾身顫抖;醫師摘下口罩說:「我不幫妳手術。妳還沒準備好。」我們聽著真空吸引機的聲音。我們不太清楚到底發生了什麼事。當房間落入寂靜,我們驚詫地站起身來;這一切如此輕易。那股噁心感終於消失了。對姬塔來說,化療引起的噁心感不會散去。我們不知道我們是否會原諒自己。我們不需要任何人的寬恕。

恢復室裡的躺椅都坐滿了人。結束了;我們仰頭望去。許多人報以同情的微笑。某些人覺得自身遭遇最情有可原。麗姿——她還有三次AP考試要準備——已經不知道自己是誰。我們想牽著手。

想他×的遠離這些失敗者。想在床上造繭自藏。我們渴盼母親。

　　有些戀人允諾：「等我找到工作，我們再試一次。」這樣辛蒂就不用取消她的巴黎之旅了。凱莉忘了問她那天晚上能不能回街上接客。我們理解到丈夫們有多愛自己。珍娜必須等待兒童保護機構的人來接她。孫子們不會看到我們腫脹的腹部，讓我們鬆了一口氣。

　　喬依絲一直到八年後結了婚才有性生活。崔希回到工作崗位上，像什麼都沒發生過一樣。我們每逢周年都會捐一筆錢。我們懷著記憶度過餘生。我們再也沒有想起這件事。

出自《布魯斯特街的女人們》[1]

Gloria Naylor

「我今天丟了工作」，他朝她氣急敗壞地叫嚷，彷彿她是罪魁禍首。

飯鍋裡的水變得混濁不堪，水龍頭水柱的力道沖起了些浮渣微沫。浮沫破裂後將細小的澱粉微粒噴濺在髒濁的水面上。一顆顆破裂的泡沫似乎讓她過去幾個月來一直試圖無視的喋喋耳語更形響亮。她將髒水從米鍋中倒出，以摧毀這些泡沫並使其噤聲，然後懷著惡意的愉悅看著它們消失在下水道。

「現在我沒錢了，是要我怎麼辦，嗯！？然後又要來一個小鬼是吧？」

第二次的洗米水稍微清澈一些，但那些帶澱粉雜質的泡沫還是在，這一次，她已經沒辦法對它們的訊息裝聾作啞。她曾無數次站在那個水槽邊洗米，她知道洗米水永遠不可能完全清澈。她沒辦法一輩子站在那裡——她的手指逐漸變得冰冷，剩下的晚飯也有待張羅，賽琳娜很快就要醒來，會想要人陪。她發狂似地反覆換水。

「我他媽受夠了永遠這麼窩囊。妳就只會給我生孩子和添帳單。」

1　Excerpt from THE WOMEN OF BREWSTER PLACE: A NOVEL IN SEVEN STORIES by Gloria Naylor, copyright © 1980, 1982 by Gloria Naylor. Used by permission of Viking Books, an imprint of Penguin Publishing Group, a division of Penguin Random House LLC. All rights reserved.

泡沫已經近乎通透，但破裂時仍在水面留下了澱粉的淺痕，纏繞在她的手指上。她知道再試下去也無濟於事。希爾認輸。她將濕淋淋的米鍋放在爐口，鮮紅與橙橘的火舌竄燒而起，將附著在鍋外的水滴燒成蒸汽。

　　她轉向他，未有辯駁。「好吧，尤金，那你要我怎麼做？」

　　他不打算輕易放過她。「嘿，寶貝，聽好，我不管妳要幹嘛。我現在實在沒辦法蹚這些渾水，妳懂我的意思嗎？」

　　「我會去找工作，這沒有問題，但沒人可以幫我看著賽琳娜，然後你又不想讓麥蒂顧她。」

　　「麥蒂——想都別想。那死肥婆只會讓孩子跟我作對。她恨死我了，妳知道的。」

　　「她沒有，尤金。」希爾記得她曾經當面跟麥蒂提到那事。「妳恨他，是吧？」「不，親愛的，」她用雙手捧住希爾的臉，「我可能只是太愛妳了。」

　　「隨便妳怎麼說——反正她休想照顧我的小孩。」

　　「好，聽著，等孩子出生，他們可以幫我結紮——我無所謂。」她竭盡全力，將謊言咬牙吐出。

　　「那小孩生下來以後，我們要餵他吃什麼？蛤？——空氣嗎？有兩個孩子和妳在背後扯後腿，我永遠都一事無成。」他上前抓住她的肩膀，衝著她的臉大聲嘶吼。「一事無成，妳有聽到嗎？一事無成！」

　　「這區區小事，透納太太。」她頭頂上的那張臉就像她身躺的房間那般不起波瀾，整潔且無菌。

　　「請您放輕鬆。我接下來會幫您局部麻醉，然後進行簡單的

D&C，或一般說擴刮術，把子宮清乾淨。您會在這裡休息一個小時左右，然後就可以回家了。也只會有少量出血。」帶著公式化的善意，那聲音以機械化的語調熟練地唸出冗長的獨白。

　　希爾沒有在聽。她必須將自己與外界完全隔離開來。過去一週發生在她生命中的一切都被壓縮進她的大腦右側，彷彿那些經歷都屬於另一個女人。當她為她忍受了這最後一件事，她同樣會將之堆置其上，然後有一天把全部都交予她──希爾不想參與其中。

　　接下來的幾天，希爾發現很難再次與自己的世界聯繫起來。一切彷彿都具備了新的質地與色彩。洗碗的時候，手中的盤子有種奇特的觸感，她比平時更加意識到它們的滑順跟水的溫度。從對方開口，到她充分消化、理解並能夠做出回應之間，存在著一秒鐘左右，惱人的時間差。她的鄰居微微皺眉，帶著困惑的表情離去，可以聽到尤金咕噥著：「喜怒無常的婊子。」

　　她對賽琳娜的占有慾變得無比強烈。她不願意離開賽琳娜半步，就算尤金在她身邊也一樣。小女孩邁著胖墩墩的雙腿四處蹣跚學步，希爾就如此亦步亦趨。當有人想抱抱賽琳娜或是和她一起玩耍時，希爾會坐在一旁，直盯盯地看著他們的一舉一動。她發現自己有好幾次，都在孩子小睡時走進臥室，想確認她是否還在呼吸。每次她都為這種不合常理的愚蠢行為斥罵自己，但不出幾分鐘，一些奇怪的力量又會再次將她帶回女兒的床邊。

母性
Georgia Douglas Johnson

不要敲打我的門,小小孩
我不能讓你進來
你不知道這是一個
充滿殘酷和罪惡的世界。
請在靜謐的永恆中等待
等待我的到來。
孩子,這個世界是殘酷的,是殘酷的,
我不能讓你進來!

別敲打我的心,小傢伙,
我難以承受那痛苦
對你的叫喚置若罔聞,
一次又一次。
你不知道地球上
居住著什麼樣的怪物們。
噓,安靜下來,我的寶貝
我不能把你生下來!

（安柏）
Debra Bruce

女孩將寶寶托在髖部。
她從來不知道這個詞——禁制令——
直到診所外頭的那位女士
像邊走邊計算著步伐一樣小心翼翼地走來，沒有靠得
太近或大嚷大叫，卻講得直搗女孩心坎
女孩正要進門，她不知道她的名字，
（安柏）——門邊的志工們穿著粉色的外衣。
然後安柏——只差幾步路就要進門——

走掉了。現在，她拽掉了
男友腦袋下的那只枕頭——他不是答應過
會幫忙照看孩子——儘管這甚至不是他的孩子——
直到他找到工作？然後女孩，
就像那位女士說的，會找到辦法。
那天以來，她再也沒見過那位女士。

她們的選擇：關於人工流產，作家們想說

出自《灶君娘娘》[2]
譚恩美

　　有一天，大約是怡苦出生六個月後，女傭來找我，告訴我她得走了。她十四歲，還是個小女孩，總是很聽話，所以胡蘭沒理由罵她。我問她為什麼要離開時，她推說自己做得不夠好。

　　這就是中國人的做法，拿自己當藉口，說自己不配，其實是想表達自己值得更多。我可以猜出她為什麼不開心。在過去的幾個月裡，胡蘭開始要這女孩幹許多小活兒，這些小活兒最終都成了些苦差事。那可憐的女孩從來不知道怎麼拒絕人，工作量一下子翻了一倍，拿的錢還是一樣。

　　我不想失去她。於是我告訴她：「妳是非常優秀的傭人，對工作盡心竭力，妳值得更高的報酬。」

　　她搖了搖頭。堅稱自己不配。我說：「我時常誇妳，妳忘了嗎？」她點了點頭。

　　後來我想，可能是胡蘭待她不好，背地裡修理她，然後現在女孩再也受不了了。我氣壞了！「是不是有人給妳找碴？」我對那個女孩說。「有人在給妳找麻煩，對吧？別怕，告訴我怎麼一回事。」

2　Excerpt from KITCHEN GOD'S WIFE by Amy Tan, copyright © 1991 by Amy Tan. Used by permission of G. P. Putnam's Sons, an imprint of Penguin Publishing Group, a division of Penguin Random House LLC. All rights reserved.

她哭了起來,點了點頭,沒有看我。

「有人讓妳待不下去了?是嗎?」

她又點了點頭,淚如雨下。然後她告訴我是誰。「太太,他病了,而且病得很重。我知道。所以我不怪您的丈夫。」

「怪?妳說『怪』是什麼意思?」我說。當時是夏天,但一陣寒意湧上背脊,我叫女孩繼續說。我恍惚地聽著,小女傭乞求我原諒她,搧了自己兩下耳光,自認錯都在己。她說是她太軟弱才讓他得逞。她哭著求我不要對我的丈夫說一字半句。

我已經不記得,我是怎麼讓她全部講出來,怎麼把這些話從她嘴裡一五一十撬出來的。但在那天下午,我才知曉,我的丈夫趁我住院的時候,開始對她動手動腳,她每次都苦苦掙扎,他每次都強暴了她。當然,她沒有用「強暴」這個詞。如此年輕純真的女孩,哪裡會知道這樣的字眼?她只知道怎麼怪罪自己。

我得一次又一次追問:她臉上的瘀青——她聲稱是自己不小心弄傷——是他之前試圖動手造成的嗎?她告病的那幾次,總是在早晨——是在事情發生之後嗎?

每一次女孩坦白了什麼,就會哭著搧自己巴掌。最終,我告訴她不要再打了。我輕輕拍了拍她的手臂,告訴她我會幫她了結這個問題。

她露出畏懼的神情。「太太,您要做什麼?」

我說:「這妳就別煩心了。」我感到疲憊不已,心中千頭萬緒,我上樓去了怡苦的房間。我坐在椅子上,看著我的寶貝女兒在床上安恬地熟睡。

多麼邪惡的人哪!沒想到世界上竟然存在這樣一個邪惡的人!去年的意外沒有讓他學到一絲教訓!

我接著想到：「人們知道後會怎麼想呢？如果我沒有站在丈夫那一邊，反倒去維護一個女傭，他們會怎麼看我呢？」我想像著胡蘭罵我、指責我總往最壞處想的樣子。我彷彿看到其他人批評我持家無道。我可以想像人們嘲笑我的嘴臉——一個去追求女傭，因為妻子滿足不了他的丈夫——老掉牙的經典故事！

然後我心想：「他的所作所為是錯的，也許那是犯罪，但不是什麼滔天大罪。許多男人都和女傭做過那種事。況且誰會相信一個小女傭說的話？」我的丈夫肯定會說她在撒謊。他會宣稱是女孩主動勾引他這個大英雄。或者，他會說她和很多飛行員都睡過了。他什麼都說得出口。

而我去指控我的丈夫，又能得到什麼好處？我只會換來一場激烈的衝突、胡蘭與嘉國憐憫的眼神，以及那所帶來的所有恥辱。所以就算我想幫那女孩，又有什麼意義呢？我會得到什麼？只會搞得我自己一身腥。我會失去什麼呢？我不敢想像。

我坐下來，想起以前每當我抱怨自己被冤枉時，老姑媽總會跟我說一句話：「別在老虎頭上捉虱子。」不要為了解決一個問題，惹出另一個更大的麻煩。

所以我決定什麼都不說，什麼都不做。我視若無睹。充耳不聞。我任由自己變得和胡蘭跟嘉國一樣，當文福搧我耳光時，他們什麼也沒說。

我給了那小女傭三個月的工資。給她寫了一封很好的推薦信。她離開了，我不知道她去了哪裡。我想她很感激自己能夠悄無聲息地離開。兩天後，當文福問起那個女傭時，我說：「那個女孩呀？哦，她媽媽讓她嫁給一個村裡的男孩。我就把她送回老家了。」

幾個星期後，我聽說那小女傭死了。胡蘭在我給怡苦餵奶的時

候告訴我的。她說那女孩去了別人家工作。一天早上,女孩知道自己懷孕後,她用了鄉下人的老辦法。她從掃帚中抽出一根稻稈,戳進自己的子宮直到鮮血流淌,但那血再也沒有止住。

胡蘭說:「用稻稈做那種事真是愚蠢。還有收留她的那家人——唉唷!——她給他們招來了鬼魂,他們氣死了。幸好她沒死在我們家。」

胡蘭說這些話的時候,我有種奇怪的感覺,彷彿那一記耳光又搧在我臉上,房間裡的每個人都睥睨地看著我,說這是我的錯。我能看到女孩躺在地板上,血流了一地,而人們哀嘆的僅是她留下了一個爛攤子。

當然,胡蘭並不知道是文福讓那女孩陷入絕境。又或者她知道,但什麼也沒說。儘管如此,她怎麼可以這樣想呢!指責一個無助的小女傭,為我們在她變成鬼魂之前就擺脫了她感到沾沾自喜。她怎麼沒想到自己的妹妹?她幾乎是以同樣的方式死去的。而我也好不到哪裡去,已經變得和胡蘭相差無幾:毫無憐憫之心,僅為自己未受牽連暗暗慶幸。

胡蘭離開後,我抱怡苦上樓。我告訴她:「別像我一樣。妳看看我有多無能為力。別像我一樣。」

那天晚上文福回家時,我頭一次衝著他發怒。我一直等到晚餐後,等到一輪輪的晚茶、牌局與閒言笑語都結束之後。「那個小女傭,你還記得她吧?」當我們上樓回到房裡的時候,我說。「她今天死了。」

文福正在脫鞋。「我的拖鞋在哪?」

我能聽到胡蘭和嘉國還在樓下廚房裡說話。我關上房門。我再說了一遍剛才說過的話,這次更大聲了一些。「那女傭死了。」他繼

續念叨著拖鞋時,我補上了一句:「她是為了打掉你的孩子死的,你這蠢貨!」

他站了起來。「妳這什麼意思?妳聽信了誰的謠言?」他說。他湊向我,死盯著我看,一只眼睛微瞇,另一只眼睛張得又大又圓。我沒有低頭。我堅定地回瞪向他。我產生了一種新的感覺,感覺彷彿擁有了一件祕密武器。

猝然間——哐的一聲——他翻倒了一把椅子。他開始揚聲咒罵。衝著我大嚷大叫。「妳算什麼東西敢這樣對我指手畫腳?」

怡苦在隔壁房間哭了起來,哭聲聽起來像是受到了驚嚇。我開始朝她房間走去,但文福暴跳如雷要我站住。我沒聽他的話,徑直走向她,見她站在嬰兒床上,伸出一隻小手臂想尋求安撫。我抱起她,一面哄著。文福跟在我身後,還是咆哮個不停,將能掀翻的東西都掀翻,但我並不感到害怕。這次他沒有嚇到我。我把怡苦放回她的嬰兒床。

「我知道發生了什麼!」我也衝著他喊。「你玷汙了那女孩,毀了她的人生,誰知道你還染指了多少人的清白。你給我聽好,去別處幹你的骯髒勾當。你在外頭搞,我不管,就是別在我床上搞。」

他掄起拳頭。我直勾勾望著他,也沒閃躲。「打吧,你打我我也不會低頭!」我吼道。「英雄,了不起的大英雄!你只嚇唬得了一個嬰兒。」

他看上去十分詫異。他望向站在我身後嬰兒床上的怡苦。她哭得聲嘶力竭。他放下拳頭。快步朝嬰兒床走去。我以為他為嚇哭怡苦感到內疚。我以為他要把她抱起來向她賠罪。接著,就在我都還沒想到要阻止他之前,他就搧了她一記耳光——啪!——那一巴掌結結實實地甩在她臉上,打得她半邊臉都紅了。「閉嘴!」他吼道。

她的雙眼緊閉。她張著嘴,但沒發出一點聲音。她喘不過氣來。太痛了!我依然清晰記得她臉上的表情,那比我挨的任何一巴掌都還要讓我痛苦。

我衝向怡苦,但被文福推開,我摔倒在地。我再次聽到她的哭聲。她終於又能呼吸了!她哭得更大聲,更高亢。啪!文福又給了她一巴掌──啪!──一次又一次。等我終於站起來,側身擋在兩人之間,我看到怡苦已經蜷縮成一顆小球。她發出小動物般的叫聲。我哭著懇求文福:「原諒我!我錯了!原諒我!」

在那之後,怡苦只要看到父親走進房間,她都會就地趴伏,將自己縮成一團,就像第一次一樣。她吸吮著手指,發出微小的聲音。真的,才六個月大,她就學會了不再哭泣。你能想像一個嬰兒尚未學會爬行,卻已經懂得如何恐懼嗎?

她成了一個奇怪的嬰兒。她從來不看人們的臉。她會拔去自己其中一側的頭髮。拿自己的頭猛撞牆。她舉起雙手在面前揮舞,接著咯咯大笑。當她學會走路時,她像個芭蕾舞者似地,踮著腳尖行走。她腳尖著地迅速移動,彷彿每一步都能飄然而起。但每次一看到父親走進房間,她都會再次跌落地面,就像她還是個嬰兒的時候一樣。她沒有哭。她囁囁嚅嚅,辭不達意,她口吐空有外殼的語言,聽起來宛若鬼魅的私語。

她的聲調時起時落,昂亮動聽,發出的聲音好似「怡苦,看我,看我」,那是我時常叫喚她的方式。接著,她的聲音會變成刺耳的咕嚕聲,聽起來就像文福吼她「怡苦妳這蠢東西。給我滾開!」的語調。那些是她唯一會發出的聲音。

她一直都很古怪。我很擔心,非常擔心。但胡蘭不斷告訴我:「等她長大些就會好了。她只是現在有些緊張而已。每個人都是。

等戰爭結束,她會不一樣的。妳之後就知道了。」

　　我想相信她。為什麼不呢?我沒養過孩子。我不想相信我的寶寶已經瘋了。我一直認為戰爭很快就會結束,那時候怡苦就會好起來。我相信,一個希望會引領另一個希望。

一百萬個女人都是你的母親
SANIYYA SALEH

噢,我的身體所縱火的那片森林,
靠近一點吧,
不要理會那些無法忽視的,
輕聲呢喃你的祕密細語
於我脣邊,我耳際,
於我每一寸毛孔裡;
展露你的叛逆
與綻放
於一具正在坍塌的身體中
那穿孔的穹頂。
冬天豈不嚴酷?時間和雪,
雨和風暴難道不也是如此嗎?
但是,噢當它們離去時
它們是多麼地美麗。
我不知道忘卻是有腳的,
但它來來去去像匹不馴的馬
在等待青銅色的玫瑰
從枝頭上掉落。

如果玫瑰落在馬背上，
那匹馬將帶著它飛去；
如果玫瑰掉落在牠的雙腿之間，
馬就會踢開它。
噢，在我體內綻放的森林，
不要害怕。
我已經將我的靈魂藏進你之中
或是兩條固若軍戎的裂縫之間
（雖然軍隊不認識我們，也不在乎我們。）
把你的頭埋進我身體裡，
穿透我
直到我們的骨頭幾乎纏繞在一起為止。
讓我們緊挨著彼此，
像心臟的對偶一般相疊交織。
像上帝撫摸黏土一般撫摸我
我將在瞬間成為一個人。
我要如何才能逃脫，親愛的，
當我心中的火焰向四面八方飛奔而去，
在話語和沉默之中，
好讓你在益發陌生的年代
重生千次萬次。
噢，我的金黃色森林，緊緊聯合起
你的恐懼和我的恐懼；
讓你的骨頭穿入我的骨頭的隧道之中
然後拉著身體的其餘部分也

一同進入。
前方會有一些狹長的通道
而真理就在最狹窄之處。
保重，別忘了你去那個地方是為了
去尖叫，
去拒絕，
並且不去順從。
看哪，這世界的幽靈正在前進，
所以先躲起來
然後從窗戶的縫隙
或是鑰匙孔中偷看一眼。
每當有神明經過，請為他鼓掌喝采
或是爬上卡車側緣
大喊：月亮的血是他自己的血
它的肉身是來自他的肌理。
但你什麼時候會到
這樣我才能偷偷地告訴你
誰是真正的神？
猛烈的暴雨那時正唱著軍事進行曲
並把它的子彈射向根部。
（你是怎麼在這場鬥爭中出生的？）
上帝啊，請命令山谷
帶我們去最初的泉水之源，
請群山帶我們去真正的巔峰。
若巨大的黑暗從鞭下逃逸

真相仰躺在劊子手的地板上
字母成了不公平的法律
當詩人們變成桌上的灰塵，
我會折疊我的時間，將它藏在我的懷裡。
若我看到自己的影子，我會認為我在爬行
以啃咬饑荒的乾麵包。
但兩英尺高的石頭走不了路。
看哪，正午就像堅硬的混凝土
冰矛穿過四肢。
嚐起來像麵包一樣的靈魂被空氣咬碎。
一百萬個女人都是你的母親，我的寶貝，
她們為你解開繫在地平線上
的繩索好讓
死亡能成為暫時性的，就像睡眠一樣。
讓我們將奴隸和僕從挖出來，
讓我們埋葬那些飢餓的主人；
湧泉已經張開它們白色的嘴，
發出了不幸的哀號。
（放棄靈魂是多麼可怕的事！）
然而，湧泉在它們的蹤跡中
留下了天竺葵和大馬士革玫瑰。
是什麼樣的憤怒力量
將胎兒從我們的子宮拔除？
讓那場洪水
編織我們孤寂的床。

心智

它的野獸被絆倒時會怎麼做呢？
當冬天，像一隻老鷹一樣，
揮動其羽翼拍打它。
它的身體裡有數以百萬計的波浪，
跟對於陸地某種長遠的渴望，
當溺水的水手
從時間之海的閘門中走出
帶著更清楚的視野，
他們肋骨的線條在其背上明晰可辨，
他們說：
已沉入海洋的森林
將再次長出新葉
因為它們的心並未死去。
因此，當時間將所有人拒之門外，
我將搭上死亡的列車，欣喜地；
我會握住缺席之弦，拉緊它，
我的想像自我就將到來，
那個從言辭令人畏懼且晦澀難解的鏡之子宮中
誕生的我的自我。
但受驚嚇的身體會分泌出能夠拯救自身之物，
看哪，和平之門敞開了
在天堂與人世之間。
唯有生命能帶我們離去與歸來。
死亡已殞命
蠕蟲已滅絕。

人類之石已分裂,如此一來
新的世代將會誕生。
至於我,
我會保留繁殖的卵子
在我的子宮之中
活得像個處女,
這樣的話春天就不會被迫
進入槍林彈雨之中。

Issa J. Boullata 英譯自阿拉伯文

哦對耶，因為妳可以選擇不要
出自《現在，一路向北》

EMILY DEDAKIS

本段獨白為以北愛爾蘭貝爾法斯特為活動據點的「三人劇團」（Three's Theatre Company）製作之《現在，一路向北》（Now for the North）劇作之部分內容。在北愛爾蘭，終止妊娠的選項一直到2019年為止，於絕大多數的情況下都是違法的。

今晚我幫忙顧小孩。
妳要在電影院拆遷以前，再去看一次電影。
妳堅持不告訴我妳的約會對象是誰——即使我苦苦懇求：
妳認識他啊，我知道你們認識，只是⋯⋯讓我先看看情況再說吧。
好吧，說的也是。
我對妳說，妳看起來很美。
哇嗚媽媽，妳的裙子，她說。她真的倒抽了一口氣。（她才兩歲。）
妳想散步過去，所以晚餐前就出發了。
我一邊準備起司通心粉，一邊在腦海中設想各種可能性：
是那個留著小鬍子的奇怪酒保？正人君子凱爾？芬恩？本吉？
好像都不太對。我不覺得妳會讓自己冒這種險。
妳不挑剔，妳只是很了解自己。
吃完晚餐，她指揮暴龍對娃娃屋發動攻擊，我在旁邊洗碗。

我們一起吃了融化的巧克力鈕扣，還看了CBeebies睡前故事節目：
《那隻拉出一座星球的恐龍》
她抬起頭，鄭重其事地看著我說，太了不起了。
妳幫她買了可以黏在浴缸邊緣的泡棉字母。
我用它們拼了些愚蠢的單字：砰（PING）。下垂（DROOP）。醜女（MINGER）。
她不肯將頭向後仰，好讓我幫她沖掉洗髮精。她就是不肯。
如果妳──聽著，只要妳──洗髮精就不會流到臉上，
妳這樣做只是給自己找麻煩，女孩。
跪在浴缸旁時，我說了這句話，但我聽到妳媽媽也說了這句話──
妳告訴她的那天晚上，她對著電話那頭的妳哭泣。
我一來妳就告訴我了。我是第一個到的。
妳開了幾罐琴通寧，接著盯著自己那瓶發愣。該死，我那時候怎麼沒想到。
一場現代都會家庭的緊急高峰會。大家慢慢到齊了：
克雷格和山姆握手致意，一副深知內情的模樣。
紮著小圓髮髻的海倫。一臉正氣凜然的芙蘿拉。
不出所料地，奧利又遲到了，就連今天這種場合也不例外。
莎拉在倫敦，但海倫用FaceTime聯繫上她了。
我們都支持妳。
所有人在門口一一擁抱妳時，都隔著肩膀說了這句話，像付過路費一樣。
不管怎樣，我們全都這麼說了。
很明顯，每個人指的都是同一件事情，槍口瞄準的是同一個方向，這件事很快就昭然若揭。

他們上網Google，計算得失。

有人直接在茶几上募集起資金。

我看到妳盯著那堆鈔票看，我早就知道妳會這麼做——我很清楚妳的個性。

一瞬間，我感覺自己就像置身御前會議裡的艾德・史塔克，只是我一句話也說不出來。

這似乎是妳必須去言說的，關於妳已經做出的決定。

對他們來說，這是必然的結果——

因為幾週前妳就說他是個白痴，你們也僅僅約了兩次會——

妳解除了配對，將他從WhatsApp上刪除，在IG上封鎖他——

因為妳和他之間再沒有任何瓜葛，妳重返獨身生活，

因為妳寫的標語和妳花在街頭上的午休時間，

因為妳在乎到願意現身聲援。

妳會如此決定也是理所當然的吧？

妳告訴他的時候，他也這麼說了，在他要求做親子鑑定之前：

妳不是很愛講女性主義者怎樣怎樣？現在又做出這種事。

因為哪一個頭腦正常的人會選擇獨自撫養小孩？

這是只有在人們別無選擇的時候，才會發生的事——

而她就是妳的選擇。

妳在一本螺旋裝訂橫線筆記本的開頭那頁為她命名——

妳的第一本日記。

那時候妳才十二歲。拼寫還不熟練，但妳已經開始寫信給她。

因為愛上他從來不是什麼重要的事。妳早就愛上她了。

而儘管心中極其清楚這一切，儘管如此情深愛重，這仍然是一個選擇。一個艱難的選擇。

妳非常害怕。妳的疑懼也是我們的疑懼：
接下來會怎樣？誰要付尿布錢？我要怎麼讓我們兩個都活下去？直到永遠？
妳這樣做只是給自己找麻煩，女孩。
這不是我們任何一個人可以想像的，至少當時沒辦法。
我的意思是說，即使是現在，我該怎麼──？
我有時候也不真的了解自己。
我記得我們在市政府外面，
用麥克筆和翻過來的麥片盒做的手舉牌，
我們堅決反對被逼迫反對草率通過議案，另一邊的人堅持生命就是生命。
兩個孩子從我們身邊走過──他們可能只有十七歲，或許更小──
其中一個人問另一個，發生了什麼事？
另一個人回答說，他們在支持墮胎權。
我說，我們是在支持選擇權，
他們兩個人都沉默了一會兒，想了一下。
接著其中一個人說，哦對耶，因為妳可以選擇不要生。
妳說，沒錯。

這從來都不是必然如此的，所以你怎麼能幫別人做那樣的選擇？
妳又要如何才能做出那個選擇呢？
（暫時停頓了一下。她心不在焉地用手指在肚皮上打拍子）
當然，妳很了解妳自己。
妳沉默了片刻，靜靜思考著。
妳跪在浴缸旁，而

我只希望我
（她有些窘迫地微笑著搖搖頭）
我不知道。

非自願墮胎

CAITLIN MCDONNELL

　　我躺在一家婦產科診所的手術台上,三名年輕的臨床醫生按住我,當時醫師在進行手術。牆上掛著繡毯和喬治亞·歐姬芙的畫作。我動彈不得也看不見,在我的膝蓋下方究竟發生了什麼事。我的身體在抗拒;我不要。這幾雙手鉗制著我,直到一切結束。

　　「您已不處於妊娠狀態」,醫生說完這句話便離開了手術室。一陣冷森森的悲傷吹拂過我的身體。我的身體感覺空空蕩蕩,像床乾癟的外皮。X開車送我回家,途中一句話也沒說。我躺在床上,拉過幾層厚重的毯子蓋住自己,試圖消弭心中那股轟轟作響的痛楚。他出門散步去了。我吞了一顆藥丸麻痺自己。一直到好幾年之後,我才開始消化、處理這一天。

　　每一次墮胎背後都是一個故事。可能平庸乏味,也可能煽情俗爛,可能涉及一些巨大的犧牲或解脫。這些故事往往只存在於親密戰友間的耳語,或隱匿於日記之中。墮胎只是女性如何日漸習慣於與那些從未被公開講述過的故事共生的另一個例子。我的是一個關於我不想墮胎,但最終還是選擇去經歷它的故事。我與這份傷痛同生共存。這是獨屬於我的傷痛。再重來一次,我還是會做一樣的選擇。

⋯

在開車橫越整個國家,準備搬去和X同居的路上,我一路跟著費歐娜・艾波(Fiona Apple)的歌聲輕和。我即將犯下一個錯誤╱我要故意這麼做。

我們幾乎不認識對方。他是正在嶄露頭角的文壇新星。我是某個藝術村的駐村詩歌研究員,他在那裡辦過一次朗誦會,我們迅速建立起某種緊密的遠距離關係。他當時在另一座新城市找到了一份教職,邀我駐村結束就跟他一起過去。

但很快地,我就感覺自己受困於這座高牆環峙的大學校園,求職也屢屢碰壁。我們為如何打掃、要不要幫家裡添一張仿熊皮地毯、拼字遊戲的規則、吃什麼、結不結婚有沒有差、要如何撫養小孩爭論不休。當我告訴他我懷孕的消息,他說他需要出去走走。當他回來時,他用一種疏離又防備的眼神看著我。

「這即將是我這輩子做過最糟糕的事情,但我真的完全不想和妳一起走這段路。」那感覺就像是有人唸了一句超級可怕的台詞。我想幫他換一句不同的台詞,我試了好幾個禮拜,又好幾個月。我對他的愛是那種衝擊性的極致錯愛。我們陷入了僵局。

在那一團混亂之中,我們將腹中的胎兒命名為瑪拉凱。我想像著一個融合了我倆特徵的男孩。X斜著眼看著我說,我們不可能因為「那膚色一定很酷」就把孩子生下來。我深陷猶豫不決的困境,因拒絕接受現實與荷爾蒙作祟而昏昏欲睡。我預約了墮胎手術,又因種種原因一一取消。我感冒了。我買錯了保險。

「妳打算怎麼辦?」他一直在問。「要怎麼辦?」

我不斷想方設法推遲做決定的時間。凱瑟診所的醫生不明白我病史中的「斜視」是什麼意思。直到被告知我已經錯過可以進行藥物流產的時機,我才真正開始感到恐懼。若妳不自己做選擇,這就

是大自然為妳做出的選擇。

在婦產科診所的初次問診，我告訴他們，我不認為我能說自己想要墮胎，但我認為無論如何他們都應該這麼做。情有可原地，他們不知道該拿我怎麼辦。他們把我帶進了一個房間面談。「妳確定嗎？妳考慮過所有選擇方案了嗎？」我告訴他們我已經都考慮過一輪了。

他們留我一個人在房間裡，互相爭論了起來。而我只是不斷重複我那無理的發言。他們一度想把我送回家。

．．．

一位臨床醫生說：「我們認為妳應該再考慮一下。」我的態度非常堅定。我沒有要離開。但我沒辦法說我想要這麼做。我拒絕了他們提供的每一個替代方案。我說不出聽起來比「你們應該這麼做」更篤定的話。

我必須終止我的懷孕——至少那天，我不用去想自己是不是成了誰的生死判官。我請他們幫忙壓著我，因為我擔心我的身體可能會下意識抵抗。那天他們為我做的一切英勇且仁慈。

要切實地理解當天那個決定的重大程度，真的是太難了。我想我不是唯一一個有這種感受的人。這次墮胎的必然性感覺比我自身的存在還要巨大，我必須將它當成一股向我襲來的洶湧駭浪來經驗，而非我正在做的事情。

這股浪潮退得很慢。「我什麼時候會好起來？」手術後，我蜷縮在被窩中，問我的朋友。

「等妳有了孩子的時候」，她根據自己的經驗如此回答我。

我相信生命始於受孕，但這改變不了女性對自己體內的生命掌

有主宰權的事實。我感到悲傷是因為我想要孩子。如果我沒那麼愛X，或者有一份更好的工作，或有更多存款，也許我會做不同的選擇。我擁有的資源比某些人多，又比另外一些人少。

在我的青少年時期，以及我的父母爆發棘手的離婚糾紛期間，一直擔任著我諮商師的那位女士說：「有的情況下，這是最終極的無私之舉。」

如果我沒有墮胎，我會將這個孩子帶到一個不僅缺乏穩定的生活環境，還有個明言不歡迎他來到的父親的世界上來。我想我那時候本來也許還是能想辦法把孩子生下來，但當時我想要一個孩子的渴望並不符合我的現實處境，這也會使我無可挽回地與一個我不信任的男人陷入永恆的糾葛。

悲傷和懊悔之間的區別非常重要。我渴望成為一名母親，同時也知道我正在親手終結一條潛在的生命。幾年後，當我再度懷孕時，悲傷為這段經歷增添了一份重量。每一次的超音波都讓我想起瑪拉凱。每份憂心都讓我陷入一種負面的思考模式之中，像是我可能會受到懲罰，或是我已經失去了唯一的機會。

我做過選擇嗎？現在的我終於意識到，即使我極力否認，我的確做出了選擇。我對自己的行為感到懊悔嗎？這是一個更難回答的問題。

墮胎手術幾個月後，我在舊金山和我的朋友蓋伯喝啤酒，他告訴我不要害怕「懊悔」。我們都帶著懊悔活著，如同死亡必定與生命並存一般。每段重要的關係本質上都伴隨著懊悔。這並不意味著我們做錯了事。

梅里特・蒂爾斯（Merritt Tierce）去年在《紐約時報》發表了一篇評論〈這就是墮胎的樣子〉（This Is What an Abortion Looks Like），其中精

關地寫道,我們必須停止根據女性承受的痛苦程度來評價墮胎的正當性。她認為,在我們賦予「每個女人權利,按照自己的意願使用和對待自己的身體」之前,那些個人處境和墮胎軼事都無關緊要。

蒂爾斯告誡我們不要用這些故事試圖正當化自己的選擇,她是對的,但如果我們都開始講述這些故事,無論它們是喜劇還是苦痛,直到它們都成為人類經驗中的常態呢?

我的姑姑凱瑟琳・麥克唐納(Kathleen McDonnell)是一位居住在加拿大的女性主義作家,她在一九八四年寫了一本名為《實非易事》(*Not an Easy Choice*)的書,書中針對女性在墮胎後面對悲傷卻必須保持沉默的現象做了深入的討論。只要顯露出一絲悲傷都會被反墮胎者視為是懊悔的展現。這些影響女性身體的決定極其複雜,但女性理應保有裁量空間,也應該享有做這些決定的基本權利。

我不想墮胎,但若讓我閉上眼睛回到那張手術台上,我仍然會做同樣的事情。無論做決定的過程多麼地痛苦,充滿多少搖擺不定與自相矛盾,這都是我們的決定。人是複雜的動物。有些選擇需要花上數年才能完全了解其意義。我的墮胎經歷開拓了我的生命維度,即使當時的我無法完全領會,現在的我為此心懷感激。

我現在擁有一個世界上最棒的女兒。她知道我們一直都很期待她的到來。我接受我的決定所伴隨而來的悲傷,無論是當我試圖掌握主導權或是選擇了逃避。我與墮胎所賦予的悲傷共生,就如同我與那些未竟之路所帶來的傷痛互存。它們都是讓現在的我之所以成為我的其中一個章節。

自由且安全地墮胎
ANA GABRIELA RIVERA

我很想知道
合法與非法之間的差異意味著什麼
幾個世紀以來
我那些生下孩子的姐妹們
我那些選擇不把孩子生下來的姐妹們
並不為這些法律所阻止
這些法律只讓我們置身於危險之中

我們聯合起來，以便更了解自己
因為出了這裡
沒有人願意讓我們知情。
律師沒有，醫生沒有，科學家也沒有
所有的專家
都想幫我的身體做決定
取締祖傳的習俗

今天，九月二十八日
我提高嗓門

我大聲疾呼,好讓牧師和神父都聽見
我向統治我們的小丑們要求正義
我要求尊重我的決定
尊重我決定何時才是適當時機的權利
尊重我行走的領域
因為允許我們終止懷孕
並不迫使任何人這麼做
因為性教育並非對上帝的褻瀆
因為了解自己的身體並沒道理
礙著你。
但如果它是一種褻瀆,並且確實礙著了你:
今天的我不在乎!
因為我姐妹的死簡直毫無道理!

今天,九月二十八日
我要為所有因祕密墮胎而死的女人
呼喊
也為那些被迫成為母親的人呼喊。
為那些深受你們的判決與偽裝成傳統的暴力之害的人們
呼喊

也為不知如何使用避孕藥
以成為自己時間的主宰的女性呼喊。

由 Sarah Leister 英譯

荒野自身
MOLLY PEACOCK

乳房增大,陰脣上覆蓋著
甜美的白色分泌物。乳頭發癢。
子宮中的五週大胎兒
就像一顆大軟梨裡相對大的那側果肉
靜靜地浸泡著。我應該直接衝去找他
堅決要他娶我嗎?抵抗是
我們一直以來的做法。問題是:我在一個
我從沒想過自己會陷入其中的境地,
那是一張堅實的網,一張寬敞奢華的網,
跟文明一樣巨大。躲開
這個小嬰兒——我怎麼能?也許
我可以獨自一個人,為我們造一個家
永遠不要問為什麼在謊言中
我們不看遠一點,所以不要追問:
一個淒慘的開頭——有扇破門的城堡。
我一個人做不到,但我太孤單了
沒有人,即使是我體內的孩子,即使是
曾經的我,都感覺不到那股將我逼迫至此,

狂暴冰冷的轟鳴，荒蕪
會將我擊垮，但荒野自身是
擊不垮我的，它只會使我
迷失。

出自《瑪麗亞：又名，女人之過》
Mary Wollstonecraft

這本小說的敘事者瑪麗亞是受過教育的上流階層女性，她的丈夫奪走她的孩子，並將她囚禁在瘋人院裡，想要藉此掌控她。她在瘋人院中與一位名叫潔米瑪的員工結為好友，而潔米瑪告訴她以下的故事。

「十六歲那年，我突然長高很多，而且某個我能閒下來的星期天，好好把臉洗乾淨、換上一身整齊衣裝的我，看起來似乎有了幾分姿色。我的主人在走廊上逮住我一、兩回；但我本能地閃躲他噁心的撫摸。可是有一天，全家人都去參加衛理公會的聚會了，他要了些心機而跟我單獨待在家裡，然後靠著拳頭──沒錯；拳頭和恐嚇，迫使我屈服於他殘忍的欲望；為了避免女主人的怒火，接下來的日子我不得不逆來順受，壓抑著內心愈來愈強烈的憎惡，隨時聽從他的指令偷偷溜到我住的頂樓。

「現在我胸中壓抑的痛苦之情，似乎為我開啟一個新天地：我開始思考自己之外的事情，懂得悲悼人世間的苦難，直到我驚恐地發現──啊！多麼驚恐啊！──我懷孕了。我不知道自己絕望的心情中為何還混雜著溫柔，只能說那始終被喊為雜種的東西，指的似乎是世界上最值得同情的對象。

「我向主人報知這可怕的狀況，他聽到消息時受到的驚嚇幾乎不下於我；因為他畏懼他的妻子，以及聚會時公眾的譴責。琢磨了

幾星期時間，我時時擔心有人會注意到我的身材變化，結果我的主人給了我一個玻璃小藥瓶，毫不委婉地告訴我這藥的作用是什麼，要我喝下去。我哭出來，我原本以為那是讓我自殺用的──然而這樣的我又值得保有一條命嗎？他罵我蠢，便留我一個人胡思亂想了。我無法下定決心服下這惡魔般的藥水；但我拿舊睡衣把它包好，藏在箱子的角落。

「還沒有人懷疑我，因為他們早就慣於把我視為另一種生物。但那場隱然的風暴終於降臨在我卑微的頭上──我永遠都忘不了！某個星期天，我一如往常獨自留下來看家，而主人醉醺醺地回來了，我淪為他洩欲的對象。由於醉得太厲害，他忘了平素的謹慎，結果女主人進門後，發現我們處於一種對我而言可憎程度絕對更甚於她的狀態。她的丈夫『借酒壯膽』，所以當下並不怕她，其實他也沒什麼理由怕她，因為她馬上將全副怒氣導向另一個人。她扯掉我的便帽，抓我、踹我、揍我，直到耗盡體力，並且在讓手臂休息的空檔聲稱，『我用花言巧語拐走了她的丈夫。──不過，對這種下賤的東西還能有什麼期待呢？虧她一片善心才收留我住進她家。』辱罵之語滔滔不絕，直到她幾乎喘不過氣，才下了個結論說我是個天生的娼妓；這是我身上流的血，誰收容我誰倒楣。

「當然，我的狀況也跟著曝光了，她宣告我別想再與她正直的家庭同在一個屋簷下度過任何一晚，因此我被趕出門，而我那些不值錢的私人物品也跟著被扔了出來，不過先在走廊上被輕蔑地檢查過，以防我有偷什麼東西。

「瞧我流落街頭的模樣，簡直窮途潦倒！我能爬去哪裡遮風避雨？即使不是懷著恥辱，我也無權住進我父親的屋子──現在我畏縮不前，彷彿在躲避死亡，躲避我母親殘酷的斥責，躲避我父親的

詛咒。我無法忍受聽他咒罵我出生的日子,雖說生命對我而言確實是詛咒。我考慮過尋死,但我頭靠著一根柱子站在那兒時,又對這想法抱持矛盾的恐懼,而且每次聽到腳步聲都心驚肉跳,生怕是我的女主人要來挖出我的心臟。有個作坊裡的男孩路過,聽了我的遭遇,馬上跑去找他的主人說明我的狀況;而他打中了要害——若是丟著我不管,放任我把故事複述給每個好事之徒聽,醜聞就傳開了。他的理智接受了這番論據;他妻子的怒火已讓他酒醒了,當我遠離她的魔掌,她的憤怒便落到他的身上。於是他派那男孩拿半幾尼給我,還要他帶我去一間乞丐和其他被社會唾棄的可憐蟲過夜的屋子。

「這一晚就在麻木或是絕望的狀態中度過。我憎恨人類,也厭惡自己。

「隔天早晨我鼓起勇氣出門,挑主人平常外出的時間去攔他的路。我靠近他,他罵我『表開頭』的那個詞,聲稱我擾亂了他們家的安寧,說他已經跟妻子發誓『永遠不會再把我放在眼裡』。他丟下我;卻又馬上回頭,說他要找他那個教區官員朋友幫忙,請個護士來接生我要給他的小傢伙;他還給我忠告,如果我不想進感化院,最好別亂張揚他的名字。

「我匆匆回到我的巢穴,憤怒被絕望取代,我翻出用來墮胎的藥水吞下肚,希望它能毀了我,同時也希望它能終止新生命帶來的感覺,我透過難以言喻的情緒感受到了。我腦袋發暈,心臟衰弱,在死期將至的恐懼中,心智的痛苦被蓋過去了。藥效非常猛烈,我好幾天都下不了床;不過年輕加上體格強健,我還是又爬下床,問我自己那個殘酷的問題:『我要去哪裡?』我口袋裡就只剩兩先令,其餘的都交給跟我睡同一間的窮女人了,拿去付我的住宿費,還有買與她共同分享的必需品。

「我跟著這個可憐蟲到附近的街頭乞討,我鬱鬱寡歡的模樣從那些遊手好閒的人手裡掙得幾分錢,使我能繼續有床睡;直到我養好了病,學會用我那些破爛衣裳發揮最大的功用,然後別人出於各種目的向我搭訕,而我向我遇到的那些禽獸的欲望屈服,心中懷著當初對我那更加殘暴的主人相同的憎惡。」

妳沒有名字，沒有墳墓，沒有身分
MANISHA SHARMA

> 在印度和中國，每年被墮掉的女嬰比在美國出生的女嬰還要多。近十年來，印度有超過六百萬女嬰在出生前就被墮掉了；這比納粹屠殺的猶太人還要多。
> ——薩布・喬治（Sabu M. George），有碩士及博士學位，印度「反對性別篩選運動」成員，2013年9月10日

「感謝女神啊。」那個生了兩個兒子的卷髮女人說道，她是我的婦產科醫生，這句話是暗語，意思是：妳懷的是女孩，必須做子宮擴刮術了。

天矇矇亮時，我替妳父親準備午餐，把加了番茄的熱騰騰扁豆糊蓋上蓋子，配上兩塊顏色淺的煎餅，以及新月形的糙米（一把的分量）

還有酸奶（量好的一杯份）。我幫自己收拾了一大竹籃的東西：棉布紗麗、短上衣、襯裙，一捆事後要用的軟布塊

被一令又一令利得像刀片的紙頁淹沒。妳父親被無法解釋的病痛襲擊而滅頂，妳祖母也是。

妳叔叔把我載到離診所一個街區處,診所在 X 和 Y 街的交叉口。

癱軟在消毒過、形狀像衛生棉的擔架床上,我的感覺是:
我穿著病人服的身體感覺到涼涼的醫院床單,
我昏沉的雙眼看到漸漸消失的綠色布簾,
我用手指捏住鼻子阻絕刺激的消毒劑氣味,
我的耳朵聽見擔架床的輪子吱吱響,有如老鼠
趁著黑夜的自由在大嗑舊床單。

在我右邊:白色桌子上擺著白色托盤,看起來一點都不亮的鉗子,
一端又大又圓,另一端小得像葡萄乾的剪刀。
我為了妳父親而夜夜浸泡在水中。
一切都是空白,一段被抹除的記憶。

我只知道:
妳不會有名字,不會有墳墓,不會有身分,我的女兒,
妳本來會是我第二個孩子。

脆弱的五月期

BURLEIGH MUTÉN

我從未想過憑什麼的問題。
我懷孕了,脆弱的五月期,
結果醫生建議我做人工流產。
這正是我們做羊膜穿刺檢查的目的,他說。

我懷孕了,脆弱的五月期,
每個細胞都多了一條X染色體。
這正是我們做羊膜穿刺檢查的目的,他說。
這個胎兒到了青春期會乳房隆起。

每個細胞都多了一條X染色體。
一九八四年沒有什麼多元的概念。
這個胎兒到了青春期會乳房隆起。
沒有這些詞彙:泛性別者或跨性別者。

一九八四年沒有什麼多元的概念,
就只有一場源於科學的合法手術。
沒有這些詞彙:泛性別者或跨性別者。

沒有以證據為基礎的社會研究,只是

就只有一場源於科學的合法手術
當醫生建議我做人工流產。
沒有以證據為基礎的社會研究,只是
我從未想過憑什麼的問題。

出自《逾期》

ANNE FINGER

　　我正走出後門時，看到裝在一個塑膠罐裡的組織和血液，等著送去病理實驗室，塑膠罐裡有一隻完美潔白的小手；它看起來像不太逼真的玩偶的手。反人工流產的文宣經常只呈現出一隻手或一隻腳，因為手腳遠比人體的其他部分更早長好。這隻手看起來就是人類的手，心臟仍只是初始的搏動，大腦跟豌豆差不多小，整體看來像一團白色果凍狀物體。但它很接近了，接近到令我難以釋懷。

　　那隻平坦的手掌穿過酒紅色的血水向上伸。那一幕為何縈繞我心頭？使我們成為人的條件，勢必不是看起來像人吧。

　　十年或十二年前，我會問自己這些問題嗎？它們會成為始終未形成語句，但在我心智邊緣徘徊的疑慮嗎？抑或是當今的政治氛圍造成這現象的？

　　幾個月後，我回到舊金山，出席了另一場捍衛生育權委員會（Committee to Defend Reproductive Rights）的會議。我們看了一部影片《無聲的尖叫》(*Silent Scream*)，意思是要表現出胎兒在人工流產過程中所發出的尖叫。看完我們討論：關於強調的對象由女性轉移到胚胎／胎兒；我們要回應關於生命是何時開始的提問嗎？抑或這表示讓右派主導了辯論的方向；我們該如何談論人工流產的倫理道德？

有另一個失能女性[3]加入委員會了。她是盲人,且患有腦性麻痺。在委員會,所有人都會先舉手,等主席叫到他們才發言。除了海梅之外,她老是插話,卻沒人要她舉手等著被叫到,不過換作別人可就不一樣了。我心想:「一群他媽的自由主義者。」

後來有人說生命是由社會所定義的,生物上的定義不是最終的答案。當我們在委員會進行這類廣納百川的討論時,會用簽字筆在防油紙上記下我們所說的重點。用這種方式能網羅所有相異的觀點,確保在你來我往的過程中不會有一些想法就這麼流失了。

於是有人用藍色簽字筆寫下:「有生命不等於有權利活命。」

噢,真是好極了,我心想。生命是由社會定義的。那麼,是誰有權來下定義,又是誰會因為定義而必須消失?失能者?猶太人?老人?

那時候我本來想說點什麼,但我沒說。因為我不想表現得脾氣暴躁,好像很死腦筋似的。因為我不想擔上抹黑別人是納粹的莫須有罪名。

大約在同一時期,我在《Ms.》雜誌上讀到一篇講反人工流產恐怖主義的文章。它說:

約瑟夫・謝德勒(Joseph Schiedler)〔旨在破壞人工流產診所的運動領袖〕提出了極端的主張,聲稱人工流產是美國大屠殺,跟納粹大屠殺沒什麼兩樣。諷刺的是,希特勒其實反對生育選擇權;他宣布在納粹德國進行人工流產是違法的,而第三帝國的關鍵目標之一,就是強迫亞利安女人盡可能多生孩子。

---

3 譯註:本文作者曾罹患小兒麻痺症。

我投書給雜誌社,說這些內容有一部分不正確。在納粹時期前的威瑪共和國,人工流產就已經是違法的了,不過普遍來說可以私下進行。而且儘管在納粹時期,大部分女性都沒有門路進行人工流產,但希特勒確實規定在一個情況下人工流產是合法的,即女性肚裡的胎兒被認為「有缺陷」——幾乎清一色都是孕婦本身即為失能者,或是家族中有失能者。這些女性往往被強迫接受人工流產。

有一位專攻納粹時期耳聾倖存者的研究者表示,大部分接受人工流產的孕婦都已懷胎超過五個月。顯然這些本身「有缺陷」或是與「有缺陷者」結婚的女人,都試圖隱瞞自己懷孕的事。

我努力看見這項數據後頭的面孔。我看到一個耳聾的女人坐在破舊厚實的椅子上,哭得很傷心,臉上的妝花掉而流下來,她在公寓三樓等著警察上門,一手按在肚皮上,感覺應該成為她孩子的生命最後的踢動。是誰出賣她的:聾人聯誼社的工作人員嗎?還是她那剛加入納粹黨、滿心怨恨的妹妹?

姐妹,我們這些本該記住妳的人,卻將關於妳的記憶從我們的歷史中抹去了。

我該如何統整這些事情?這些不怎麼隨機的隨機事實:

美國有近八成人民贊成在(未確定的)「胎兒缺陷」狀況下進行人工流產。

當妳懷孕時,突然間所有人都在問:「妳幾歲了?」(換言之:妳超過三十五了沒?)

在我們的社會中,「健康」已成為至高無上的隱喻,用來代表優良。若是女人不確定自己做人工流產這決定是對是錯,她們往往會告訴你她們這麼做是顧慮自己的健康,或是將來的孩子的健康。

納粹聲稱他們要打造健康國家,並藉此獲得了巨大的隱喻力

量。健康的身體與健康的國家成為同一件事,種族滅絕也被視為清除有缺陷的、充滿病菌的糟粕而遂行。

　　如果因為胎兒的大腦尚未發育完全,所以他們不算人類,人工流產就可接受的話,又該如何看待腦部受損的人呢?雖然我對人工流產的想法建立在女性的權利和狀態上,而不是她體內的胎兒,但許多人並非如此。

　　我喜歡對抗逆境。嗯,其實我不確定我喜歡:我只是似乎常常就這麼身處其中了。

出自《刺耳：一個大聲婆的筆記》

LINDY WEST

　　我不確定我怎麼會懷孕──我們大部分時候都很小心──但是不知道耶，有時候人就是會出包。我真的想不起是怎麼回事了。這就是人生啊。如果我讓胎兒長到足月，生下一半是麥克一半是我的嬰兒，我們的關係或許永遠都斬不斷了，但是早在孩子出生之前，我們就會分手。有些人注定不該在一起，一旦伴隨的風險有了實體，會踢腳還會壓迫膀胱，妳就再也無法裝作爛日子還不錯了。麥克讓我感覺孤獨，而兩個人的孤獨比一個人的孤獨要糟上一百倍。

　　我想像他會心軟，會愛這嬰兒；我們可以友好地共享監護權；或許我會搬進父母的地下室（那裡很舒適！），在微軟覓得寫技術性案例研究的工作，那是我當時在做的兼差；也許他會直接把撫養費丟給我，自己一走了之，但我很懷疑會這樣。他是個好人，那可能是不錯的生活。

　　不過他並不想住在西雅圖──新英格蘭像科幻片中的牽引光束般拉著他的心。他整天都在講這些：在山頂的樹葉間飛奔在山徑上越野跑；在布拉特伯羅的酒吧與阿默斯特學院的女大生調情；當他處於心情愉快、充滿潛力的黃金期，也總是不忘心繫大本營。他想要回到那裡去。儘管當時這一點傷了我的心（為什麼我就比不上在佛蒙特州繞著圈子跑步，還有跟一堆名叫布萊兒的女生一起喝整壺

的 IPA 啤酒!?），但我也希望他的願望能實現。

　　至於我，在我發現自己懷了一部分來自麥克的胎兒後三個月，我找到方法永遠都不再厭惡自己的身體了；五個月後我收到第一封胖女孩寄的電子郵件，說我的文章拯救了她的人生；六個月後我與未來的老公墜入愛河；八個月後我見到繼女們；一年後我搬去洛杉磯，看看世界為我準備了什麼；十八個月後，我開始在 Jezebel 網站工作；三年後，我第一次上電視；四年十個月後，我跟我一生見過最棒的人結婚；剛滿五年後，我交出這本書稿。

　　這些事全是在我人工流產後的五年內發生的。我成為我自己。不是出於僥倖，或因為人工流產是某種神祕的、能產生力量的女性主義血魔法過渡儀式（如同許多反生育選擇權人士誣指我所相信的——就一場表面看來由成年人組成的運動來說，這種人未免太多了），純粹就只是水到渠成。從幾年前、甚至幾十年前就啟動的一連串變化，全都一下子匯集在一起，像是鎖頭中的鎖簧咔嗒就位：我的身體，我的工作，我的心聲，我的自信，我的力量，我決心要過像任何男人一樣強健、活躍、公開和豐富的生活。本質上來說，我做人工流產這件事並不是非常重要，但這是我畢生第一個成年人的重大決定——是我第一次明確地表示「我知道我想要什麼生活，這不是我想要的生活」；那一刻我不再是自己身體裡的乘客，我成了掌舵者。

　　所以，我在那東西上尿尿，然後出現粉紅色短線，好像在說「哈哈，希望妳有六百大洋囉，妳這超會生的小婊子」，我坐在床上，沒哭，只是說：「好吧，該來的躲不掉。」我沒告訴麥克；我不確定為什麼。我隱約有一絲印象，覺得他會生我的氣。好像懷孕是我的錯似的。好像是我的黏人，是我迫切需要被愛，是我堅持我們是一

對「真正」的情侶，而不是兩個習慣對方的熟人，終於凝結成一小團滿懷希望的假象，並且在我的子宮壁扎了根。它是我這人有多麼可悲的實體化身。我怎麼能讓這種事發生？實在太丟臉了。我不能告訴他。反正在這段關係中我始終都感到孤單；我單獨處理這件事也很合理。

當時我並沒有想到，要獲得人工流產也可能很複雜。這是特權的陷阱之一：我出身於西雅圖的中產白人家庭，一向享有醫療保險，況且人工流產是合法的。所以我做了每次需要一般的、合法的、例行性的醫療處置時會做的事——預約看診，就是我從十二歲起固定看的同一位醫生。她會幫忙解決這個「植入胚胎」的失誤。

護理師喊了我的名字，帶我進診間，給我量體重，嘖了兩聲，幫我量血壓，面露訝異（胖子也可能血壓正常好嗎，**南西**），要我坐在紙墊上。我等著。我的醫生走進來。她年紀比我大，有一頭深色小卷髮，態度有點像媽媽，又不會太親昵。「我好像懷孕了。」我說。「妳想要懷孕嗎？」她問。「不想。」我說。「嗯，在這杯子裡小便。」她說。我再次尿得滿手都是。「妳懷孕了。」她說。我點頭，內心毫無波瀾。

我記得對自己當下冷靜的態度非常自豪。我就像美劇《歡樂時光》(*Happy Days*)中的酷角色方茲（Fonz）一樣看待人工流產。「所以，醫生，現在的計畫是如何？」我問，學方茲把我的皮夾克衣領立起來，活像是踩滑板過來的。「妳乾脆直接把RU-486開一開，我就能快點〔邊說邊假裝吹著薩克斯風，用月球漫步的舞步滑向診室門口〕。」她直直盯著我。

「怎麼了？」我說，彷彿有一百支梳子啪啦啪啦砸在地上。

搞了半天，**醫生不會幫妳做人工流產**。

我原本非常篤定今天就能解決這件事，今天就能自己處理好，然後繼續過日子──繼續假裝我很會打理自己的生活，我的異性關係尚可忍受，甚至是幸福的。好像我是個正常男人愛的正常女人。當她告訴我我得去另一間診所約診，而那裡可能要幾週後才有空檔，並且開始在便利貼上寫電話號碼，我崩潰了。

「太扯了。」我哭著說，驚慌失措。「妳是醫生耶，這裡是醫生的診間，難道妳不會弄嗎？」

「我在醫學院是有學過，」她說，露出親切得讓人惱火的關心表情，「但我們這間診所不負責這項業務。」

「喔，那我幹麼來呢？他們幹麼不直接在電話裡告訴我這次的約診根本是白搭？」

「妳希望櫃台接電話時告訴所有人我們這裡不做人工流產，不管來電者的目的是什麼？」

「對！」我叫道。

她不發一語。我喘著氣，又哭了一會兒，然後在寂靜中慢慢停下來。

「我現在還能為妳做什麼嗎？」她溫柔地問。

「不用了，我沒事。」我接過一張面紙，「很抱歉我發脾氣。」

「沒關係，這種狀況讓人壓力很大，我懂。」她緊握一下我的肩膀。

我回到家，蜷縮在床上，打給那家診所（它取了個像是「阿瓦隆」或「王朝」或「鷹冠莊園」之類的夜間肥皂劇名字），我仍顫巍巍地處於歇斯底里邊緣。不是出於那些「強迫生育」（forced birth）狂熱者希望你相信的理由：不是因為我的選擇使我的良心飽受折磨，或因為我很羞愧，或因為我無法停止去想我們「寶寶」的迷你手指

甲,而是因為人生真他媽的太苦悶了,老兄。我真的好想要有人愛我。我最終是想要有孩子的,但我真正想要的是一個家庭。而麥克不是我的家人。所有事都是錯的,我形單影隻,心碎神傷,真的好難熬。

接電話的女人說他們能把我安插進下星期的空檔中,扣除保險支付金後我還要自費四百元。那時是月初,所以我剛繳完房租。我的戶頭裡剩下大概一百元。而發薪日還有兩星期。

「你們可以讓我先掛帳嗎?」我問。

「不行,就診當天就要一次付清了。」她說,因為是例行台詞而講得俐落,語氣倒不失和善。

我感覺像被剝除絕緣層的電線,腦袋嗡嗡作響,雙眼盈滿淚水。

「可是……我沒有那麼多錢。」

「如果妳需要多點時間籌措資金,我們可以將約診時間延後。」她提議。

「但是,」我終於崩潰了,「我不能繼續懷孕了,我需要停止懷孕。我不應該懷孕才對。」

我不想再等兩個星期。我不想每天煩惱這件事。我不想感覺到自己的身體變化。我不想攜帶和餵養這個由我天生的不討喜所製造出來的作品──這個實體證據證明,任何與我永久連結的事物,必定都出自意外。男人只會和美女製造有人想要的寶寶,男人和肥婆製造出的是失誤。我痛哭失聲到好像把她嚇壞了。我哭到她跑去找她的老闆求救。

診所負責人拿起話筒。她用冷靜幹練的語氣說話──像是身居高位的商場女強人,而她剛好也是妳媽,說起來這大概確實滿符合現實情況的。她開導我,直到我又開始呼吸了。其實她不需要這麼

做，她一定日理萬機，而我無理取鬧白白浪費她的時間。小孩生小孩。

「我們從沒開過這先例，」她嘆口氣說，「因為通常一旦完成處置，病患就不會回來了。但如果妳向我保證會結清帳單，如果妳真的拍胸脯保證——妳就可以下星期來看診，結束後我們先讓妳掛帳。」

我保證，保證，拚命保證。會的，我的天啊，會的。真的太謝謝妳了。謝謝妳，謝謝妳！（我確實付清帳單了——一領到下個月的薪水就付了。他們超級訝異，還寄給我感謝卡。）

我喜歡設想經營那間診所的女人會為任何人這麼做——想像有一群像她一樣（像我們一樣，我往自己臉上貼金）的女人默默組成一張網，從南極延伸到北極，隨時準備拉其他女人一把。雖然沒有義務，她仍然幫了我，我永遠感激。但我也好奇，在她耳裡，是什麼因素使我聽來像值得信任的人，像她可以放心賭一把的人。我絕對不是打去她診所的人之中最貧窮的一個。事實上，無論如何我都能做人工流產。我只需要等待兩星期，或是硬著頭皮去找我那全力支持我、崇尚自由主義、經濟富裕的母親談。特權代表白人女性很容易互相給個方便。特權代表最不需要幫助的人往往會得到最多幫助。

我對約診當天的事記得的倒是不多。我走進去，填了夾紙板上的一些資料，然後等待叫號。我記得候診室人滿為患。其他人都有人陪；我們都避免視線接觸。我認出在櫃台工作的女人——我們是高中同學（應該立法禁止這種事才對）[4]——但她什麼也沒說。也許

4　原註：你也一樣，假陰莖商店的收銀員。（不過感謝你幫我打折啊。）

這是陰道診所的標準作業流程吧,我心想。又或許青少年時期的我沒那麼容易讓人記住。真要命。

我們開始做正事之前,我得跟一位諮商師聊一聊。我猜是要確保我不只是想要進行吊兒郎當的狂歡派對後的人工流產,宗教右派最糾結這一類的事了。(順便一提,那種人工流產仍舊是合法的。)諮商師比我年輕,甜美可人。她問我為什麼沒告知我的「伴侶」,我哭了,因為他根本不是什麼伴侶,而我還是搞不清楚自己為什麼不告訴他。在那之後發生了什麼都很模糊。好像有驗血,也許有做超音波。醫生是個態度乾脆可靠的女人,一頭灰髮削成幾乎像軍人的小平頭,她說我的胚胎大約三週大,像蝌蚪一樣。然後她給了我兩顆裝在小紙盒裡的藥,要我兩週後回診。隨著藥附上的說明書警告說,在我服下第二顆藥之後,或許會排出「檸檬大小」的血塊。**檸檬**。想像看看如果我們的文化真的能坦率且公開地談論人工流產,會是怎麼樣。想像如果想要做人工流產的人,不必被一張粉紅色影印傳單殺個措手不及,得知自己的陰道可能會掉出血檸檬。想像看看。

當天晚上,吞下第一顆藥丸,當我的蝌蚪正在脫離子宮壁時,我得去頒一個製片獎給我的朋友兼同事查爾斯・穆德德(Charles Mudede)──出席《陌生人報》(*the Stranger*)年度藝術獎助金「天才獎」(Genius Awards)活動,上台對著我認識的所有人致詞。感覺有夠超現實。麥克和我同行。我們玩得很開心──是我們共度過最愉快的夜晚之一。那天留下一些照片,我眼神發直,笑得太開,靠著激昂情緒和黑色幽默撐下去。我記得曾把一個朋友拉到陰暗角落,坦承自己剛做了人工流產。「他們有跟妳說檸檬的事嗎?」她問。我點頭。「別擔心,」她抱緊我,悄聲說,「不會有檸檬的。」

她停頓一下。
「應該不會有檸檬的。」

藥丸與春田市礦坑慘案

JOANNA C. VALENTE

（致理查・布羅提根[5]）

莫要責怪我。我只是殺死了
我無法照料的
東西。

---

5 譯註：理查・布羅提根（Richard Brautigan, 1935～1984）是美國作家，此篇詩名戲仿他的名詩作〈藥丸與春山市礦坑慘案〉（The Pill Versus the Springhill Mine Disaster），布羅提根在該首短詩中拿礦坑事故來比喻他情人服用避孕藥的事：「當妳吞下藥丸／就像礦坑發生災難。／我想到妳身體裡面／喪失的無數人命。」

你不懂

Judith Arcana

你以為我不在乎那個寶寶，
以為我沒想過等她長到十四歲
我們會不會喜歡對方；
沒想過他的哥哥走到哪裡
他就會跟到哪裡。
你以為我們像黑幫一樣宰掉他們；
像將軍一樣讓他們消失。
所以你不懂是怎麼
回事，對吧？
你不懂天秤
兩端承載著什麼，
不懂抉擇代表什麼：
我擁有什麼、給出了什麼，
給出那個我沒有的寶寶，
無法讓我笑的寶寶──
因為蘋果泥翻倒在她頭頂；
無法讓我哭的寶寶──
因為他跨出人生第一步時就摔下門廊。

你甚至不懂這與後悔無關。
你該死的,我說該死的,一點都不懂。

她們的選擇：關於人工流產，作家們想說

加扎勒[6]
JENNA LE

我們那些唱著甜美兒歌的好心祖母啊，
說失去貞操時很痛都是騙人的。

妹子，這樣做就不會痛了：
星期天放一根手指進去，星期一放兩根，星期二放三根。

還有一些伸展運動也能幫上忙。婆婆媽媽
不肯教的事，女孩網絡很樂意分享。

性愛必定會痛的觀念，勢必與
懷孕和懲罰脫不了關係──這只是她們的策略。

誰不怕痛呢？然而疼痛在此是一種象徵。
她們付出了代價，所以現在她們也要妳付妳那一份。

我怕痛，怕撐爆、斷裂、破開。她們警告

6　譯註：加扎勒（ghazal）是一種抒情詩格式，由對句組成。

女孩說,當她亂搞的時候,她的處女膜會像紙一樣撕破。

因此輪到我時,我陷入恐懼中。
我任憑那男孩、我的恐懼和機率擺布。

我本來可以事先規劃:吃避孕藥那些的。
但我不怪我自己。有什麼好怪的呢?早就見怪不怪了。

我們是在他宿舍房間裡做的,但我現在記得的是
那張診所病床,以及叮叮噹噹伸進我腿間的工具。

出自《你最近有為我做過什麼嗎?》
Myrna Lamb

1969年3月,在紐約市新女性主義輪演劇場(New Feminist Repertory Theatre)首演。

時間:不限。

地點:一個安靜而封閉的空間。舞台中央躺著一個男人,頭朝上,雙腳斜對著觀眾。他躺在沙發上的姿態儘管十足像在看心理醫生,也應該要有點太空人的感覺,而且他傾斜的幅度應該大到幾乎像是馬上要發射升空。讓人聯想到近乎垂直的斜板或是簡易的溜滑梯或蹺蹺板。

台上有一張簡單的書桌或餐桌,朝外斜放在男人旁邊,桌前擺了張椅子,讓坐在椅子上的人能按照(大略)正統的精神醫學療程背對著男人,同時又能讓觀眾看到其側面或四分之三的側臉。

布幕升起時,身穿西裝的男人便呈現上述狀態。身穿簡單罩衫(暗指手術服)的女人從舞台後側登場,然後不看男人一眼地穿過舞台。他沒看見她,他沉默地靠坐著。就這樣過了一段時間。有個身穿綠扁帽軍服的士兵端著M-1步槍來到舞台中央。他面向觀眾。

男人：我在哪裡？妳對我做了什麼？我在哪裡？妳對我做了什麼？我在哪裡？妳對我做了什麼？
（士兵立正站好）

女人：你會痛嗎？

男人：對，我好像會痛。

女人：你不確定？

男人：我還沒機會好好想這個問題。整個過程……奇怪的房間——麻醉——護士？某種教團的修女？

女人：護士。修女。某種教團。對，可以這麼說吧。對，麻醉。

男人：我不相信。我無法相信這噩夢是真的。

女人：嗯，很多人在得知這些事的時候都跟你有同感。當然，這些人大都被預設為女性，這應該會造成一些差別吧。我們設法在子宮上附了一小塊卵巢，我想這不會帶來任何好處，不過我會給你一些荷爾蒙和腺體補充劑，來維持你的懷孕狀態。

男人：維持懷孕狀態是嗎！妳竟敢對我說這種話！
（士兵藉著**女孩**[7]伸長的一條手臂和自己腳的槓桿力，將她翻身後摔到地上。）

女人：我怎麼不敢？畢竟事關人命。

男人：事關人命？你們這些瘋狂的畜牲，我當然知道事關人命，我的人命！你們決定為了自己卑鄙的目的而玩弄我的人命，天知道你們到底有什麼目的。

女人：你認為你現在頭腦夠清楚，能夠做出判斷嗎？我的目的？
（士兵跨在**女孩**癱平的身上做伏地挺身，有性暗示的意味。）

7　譯註：由於此劇本經過多次增修，有不同版本，女孩的角色是後來新增的，本書收錄的版本為精簡版，疑似未節錄到女孩登場的敘述文字。

你最終會接受你現在高聲嚷嚷著反對的事情？你已經實現的成熟人生，以及你肚子裡那個初始生命可能有的人生，相對而言孰輕孰重？你的生命已是確定存在的，不過或許你的生命還比不上這個幾乎未成形的生物的生命，我看你打算拒絕成為它的代理人呢。

男人：我為什麼要幫這個⋯⋯這個東西當代理人？

（士兵起身，將**女孩**踢到一旁。走向步槍。繞過**女孩**，來回踱步，右肩托槍。）

它對我來說什麼也不是。我不需要為它的存在或它所在的位置負責，我也不希望負責。我有自己的人生，很重要的人生。我有工作，很重要的工作，容我補充說明，對這世界上所有人類而言，我的工作所帶來的都不只是一點附加價值而已——而這個——這個妳在瘋狂中——施加在我身上的蘑菇——沒有權利，沒有生命，對任何人而言都不重要，對世界而言更是如此。它什麼都沒有。它沒有存在的條件。一小群細胞。一個腫瘤。一隻寄生蟲。這東西強加在我身上，然後我被告知我欠它基本的生命權，說我的權利是次要的！太瘋狂了！我不要這東西在我身體裡，它不屬於那裡。我要把它弄掉，馬上，安全地弄掉。

女人：是，我懂你的感受。但如果所有因為錯誤或疏忽，或藉由某種邪惡或惡意或甚至是善意的手段而造成的懷孕，都因為宿主不甘願或心生反感而予以中止，那會變成怎樣呢？想必全世界的人口會大量減少，導致以生存空間（lebensraum）、國族政治、飢餓作為手段，以貪婪為動機、以戰爭本身為手段等等機制，都形同虛設。

（士兵撲向前，突刺隱形的敵人，隨著動作發出適宜的作戰悶

哼和叫喊。他的聲音中帶有仇恨與絕望。）

當然，若是所有發現自己因為貧窮或機運或失策而被迫成為母親的非自願者，都被賦予優先選擇自己的生命勝過其他任何人的生命的權利，那麼那些有意願、刻意為之的懷孕者，對於備受期待的子代泉湧而出的接納與喜悅，將永久地消除那些侵犯與剝奪的特質，而這些特質對於社會進步是必不可少的。畢竟你得明白，有太多女人身陷於未婚懷孕、毫無準備地懷孕的窘境，她們有不能受到干擾的工作，或是一點也不想為有問題的露水姻緣留下紀念品。許多人因為具有擺脫不了的生育力，而在強暴或近親性侵事件後又受到額外懲罰。

（在飛撲、突刺和悶哼後，士兵將步槍槍托朝下，垂直地敲擊舞台地面。）

有太多被性欲沖昏頭，或是迫切需要溫暖和關注的人，發現自己身無分文、渾身是病、年幼無知，而且還懷孕了。

（最後，士兵只是站著，將步槍扛在肩上。）

而太多獲得社會、教會和醫學認可的女人，所生的孩子數量已經超過她們經濟上、精神上、生理上所能負荷。你勢必看得出「個人意願被擺在優先地位」這問題的本質有多嚴重吧，此刻的你便已充分展現出來了。如果一案成立的話，就可能全都成立。所以你必須學著接受社會熱中於保存胎兒的事實，包括你體內的──以及與你境況相同的所有人體內的。

男人：妳知道我想殺了妳嗎？我現在只剩這種感覺：殺了妳的欲望。

（士兵用步槍指著**女孩**的頭。）

女人：很常見的反應。受孕者經常感到想對施孕者或懷孕的維護者施加暴力的欲望。

人工流產術後問卷——
由SurveyMonkey公司進行調查

SUSAN RICH

---

1. 妳會避談人工流產的話題嗎?
   天花板中央有一朵萬壽菊在落淚,
   也可能那是一盞舊的水晶吊燈。
   裡頭隱然散發光芒,
   玻璃片被粉紫色光線照亮,
   還有一層層剝落的金箔。
   每逢夜晚此等心緒就會泛起。

2. 妳在討論自己的人工流產經驗時,會感到內疚或悲傷嗎?
   甘藍菜是藍色的玫瑰,
   以鍊金術跳的脫衣舞。當它們
   被拽出泥土時放聲尖叫
   馬上又被浸入滾水中。
   故事就從一格格「要是」以及
   不斷流逝的希望中徐徐展開。

3. 做完人工流產後,妳覺得自己會避免與人交往,或是在交往時

過於依賴對方嗎？
　　若是我能讓自己與自己脫勾，
　　掛到書架上，割斷
　　我的舌頭，我會看著
　　它長回來，恢復活力
　　並準備好說話。

4. 妳對與妳的人工流產相關的人士（或許是胎兒的父親或是妳的父母）會懷有長久不散的怨恨嗎？
　　當你決定一去不回時
　　絕對要留意帶走了什麼東西：
　　一條圖阿雷格族頭巾，兩張照片，
　　會罵髒話的桀驁念頭，然後拎起皮箱──
　　偶爾是會有，但大多不會。

5. 妳會把自己的人生區分成人工流產「之前」和「之後」兩個部分嗎？
　　嚇到不敢說出名字──
　　未麻醉躺在台上──
　　我箍著銀色腳鐙，身穿裹覆式藍袍。
　　年輕護理師握著我的手──
　　妳做得很好，她呢喃道。
　　我一直醒著；我被喚醒了。

6. 妳是否曾隱約感到一種空虛，一種深度的失落感，或經歷長期

的憂鬱？

天空不再直接對我說話——

而那個美麗的男子呢？

他穿過地板掉下去了

不過有時候他會回電子郵件：

謝謝，我們一家人從巴黎爆炸中倖存了。

很遺憾貴國新任總統不幸身故。

7. 妳有時候會出現與人工流產相關的噩夢、記憶重現或是幻覺嗎？

沒關係，我告訴自己，那只是噩夢而已。

但我馬上想起我根本沒去睡覺。

然後三十年就這麼過去了，現在三十一年了。

8. 做完人工流產後，妳有開始或增量使用藥物或酒精嗎？或者妳有飲食失調嗎？

霧的味道嘗起來先是甜的，然後變酸——

身分不過就是偽造的魅力嗎？

定時服用高劑量的禁欲。

9. 妳與神、因果報應或宿命的關係，或是對它們的概念，在妳做完人工流產後有改變嗎？

如果我的嗓音變弱了，告訴他們

我努力不活在時鐘裡

或是石榴皮底下。

有誰能逃離她自己的故事——
汽車對撞、東北風暴、地震，
或是種族歧視者在我們國家播的種？

10. 妳做完人工流產後，自我概念或自尊有變化嗎？
有一回我將車子棄置在紅柏樹林裡，
任它翻落
斷崖。在我下一個透視模型場景中，有個朋友
坐在駕駛座，她慫恿道：我們繼續開吧；
堆疊妳自己，像是水彩顏料，像是嬰兒之歌。

11. 妳會對特定聲響反感嗎？例如很吵雜的機器？
磨豆機，吸塵器，
電動縫紉機——
還有：卡車逆火，仙女棒，
椅腳刮地的尖響——
頭頂的槍聲，手鋸——晚間
新聞——你受得了？

12. 妳有沒有什麼想問的？
為什麼 Google 地圖容許盲區存在；
例如說尼日的津德爾（Zinder）？
一個人有可能為每個銀河系拍照——
並理解這混亂的光嗎？

身體
BODY

出自〈譚林〉
無名歌謠詩人

（十六世紀，蘇格蘭）

瑪格莉特小姐，瑪格莉特小姐，正在做女紅。
一身黑衣的她，
心血來潮要跑進樹林裡，
摘花裝飾她的帽子，孩子們，
摘花裝飾她的帽子。

她把裙襬撩到高過膝蓋
敏捷地奔過曠野。
當她來到歡欣的翠林中，
她將樹枝往下拉呀拉，
她將樹枝往下拉。

突然間她瞥見有個俊美的青年
站在樹下，
他說：「小姐，妳竟敢把樹枝往下拉，
而沒先徵求我的同意，
而沒先徵求我的同意？」

她說:「這片小樹林是我的,
是我父親給我的。
我儘可以把這些樹枝往下拉
不需要徵求你的同意,年輕人,
不需要徵求你的同意。」

他牽起她百合般的玉手
拉著她草綠色的衣袖
將她放倒在樹叢旁。
他一次都沒徵求她的同意,孩子們,
他一次都沒徵求她的同意。

完事之後她回過頭
想問她的真愛叫什麼名字。
但她什麼也沒聽見,什麼也沒看見,
整座樹林都暗了下來,孩子們,
整座樹林都暗了下來。

府中共有二十四位女眷
都像玫瑰一樣漲紅了臉。
除了年幼的瑪格莉特之外
她像玻璃般臉色發青,玻璃,
沒錯,她像玻璃般臉色發青。

第一個前來伺候的女僕直言不諱,
她抬起頭微笑:
「小姐歡愛的時間好像太長了,
這下她有孩子啦,老天,
這下她有孩子啦。」

第二個前來伺候的女僕也直言不諱
「噢,這種事總是很麻煩,」她說,
「我知道歡欣的翠林中好像有種草藥,
能把妳身上的寶寶搓掉,小姐,
能把妳身上的寶寶搓掉。」

瑪格莉特小姐,她拿起她的銀梳,
趕緊梳整她的秀髮。
她到了歡欣的翠林
以她能飛奔的最快速度,孩子們,
以她能飛奔的最快速度。

她在那座歡欣的翠林裡
才剛拔了一株草藥,
年輕的譚林就來到她身邊
說:「瑪格莉特,別碰它,我的愛,
瑪格莉特,別碰它。」

「噢不,妳怎麼能拔起那株苦澀的小草藥

長得灰溜溜的草藥
用來奪去那個甜美寶寶的生命
那可是我們在嬉戲中獲得的,我的愛,
那可是我們在嬉戲中獲得的?」

「噢告訴我真相吧,年輕的譚林,」她說,
「你到底是不是凡人。」
「我不會騙妳,瑪格莉特小姐,」他說,
「我跟妳一樣受洗過,我親愛的,
我跟妳一樣受洗過。」

「但某個寒冷刺骨的日子我騎馬外出
結果不小心摔下馬背,
而妖精女王帶走我
到遠方的綠色山丘居住,我親愛的,
到遠方的綠色山丘居住。」

「但今晚是萬聖夜
妖精王室必須騎馬出行。
若妳希望贏得妳的真愛
妳得去舊磨坊橋旁守候,我親愛的,
妳得去舊磨坊橋旁守候。」

「黑馬會打頭陣,再來是棕馬
最後是奔馳的白馬。

但妳要牢牢抓住我，不要畏懼我
我不會嚇唬妳，我的愛，
我不會嚇唬妳。」

「然後他們會直接讓我在妳懷裡變形
變成許多極為兇猛的野獸。
但妳要牢牢抓住我，不要畏懼我
我是妳孩子的父親，妳知道的，
妳知道我是妳孩子的父親。」

因此，瑪格莉特拿起她的銀梳，
趕緊梳整她的秀髮。
她到了舊磨坊橋
以她能飛奔的最快速度，孩子們，
以她能飛奔的最快速度。

於是在夜半時分
她聽到叮噹的挽具聲。
噢，孩子們，那讓她的心臟發冷
甚於凡人的任何事物，真是如此，
甚於凡人的任何事物。

黑馬打頭陣，再來是棕馬
最後是奔馳的白馬。
她牢牢抓住牠，沒有畏懼牠

而牠沒有嚇唬她,孩子們,
牠沒有嚇唬她。

雷聲劃過天空,
星辰亮如白晝,
妖精女王淒厲尖叫:
「噢,年輕的譚林跑掉了,跑掉了,
噢,年輕的譚林跑掉了。」

然後他們直接讓他在她懷裡變形
變成一頭怒吼的獅子。
但她牢牢抓住牠,沒有畏懼牠,
牠是她孩子的父親,她知道
牠是她孩子的父親。

然後他們直接讓他在她懷裡變形
變成一條討厭的蛇。
但她牢牢抓住牠,沒有畏懼牠,
牠也是上帝的造物,她知道
牠也是上帝的造物。

然後他們直接讓他在她懷裡變形
變成一條燒紅的鐵塊。
但她牢牢抓住它,沒有畏懼它,
它沒有傷到她,孩子們,

它沒有傷到她。

最後他們直接讓他在她懷裡變形
變成一個裸體男人。
她用自己的披風蓋住他,
叫道「我的愛,我贏了,我贏了,」
噢叫道「我的愛,我贏了。」

直言不諱的妖精女王
站在樹叢裡面,
「我真該挖掉你的雙眼,譚林,
換成兩顆木頭眼珠,木頭眼珠,
換成兩顆木頭眼珠。」

機器負責的事
林玉玲

女人：
  它會動。我不想做。
  她不願直視他的眼睛。
  這是他們在那裡
  一起進行的事。

陌生人：
  張開雙腿。放輕鬆。
  它大可能是一顆石頭。
  或是彎折的小刺。震驚地
  發現她那幾乎已被遺忘的本性，
  原來仍在徘徊，有能力殺人。

故事：
  可以說有趣。
  也可以說惡劣。他的機器取回
  那顆石頭，那根小刺，地板上
  一片狼藉。她隸屬於
  由數字組成的程序。

那些女人躺在長長的一排又一排
死寂的白色行軍床上小睡。

出自《熱與塵》
Ruth Prawer Jhabvala

　　瑪吉正處於「三摩地」（samadhi）狀態中，這表示她達到了更高的意識層次，沉浸在它的喜悅裡。在這種時候，瑪吉完全不知道身旁發生什麼事。她以蓮花式盤腿坐在地上；雙眼睜開，但瞳孔向上翻，嘴唇微啟，露出舌尖。她的呼吸規律而平緩，像是處於無夢的睡眠中。

　　當她醒來——如果這樣形容是對的，但其實不對——她微笑歡迎我，彷彿什麼也沒發生過。不過一如既往，在這種時候，她就像剛泡完讓人神清氣爽的熱水澡，或是其他令人如獲新生的物質。她臉頰泛紅，雙眼閃亮。她抬起雙手抹了把臉，彷彿感覺到自己的臉又紅又熱。她告訴過我，雖然以前她很難由三摩地狀態切換回正常生活，但現在已能頗為輕鬆地辦到了。

　　我向她提起那個莫名其妙跟著我的女人時，她說：「嗯，開始了。」顯然這事一點也不神祕——那女人是個產婆，她發現我是潛在客戶而盯上我了。她一定之前就注意到我，今天特地跟蹤我來驗證答案。我走路的動作和身姿勢必明確向她透露出我的狀況，再過一、兩天她大概就會向我自薦了。而現在瑪吉再度提供我她的服務。「現在是個好時機，」她說，「八、九週——不會很困難。」

　　「妳要怎麼做？」我問，幾乎只是出於一般的好奇。

她解釋說方法有好幾種,而在這麼初期的階段,手法精湛的簡單按摩可能就夠了。「妳想讓我試試嗎?」她問。

　　我說好——我想仍然只是出於好奇。瑪吉關上小屋的門。那不是真正的門,只是別人給她的一塊木板。我躺在地上,她扯鬆我的旁遮普褲的繫繩。「別害怕。」她說。我並不怕,一點都不怕。我躺在那裡仰望用一片錫板權充的屋頂,還有被她煮食的火焰熏黑的泥牆。現在唯一的孔洞被封住了,室內頗為昏暗,各種氣味都悶在裡頭——濕氣、用作燃料的牛糞,還有她煮的扁豆;此外也包括瑪吉本身的氣味。她唯一一套換穿的衣物掛在牆上,沒有洗過。

　　她跨坐在我身上。在黑暗中我看不清她,但她的體型似乎大於常人,令我聯想到某些神話人物:某個強大的印度女神,一手握住生與死,把它們像溜溜球般耍弄著。她的雙手緩緩往下撫過我的子宮,在摸索並按壓內部的特定部位。她並未弄痛我——正相反,她的手似乎有種撫慰作用。它們非常、非常熱;一向如此,我經常感覺它們(她總是觸摸你,彷彿想傳遞什麼)。但今天她的手似乎特別燙,我想這可能是她的三摩地殘留的效果,她仍帶有別處降臨到她身上的那一波波能量。而我也再一次感覺到她正在傳遞什麼東西給我——不是取走,而是給予。

　　儘管如此,我突然叫道:「不,請停止!」她馬上就停止了。她離開我的身體,搬開擋住門口的木板。光線流瀉而入。我起身走到屋外,進到燦爛的陽光下。雨水讓萬物都濕綠得發亮。陵寢上的藍色瓦片很耀眼,到處都是映照光線的小水窪,看起來就像灑滿大地的寶石。在一團團白雲間透出小片雨季特有的蔚藍天空,遠方是更多雲,但顏色是暗藍色,彷彿輕如鴻毛的山岳互相堆疊。

　　「什麼都不會發生,對嗎?」我焦急地問瑪吉。她跟著我走出

小屋,不再是剛才室內那個陰暗的神話人物,而是平常那個有點邋遢的母親般的她。聽我這麼問,她笑了,拍拍我的臉頰要我放心。但我不知道她要我放心的是什麼事。我最大的希望是什麼都別發生——希望她做的事沒成功。現在我很確定我想要懷孕,也想要懷孕帶來的全新感受——狂喜。

1923年

儘管薩提普爾(Satipur)也有貧民窟,但哈騰姆(Khatm)除了貧民窟就沒有別的了。這座小鎮窩在宮牆的陰影中,由一堆骯髒的巷弄聚集而成,巷弄中是一棟棟搖搖欲墜的歪斜房屋。街頭有敞開的流動水溝,裡頭的東西經常滿出來,尤其是下雨天,而這大概是哈騰姆經常爆發流行病的原因,或原因之一。要是雨下得比較大,比較老舊的房子會垮掉,埋住裡頭的居民。這種事每年都在上演。

上星期,這事就發生在奧莉薇亞住的房子對面那戶人家身上。伺候她的女人到現在還在講這件事。其中一個女僕說她當時正好站在陽台上,看著從樓下經過的迎親隊伍。當新郎騎著馬通過時,所有人都擁向前去看他,吵得要命,她說,樂隊的吹奏聲好響亮,起初她並未意識到發生了什麼事,雖然事情就在她眼前發生。她看到對面那棟她已知道了一輩子的房屋,突然間就向內塌陷並解體,下一刻所有東西都嘩啦啦地飛過空中,人、磚塊、瓦片、家具、鍋子。她說那像是夢,很可怕的夢。

發生在奧莉薇亞身上的事也像是夢。不過沒有人會比照料她的那兩個女人的態度更加實際了:那是兩個樸實的中年產婆,忠實地進行她們受到委託要做的工作。帶她來的女僕也頗為務實,她讓奧莉薇亞穿上伊斯蘭罩袍,要奧莉薇亞跟著她步行穿過哈騰姆的巷弄。

沒人注意她們──她們只是兩個穿著罩袍的女人，跟其他會走動的帳篷沒什麼兩樣。走下一些滑溜的台階後（不習慣穿罩袍的奧莉薇亞在這裡必須特別當心），便來到產婆所在的街道。產婆的房子處於半垮狀態──下一次雨季它大概就要說再見了；樓梯看起來特別脆弱。樓梯間實在太暗，她的同伴還得牽著奧莉薇亞的手──奧莉薇亞一時間想躲避這樣的肢體接觸，不過那只是瞬間反應，因為她知道自己馬上就會被人用更加親密的方式，觸摸更加私密的部位。

讚美詩
ALINA STEFANESCU

獻給勾針和
　　棒針,
家庭和溫暖身軀的守護者。

獻給戳入無人援助的
　　女性體內
那根細細的木樁。

獻給幾世紀以來持續熬煮的
　　覆盆子葉
和刺蕁麻。

獻給我們藏在家中壁櫥裡
　　柔韌易拗折的
金屬衣架。

獻給所有
　　死於無情之手的
女兒之身。

她們的選擇：關於人工流產，作家們想說

記1962年遭非法執行人工流產手術致死並碎屍萬段的十九歲少女芭芭拉‧洛夫拉曼托[1]

PAT FALK

一場拙劣的人工流產手術後，全世界都在流血。
至少在醫生眼中是如此
他打從一開始就不想接下這案子。
她死在手術台上時，他驚慌失措。
血多到他難以分辨
胎兒與產婦，
於是他繼續切割，用
果斷的手法劃向胸膛，發現
從工具間拿來的圓鋸效果最好。
她的頭骨有多硬？
他用多快的速度將屍塊聚攏、裝袋，
拖到廚房水槽邊？
要怎麼把大塊的血肉

---

1 譯註：十九歲的芭芭拉‧洛夫拉曼托（Barbara Lofrumento）於1962年懷孕五個月時，被父母帶去找在紐約皇后區擔任家庭醫生的哈維‧洛斯林爾（Harvey Lothringer）幫忙，因為知道他私下會替病患違法進行人工流產。本文作者Pat Falk的父親為哈維‧洛斯林爾的委任律師，因此作者蒐集到不少相關資訊，且對此事件保持高度關注。

和一段段骨頭塞進一根長金屬排水管,
裡頭還有邊緣很薄的刀片
不斷地轉動,正如同
帶他陷入這等瘋狂境地的法律規定,
將那些東西攪成軟爛的粉色漿糊?
他祈禱大地能默默地癒合這個傷口。
他轉開水龍頭,把那個女人沖走。

出自《祈求釋放子宮內有靈生命的自我儀式》
Deborah Maia

今天進行儀式時,我裸身坐在用紅絲布、紅羊毛、石榴石和紅珊瑚圍成的圓圈裡。我一邊擊鼓一邊對著大地之母⋯⋯對著靈母⋯⋯對著我子宮裡的有靈生命吟誦。在出神狀態中,我自然而然地念出這樣的話來:

> 住在我子宮內的偉者啊
> 我用愛接受你
>
> 住在我子宮內的偉者啊
> 我用愛釋放你
>
> 住在我子宮內的偉者啊
> 我用愛接受你
>
> 住在我子宮內的偉者啊
> 我用愛釋放你

我家朝南的窗戶鑲了一塊泛著虹彩的圓形紅玻璃。我用這圓形

的紅色當作焦點⋯⋯當作聖壇,創造出一項儀式。這時候是中午,耀眼的陽光透過紅色圓形照進來。

與南方的連結,以及火和熱情的贈禮,還有生命的火花,變得再明顯不過。火的意象在我眼前也在我體內增強。

我體內的這把火正在釋放
　　　我子宮裡的有靈生命。

我感覺大地之母擁抱我,引導我去南邊:那是通往熱情⋯⋯通往愛⋯⋯通往住在我子宮內那一位的門戶。

我走出去。冰冷的空氣靜止無風,天空飄著大片雪花。我站了幾分鐘,為冬季之美深深感動,然後突然間我感覺一股熱流從陰道湧出。我察看褲底,看見一團稍微成形的鮮紅色血塊。

我感覺被揚升到高峰。

我獻上感激
　　　給我強健的身體。
我獻上感激
　　　給我尋求指引的直覺。
我獻上感激
　　　給我能愛的心。
我獻上感激

給我有知識的頭腦。
我獻上感激
給我有福的均衡靈魂。

一天下來,輕微的痙攣、沉重感、點狀出血漸漸減少。到了傍晚時分,所有症狀都已消失了。

身體

而邊隙出現了
Lauren R. Korn

> 我不信上帝,但我確實對鬼魂
> 有些耐人尋味的想法。
> ——美國詩人艾妲・利蒙(Ada Limón)

撓抓癢處
　　　　　周圍
的爽
　　盛裝
　　　　著〔某個有害物〕
　　　　　　被冬天凝結住
我的身體裡有個異物
我的身體裡,有個異物

　　　　　　　我認不出我家廚房窗外的那棵樹,因此
投了贊成票給蒙大拿州米蘇拉縣的路樹
　　　　　　　　　現在地上有雪,在混凝土路面上
發黃融化
被街上撒的鹽染色了,〔*Acer saccharum*(糖楓)、*Acer glabrum*(落磯山
　　槭)〕

• 119 •

　　　　　　　　　　　　　　　停止出血了，
　　　　　〔這有另一個專有名詞〕我不再望著廚房窗外
而是查詢wikiHow、WebMD和Homeland Security（美國國土安全部）
　　　網站

　　　　而邊隙出現了，好像少了什麼
　　　　都過了一個月，我仍在出血
　　我時時覺察著太陽
　　　　留意它的起落
〔以及我的晝夜節律〕
　　　在黑暗中，我只看到樹的輪廓
看不到樹本身
　　　但我確定它活著
　　　但我確定它活著至於它的葉子呢，曾經黏在夏天的
樹汁上
　　　但我確定它活著至於它的葉子呢，曾經黏在
汽車擋風玻璃上我確定它活著
在我的廚房窗戶下
　　　但我確定它活著我不是被埋葬的神，而是被撒落的神
　　　　　　　　　　我不信上帝
　　　　　　　　　　　　我信什麼
　　　我信一座死去的花園，一棵乾枯的楓樹
　　　　我信清楚地看見事物〔並知道什麼不存在〕

拉扯
SeSe Geddes

最後一刻──拉扯──
感覺最糟。骨盆深處有股吸力,
身體在收縮,彷彿
要留住那小小的生長物。一切
似乎都在為生命奮戰,就如同
翅膀被貓折斷撕破的飛蛾
仍將口器伸進人類用瓶蓋盛給牠的水。
子宮不會輕易放棄。
我身體的本能藏得很深,緊密
如同油漆工在屋簷下找到
的鳥巢。他為細枝做成的碗裡
的鳥蛋驚呼,用他
濺滿油漆且曬傷的手捧著蛋,在黃昏前
放回巢裡,但成鳥始終沒有回來。

即使妳別無選擇，
妙音天女仍會讚頌妳的名
Purvi Shah

> 住在印第安那州的三十三歲女子帕特爾（Patel）被控告犯下墮胎罪——具體來說，就是非法導致自己流產——並被控生下嬰兒後任其死亡。各項罪名都缺乏確鑿的事實來佐證，但陪審團判定帕特爾有罪，她被判處二十年徒刑。
> ——艾蜜莉・貝茲隆（Emily Bazelon），《紐約時報雜誌》，
> 〈波薇・帕特爾可能只是開始〉，2015年4月1日

妳的名字沒人
能輕鬆

　　　　　發音。所以他們乾脆
念成判決。若是妳有選擇餘地，

妳會去朱河
朝聖。它不是

恆河，但妳能夢到老虎

身體

血,夢到八條支流展開成

掌,乘載著除去鐐銬的女孩們。在妳的寶寶

成為寶寶前,　它會漂嗎?呼吸
的靜止　　會不會是空氣在索求

鍊金術　　當妳將妳的生命當作魔咒丟出去?現今
的世界要的是　　女巫。而妳

要的是能有一天　　不必賣力工作,可選擇

歡愉,那是不符合父母
期望的選擇,打亂了

選擇結果的界線,短暫即逝的
救贖。妳沒有

預期到這個處境——為了
擰絞子宮受罰。最近

妳在哀悼:　　等妳重獲自由,妳不再
能懷上　　妳所想要的

• 123 •

孩子。在沉默中，妳念出　　妳的名字，彷彿它來自
河流的摧殘，來自第一條　　乾涸成
　　　　　　　　眼鏡蛇腹狀河床的殘破喉嚨。

招募新諮詢師
出自《珍：人工流產地下組織》

Paula Kamen

角色：

茱蒂絲‧阿坎納（本姓皮爾德斯）：(1943-) 年近三十。非常高調。在劇中經常接替裘蒂的角色發號施令。她很會賣弄風情，彷彿總是意識到自己的身體與性感。她的穿著總是很寬鬆，有時很暴露，也表現出這樣的態度。她異常地伶牙俐齒，說起話來結合智慧與天生的熱情。她的主觀意識極度強烈，發言時將個人意見說得像是經過證明的事實。猶太人。

蜜琪：(1940年代-) 二十出頭。對這個時期的反文化和革命「場面」的騷動與極端現象非常熱中，但總是在幕後活動。她是諮詢會[2]中少數的黑人和／或勞工階層成員。她來自芝加哥南區，在羅耀拉大學（Loyola University）修習法律先修課程。她不確定自己能否撐過這幾年動盪的日子，決定活在當下，把自己的公寓出借給諮詢會作為進行人工流產的場所。從小就是天主教徒。

2　譯註：此為簡稱，全名是婦女解放人工流產諮詢會（Abortion Counseling Service of Women's Liberation），俗稱珍團體（Jane Collective）或珍（Jane），為設立在芝加哥的地下組織，當美國大部分地區禁止人工流產時，該組織於1969至1973年幫助一萬多名婦女人工流產。

（茱蒂絲將夾紙板遞給蜜琪，她在這一幕結束前填好了自己的聯絡資料。蜜琪和茱蒂絲起身面向觀眾。燈光移動。）

蜜琪：我參與了芝加哥共謀案審判，他們稱之為「芝加哥七人案」[3]……我是被告辯護律師團的成員，我幫忙〔在新聞影片裡〕找資料……我是坐在巴比・希爾（Bobby Seale）旁邊的黑人女性，負責在他被塞住嘴巴之類的時候握住他的手。我也負責拿著筆記本讓他可以寫筆記……所以，妳知道吧，我有為反越戰出來示威過，還有，妳知道，就那些事。後來……審判結束後兩年我在北區時，有人發給我一張傳單，我先前或許有讀到過芝加哥婦女解放聯盟（Chicago Women's Liberation Union）的事啦。（對觀眾敘述的旁白）……我對海瑟[4]和她相熟的那群人的看法是，她們就是一群自由主義者啦，雖然她們自認為是激進分子或革命人士……當時我對她們的評價並不高。所以，我並沒有跟她們打交道，在那個時候就是那麼做的……。〔但〕我爬上〔婦女聯盟的〕辦公室，算是到處看了看，首先吸引我的是那些海報，因為當時平面藝術團體[5]很活躍。我真的被藝術設計勾起好奇心，〔各種族女性具代表性、大膽又色彩鮮豔的圖像〕

---

3 譯註：被控在1968年民主黨全國代表大會於芝加哥舉辦期間，發動抗議並涉嫌引起暴動的七人審判。原本被控者有八人，後來巴比・希爾的審判被認定無效。
4 譯註：指的是珍的創辦人海瑟・布斯（Heather Booth），她最初是在芝加哥大學就讀時，聽聞好友的姊妹想要做人工流產卻苦無管道，熱心幫忙找到願意手術的醫生，後來有愈來愈多女性請她介紹醫生，才輾轉創立組織。
5 譯註：全名是女性平面藝術團體（Women's Graphics Collective），由芝加哥的四位女性設計師組成，結合藝術與民運來推動女性運動。

（我們在背景看到投影出的藝術作品圖像）真的引起我的共鳴。而且，妳知道，我受過多年的天主教教育，他們會給我們看祈禱卡……通常上面畫的是聖母帶聖子，然後，我是說，妳知道，它完全違反女性主義，妳知道，即使那是聖母馬利亞的畫像……。然後又有這個東西，（望向圖像）對我而言真的很有革命感……我是說，那就像，那對我來說更像是「好耶！」之類的東西，我簡直……我想要跟這個有關係……。

茱蒂絲：我在教書的時候，努力想搞懂出了什麼問題，為什麼大家都痛恨高中，為什麼我的學生都這麼不快樂。所以我就問他們了。他們告訴我。我這才了解公立教育體系究竟是怎麼回事，而這一切……於是我的生活很戲劇化地瓦解了，我跟一個男的亂搞，我吃不下，我心想：「哎呀！我懷孕了。」我打給一個讀醫學系的朋友，後來他回電給我，說：「這裡〔他就讀的醫學院〕的人都說可以打這個號碼，就說妳要找珍。」所以我打了那個號碼，有個女人回電，我們聊了很久。我不記得細節了，不過那場對話主要都與政治有關，妳懂吧。她問了我許多生活上的事，而我也願意告訴她，因為我在各方面都處於轉變中……。

蜜琪：我怎麼知道妳會問那個問題？……有很長一段時間，我都是婦女聯盟裡唯一的〔黑人女性〕〔還有唯一的勞工階層女性〕。我想現在珍裡頭還有其他幾個黑人志工……。我那股不公平的感覺僅僅來自身為社會中的黑人，而我的政治意識來自我爸……他很認真投入工會，他在煉鋼廠工作，當時黑人都被分配到比較沒人願意做的職務。所以他總是，妳知道，他總是對

工會和管理階層都持強硬態度，所以煉鋼廠的黑人和白人勞工都很尊敬他。他在共和鋼鐵公司（Republic Steel）的線材廠工作了三十五年。〔在組織時〕我總會特地留意她們是怎樣的白人。她們是有階級意識的白人，因為她們出身白人勞工階級家庭？還是她們只是裝模作樣，留長髮穿著髒衣服，整天說她們與人民同在？不好意思喔，我可是每天洗澡的，不要羞辱我。所以我猜從那時候起，我就根據別人實際的作為和他們的背景來看待他們了……。是啊，滿孤單的，但妳知道嘛，我不在意那種事，這是為了大局著想，為了有待解決的更嚴重的社會問題。只要那裡面有一個黑人嗓音，我就覺得自己有貢獻了……。我確信當我打開門讓別人進來，而其中幾人是黑人，她們會想說：「喔，太好了，我沒事了。我早就〔受夠〕什麼都是白人專屬了。」

茱蒂絲：後來我發現我沒懷孕，只是月經遲到很久很久很久。所以我並不需要做人工流產，運氣很好，而我稱為珍的那個女人和我，算是說好之後要再找時間聊一聊。我一直在尋找女性運動……如果我認識誰在耕耘關於女性就業或日間托育的領域，也許我就會朝那方向發展了。我也不知道。但我沒有。我遇見的是這些人，所以我去參加聚會，成為諮詢師。

蜜琪：大家迫切需要做人工流產。重申一次，不管我是唯一的黑人女性或唯一的什麼也好，總之有很多女人快要死了，有很多黑人女性因為找密醫做人工流產而快要死了。所以我不在乎是什麼組織在負責這件事，也不在乎她們是什麼膚色的人。她們是設法解決這問題的人，而我也想成為解決問題的一分子。

身體

出自〈箱子組詩〉
SUE D. BURTON

獻給我的姨婆安托娃涅特（涅蒂）‧波普
（Antoinette [Nettie] Bope, 1880-1902）

一

涅蒂真的沒懷孕嗎？但她以為她懷孕了——她是不是試用了那種郵購來的亂七八糟東西？香芹籽做的藥？它擾亂她的荷爾蒙了嗎？大家都在吃這些東西。教會布告欄貼著廣告：專治月經失調。但有醫生診視過她了，霍斯金森和庫克斯。他們到底懂不懂怎麼做骨盆腔檢查？他們插入工具。折彎的湯匙。筆筒，上頭鑲著鐵絲。
　　可是　　不可能——
再說一次？　　一九六八年。巴爾的摩。X在酒吧裡等。而我去醫生那裡，去驗孕。去拿一個電話號碼，讓別人能載我到賓州的某個地方。蒙著眼睛去。等我回到酒吧時，X已經喝了好幾杯啤酒。那個醫生的候診室只有站的空間，菸霧瀰漫。

二

只有站的空間。菸霧瀰漫。我二十四歲。涅蒂快滿二十二歲。我找到她，愛她，讓她融進我身。多年來，我手邊就只有一張剪報而已：

據說該名少女在一段時間前被帶到南珍珠巷（South Pearl Alley）的一位畢提太太（Mrs. Beatty）處，而她聲稱該名少女當時便懷有身孕。畢提，只有姓沒有名。合格產婆，無論在1902年那代表什麼。然而在1902年，由大學訓練出的醫生（正規醫生）正在發動給自己掛牌領執照的聖戰。為了擠掉競爭者——也就是像畢提太太這樣的非正規從業人員，破壞醫界純度的人。包括1976年的我，在婦女健康中心受過助手訓練。多年來，我就只有一張剪報，還以為畢提太太就是人工流產的執行者。報紙上隻字未提醫生。妳沒在幫人墮胎吧，蘇，我媽有一次這麼問我。

三

沒人應該執行人工流產手術，正規的醫生說。除了他們自己。醫院董事會。是。否。核對，裝箱。正規醫師會監管。產物。不過原料的保存堪慮。這個安托娃涅蒂·波普是誰？取了法國名字的農家女。雜貨店店員。養病數週。誰是害了她的始作俑者？塞爾·史都華（Cy Stewart）？正規醫生們？蘇蒂[6]，別糾結了。塞爾·史都華是俄亥俄州立大學的學生，聲稱能爆很多關於那女孩的料，只要媒體保證不透露他的名字，但在他的暗示中，主要都是對女孩個性的見解，而不是與當前案件有關的事實，因此他被告知他的故事沒有用處。我那身穿白色洋裝、有如艾蜜莉·狄金生（Emily Dickinson）的涅蒂，她工作勤奮且受人敬重。醫生與他們的黑箱作業。他們應該讓產婆保有工作才對。

6 譯註：指的是本文作者蘇（Sue）的小名。

生產
Wendy Chin-Tanner

刮骨的
　　分娩
　　　　完全不似

後來
　　蹂躪我的
　　　　痛苦

　　真空
　　　　掏光我的
　　　　　　子宮而

　　我身體裡流出的東西
　　　　稀薄
　　　　　　帶有珠光

　　　多年來
　　　　我成為恐懼的

囚犯

像一頭被牽著鼻子走的
　　野獸
　　　　膈膜被

刺穿我
　　用遮布
　　　　蓋住它

蔑視
　　否認
　　　　雖然它

已離開我
　　視線煙
仍然
　　　　從我嘴裡

吐出來
　　彷彿我
吞了火

　　彷彿它的
暴力

猶在悶燒

　　塌陷成
灰燼
一息尚存的餘燼

　　仍在發光
　現在在這些
火山似的

　　騰湧
　在燃燒的
圓圈中當她

　　加冕她離開
　我漸漸結束的
無星之夜

　　當薦骨
　和骨盆
和內

　　螺旋都鬆
　開我臣服
我開啟

我的身體
把它自己
由內翻開

紅字 A

SONIAH KAMAL

下列的模擬情境,是根據對巴基斯坦某高中班級的學生所做的獨立深入訪談而撰寫出來的。這些女性同意用化名的方式分享她們的經驗。

阿米娜,1995年

在美國讀大學的我因為放暑假而回到家鄉拉合爾(Lahore),才剛到家幾小時,我就跟母親說我要去買衛生棉,這是我的煙霧彈。我開車到另一個鄰里的藥局,用舊包包內袋湊出的現金買了兩支驗孕棒。我的男友麥克和我先前用了女生宿舍廁所提供的保險套。

我懷孕了。

我最好的朋友莎萊馬上趕過來。

妳跟麥克可以結婚嗎?她問。

莎萊已經結婚了;那是好女孩的終極目標。我絕對不想奉子成婚。我從小看寶萊塢電影,在那些電影中,未婚懷孕的女孩總是為了保住家族名聲而自殺,但人生可不是拍電影。

在認識麥克之前,我以處子之身與我的巴基斯坦情人Q維持了五年忠誠的關係。有一個週末,念大學的Q從學校來找我。或許是因為五年似乎足以證明永恆的愛情,也因為我們打算結婚,我們做愛了。而且在美國發生的事留在美國,因此巴基斯坦的好女孩懂得

學會找藉口的藝術,才能從在其他文化中只是青春期儀式的這些事中存活下來:約會、接吻、性愛。

不久後,我發現Q背著我劈腿。雖然伊斯蘭教對男女雙方都禁止婚前性行為,莎萊仍勸慰我「男孩就是這樣」,我才是Q唯一的真愛。這種雙重標準讓我很生氣,所以我甩開純潔、榮譽、名聲的束縛,毅然決然和他分手。幾個月後我開始和麥克約會,因為既然男孩就是這樣,為什麼女孩不能就是這樣?

我有兩個選擇:人工流產或出養。

「我不能做人工流產,」我對法蒂瑪說,「我不想。」

我懷孕大約兩個半月,預產期在十二月,那時候我會回到大學,而且正好放寒假。我要趁待在學校時偷偷把胎兒養到足月,寒假不回巴基斯坦,而是利用那段時間生下孩子並讓人收養。按照這個計畫,我雖然不能把孩子留在身邊,但我決心有朝一日要建立穩定的關係。

我好一陣子以來頭一回睡得如此香甜,隔天早晨醒來後卻墜入地獄中。我姊姊未來的婆家定出結婚日期了:十二月。在某些文化中,「非婚生」和「私生」都已是過時的詞彙,但在崇尚貞潔的文化裡,它們仍然重如泰山。如果未婚的我在十二月時挺著孕肚回到巴基斯坦,這醜事會毀滅、玷汙所有人——朋友、親戚、父母;我姊姊的婚禮可能被取消。

但是沒有任何藉口充分到能缺席手足的婚禮。

我非得做人工流產不可。在巴基斯坦,有婚前性行為就已經是犯罪了,遑論未婚懷孕。人工流產只有在用來挽救產婦生命以及屬於「必要醫療」的狀況下(無論那是什麼意思),才是合法的。在伊斯蘭教義中,人工流產的合法期限只到胎兒的器官成形前為止,屆

時「生命就被吹入它裡面了」,而根據大部分伊斯蘭學者的說法,那指的差不多是懷孕一百二十天的時候。我懷孕已經快要九十天了。

我在家裡快要被罪惡感給折磨死了。我母親是醫生,她相信墮胎的女孩一定會下地獄,執行／協助墮胎的醫生都是惡魔,如果她發現有同事對墮胎的態度「不堅定」,她是不屑與他們為伍的。

莎萊和我知道我們得找一個不認識我母親的醫生。忙亂了兩星期後,莎萊設法找到一個朋友,那朋友家中的清潔工找過一個廉價醫生幫忙,而且那個醫生不會問東問西。那個醫生家在一座有名的橋旁邊。

莎萊載我過去。有個身穿印花圖案莎爾瓦寬褲配庫爾塔罩衫的大嬸——就是醫生——來應門,裡頭是小小的邊廳。我們兩個挨坐在塑膠椅上面向一張木桌,桌上擺著桌曆。醫生盯著我們瞧。我很擔心她會認出我是我母親的女兒。

「是誰要做?」她問。

「我。」我啞聲說。

「結婚了嗎?」

我舉起手,手上暫時戴著莎萊的婚戒。醫生根本沒看它一眼。

「妳母親怎麼沒陪妳來?」

「她去世了。」血液湧向我的臉,因為我象徵性地謀殺了自己的媽媽。

「丈夫呢?」醫生板著臉問。「婆婆呢?大姑呢?」

莎萊出手相救。「她才剛結婚,不想這麼快生孩子。」

「妳是她什麼人?」

「朋友。」

我擔心醫生會猜到這全是胡謅,把我們趕出去,那麼我向阿拉

祈求的奇蹟就會應驗,寶寶不會被墮掉,但我也會回到一開始的困境。

我想知道她要怎麼處理遺體,但我害怕聽到答案。我也想問手術過程是否安全,可是我有什麼資格關心自己的安危呢?我倒是問了人工流產會在哪間醫院進行,同時暗自祈禱別是我母親執業的醫院。

「妳說的醫院就在那裡。」她指著靠著一面牆放的破舊輪床。我盯著那張不穩固的輪床,皺巴巴的發灰床單,牆上有一個很大的黑白色時鐘。

「三天後妳再過來。午夜之後就別吃東西了。費用是──兩千盧比,只收現金。」

每次我想買什麼東西,像是專輯、化妝品、鞋子,我就會向父母要錢,而他們會預期我給他們看我把錢花在什麼東西上頭。我絕不可能索討兩千盧比卻交代不出錢的去向。

為了向女性朋友們借錢,我編了個故事說我弄丟珠寶必須補買,但大家都沒錢。在走投無路之下,我找上一位想法開明的男性家族友人。他拿了全額給我,要我放心,不用還他,使我如釋重負。然而他的表情傳達出失望和鄙夷,因為原本太信任一個女孩而讓她出國念書,結果她卻背叛了道德和穆斯林教誨。

三天後,我先把錢交給醫生,然後褪去下半身衣物。我的雙腳跨在腳鐙上。莎萊坐在輪床旁的凳子上,面不改色地讓我用足以捏碎骨頭的勁道緊握她的手。輪床床尾有個鋼鐵製的推車,上頭擺著等待侵入我的手術工具。莎萊不斷悄聲說不會有事的。

醫生給了我一顆阿斯匹靈。

「手術時間會多久？」我結結巴巴地問。

「五分鐘。」

她說她要刮我的子宮內膜，我會有一些壓迫感。她朝我腿間彎下身，我聽到類似吸塵器的模糊巨響。我的下腹部開始痙攣到令人痛不欲生的程度。我有一次踩到蟻丘，被咬得好慘，感覺腳像是著火了。這個更糟。這像是強酸讓我的內臟都在起泡，被吞噬，遭融解。

我尖叫。醫生用力拍我的大腿內側。「閉嘴。」我嗚咽。她又拍我。「閉嘴，不然我就不弄了。」她說邊廳這間診所與住家連通的那扇門後，就是她丈夫待的地方。

「萬一他聽到妳的聲音，」她質問，「妳覺得他會認為這裡發生什麼事？」

我咬緊牙根忍住，努力想一些開心的事。我又叫出來。醫生關掉機器。

「再給我叫一聲⋯⋯」她說，輕輕揍了我裸露的肚子一拳，「我就讓妳沒弄完就給我滾回家去。」

我專心地盯著掛在我上方的黑白色時鐘。時針、分針和秒針都動了。說好的五分鐘老早就過了。

我聽得到我的寶寶被吸出來的聲音。我原本想生下這寶寶，然後送給別人養，但我能給的只有死亡。我想要看看遺體，卻擔心醫生會拒絕，而我可不想再給她更大的掌控權。

我頭一回完整體會到男人的罪與女人的罪之間有多麼大的差別。我躺在那兒，聽著時鐘滴答響，讓我的子宮被清乾淨，我發現我好痛恨這個逼我殺死自己寶寶的文化。但我的文化會說要怪只能怪我自己：誰叫我要有婚前性行為，受苦也是活該。

完成之後，醫生叮囑我記得服用市售止痛藥來控制痙攣和大量出血的症狀。

「多大量？」我問，痛得氣若游絲，「會持續多久？」

「很大量，」她說，「一星期，也可能一個月，因人而異。」

當時我不知道，用那種方式墮胎，我面臨的風險包括出血不止、子宮損傷、感染、子宮穿孔、敗血性休克、腸穿孔、潛在慢性疼痛症候群，以及不孕。我對此一無所知，直到數年後才在網路查詢進行不衛生的非法人工流產會有什麼危險。我回到大學後告訴麥克拿掉寶寶的事，他頓時難掩鬆了一大口氣的表情。幾天後我就跟他分手了。

有一天夜裡我夢到一個胖嘟嘟的男嬰，他說：「沒關係，我原諒妳，妳也原諒自己吧，我們會再相遇的。」或許那是我的潛意識在安撫我的情緒，讓我還能活下去，但我願意相信那就是我的寶寶，因為我一直都只想生女兒，沒道理會幻想個兒子出來。

醫生叫我多休息，就打發我們回家了。莎萊攙扶我蹣跚走向她丈夫在等著載我們的汽車，我上了車，閉上眼。把婚戒還她。

哈姬拉，1997年

是什麼因素導致我這種幾乎不看男生一眼（他們也不看我一眼就是了）的用功女孩，開始跟男生約會？我答應陪高中好友哈狄佳去幽會，只是好奇這到底有什麼吸引力。我們抵達冰淇淋店時，她男友歐瑪帶了弟弟奧斯曼同行。奧斯曼很紳士又帥氣，一直朝我微笑、攀談，態度客氣而尊重，我飄飄欲仙。

我們當了第五次陪客時，奧斯曼跟我要電話號碼。我們很快就

養成聊天的習慣。每次我都祈求阿拉原諒我欺瞞父母。總之,我們聊的都是課業還有未來計畫,我會羞怯地誇耀我的成績,還有我夢想開創自己的事業。奧斯曼在大學讀工程學。

兩、三個月後,在我生日的午夜,奧斯曼跑到我家找我作為驚喜。我將他偷偷弄進屋,收下他那袋禮物和臉頰上飛快的一吻後,又把他弄出去。我的父母沒醒,我將此視為阿拉給的徵兆,表示我們的關係並不庸俗。然而大嘴巴的哈狄佳把奧斯曼的事講給我們的朋友圈聽,雖然我希望她沒說出去,但她們對於我這個書呆子能交到男友都興奮得要命,讓我變得更大膽。

奧斯曼生日的時候,我趁他父母在上班,去他家給他驚喜。切完蛋糕後,歐瑪和哈狄佳就溜走了,只剩奧斯曼和我在他的臥室。奧斯曼鎖上房門,低聲說我快把他逼瘋了:他能不能吻我?就算只是為我父母著想,我也該拒絕。然而我被自己竟能把男孩逼瘋的快感沖昏頭,一邊點頭一邊懇求阿拉原諒我犯下接吻的罪行。接下來我們不知不覺間已愛撫起來,他說「我愛妳」。

我從未如此開心,也從未如此愧疚。

那次之後,即使哈狄佳不能去,我也經常去奧斯曼家,還自我安慰說那是因為我們相愛,我們遲早要結婚的。

有一天奧斯曼準備了一個保險套,我們就一路進行到最後一步了。

事後我很震驚自己做出這麼重大的事來,不過另一方面也很訝異這件應該在大喜之夜進行的「神聖不可侵犯」之事,竟然只需要花那麼短的時間就做完了。我哭了。我不斷說自己已經不配受到尊重,而奧斯曼則一直向我保證他只會更加尊重我,因為我們「做愛」了,而連阿拉都認可愛情的崇高。

我們第二次「做愛」時，奧斯曼沒戴保險套。我真心相信懷孕要靠正確的時機付出一次又一次的努力才會成功，沒人會輕易懷孕。

但我懷孕了。

我看過太多寶萊塢電影，不至於天真到不懂我反胃想吐還有月經沒來代表什麼：這會是阿拉用祂的方式指示我嫁給奧斯曼嗎？

一想到必須奉子成婚，並且為了照顧小孩放棄學業，就讓我醒悟到兩件事：一，我完全不具備成為母親的條件；二，我想要有自己的事業，勝過世上任何事物。

這消息讓奧斯曼大受打擊。「妳確定嗎？」他一直問，「妳百分之百確定嗎？」

奧斯曼和我不知道在藥局就能買到家用驗孕棒。我們認定只有附設實驗室的診所才能驗孕。所以我往玻璃瓶裡尿尿，趁半夜偷溜到花園邊，然後把瓶子遞給奧斯曼。

實驗室給出的結果是陽性。

我跟奧斯曼講電話時，他說驗第二次的結果也是陽性。

「我爸媽會殺了我。」他說。

我膝蓋發軟。奧斯曼的語氣讓我體會到鐵錚錚的現實：我們是前途茫茫的青少年，根本沒有自己的收入。

「要是我爸知道了，」奧斯曼說，「他會把我揍死。我爸媽絕不會讓我在現階段就結婚。」

「我爸媽，」我嘶啞地說，「也不會對這狀況感到開心的。」

「妳要我怎麼做？」奧斯曼說，「娶妳嗎？」

他直白的口吻傷了我的自尊心。我告訴他我並不想嫁給他。我們沉默了一會兒，然後我提起「A」開頭那個詞[7]。我家的廚子曾終止一次意外懷孕——她已經有七個幼兒了——方法是用細樹枝戳進

自己體內,再加上喝一些草藥混合成的湯汁,我可以找她幫忙。

奧斯曼說他聽說舊城區有個護士在幫人墮胎,收費一萬盧比,聽說很安全。他用顯然如釋重負的口氣說出「A」開頭那個詞,讓我感到心寒。我哭了起來。事情變成這步田地全都怪我:我是個欺騙父母的壞人,現在阿拉在懲罰我。

我聽到母親喊我過去。我結束與奧斯曼的通話,盡可能擦乾眼淚,然後去母親的房間。

母親手裡抓著無線的電話子機。她用平靜如死人的口吻問道:「妳懷孕了?」

我慢吞吞地點頭。母親得知真相讓我鬆了一大口氣,雖然她看我的眼神像是被毒蛇咬了一口。我真希望她打我或罵我;什麼都好,就是別大受打擊地盯著我。我也希望她像以前一樣摟住我,說阿拉會解決所有問題,我只要祈禱就好。

最後,她勉強說道:「要是妳爸發現,他會氣死。」

我母親開始哭,說我是不純潔的女人,由於我在婚前就發生關係,連阿拉都會遺棄我。

「妳比妓女還糟。」她說。

我內心有股強烈的自我唾棄生了根。我睜著眼睛玷汙了自己,然而,要不是我懷孕了,我仍然會跟奧斯曼在一起。矛盾的念頭讓我頭昏腦脹。

「妳竟然打算告訴廚子,告訴傭人妳的狀況。」我母親臉孔扭曲,「那樣一來我們會成為城裡茶餘飯後的話題啊。妳的朋友們知道嗎?」

7　譯註:指人工流產(abortion)。

我搖頭。我害怕她們的反應，所以沒告訴她們。

「那男孩是好家庭出身的嗎？他幾歲？他的經濟狀況夠穩定，可以娶妳了嗎？」

當我表明結婚這個選項不用考慮之後，我母親被新一波淚水淹沒。我想要親吻她，乞求她原諒，但她推開我，好像我不純潔似的。

我確實不純潔。而且骯髒。而且噁心。

「妳還打算讓那個男孩帶妳去舊城區找一個不衛生的墮胎師，她搞不好會把衣架插到妳身體裡！餵妳喝有毒的草藥！妳搞不好會死，妳懂嗎？弄不好妳就死了，而我連知都不知道。」她開始扭絞雙手。「這下誰還會娶妳？誰還會娶妳？即使有人娶妳，等他發現妳不是處女，他就會跟妳離婚。」

我對自己做了什麼啊？我怎麼會允許自己毀了我的人生？

「妳傷透我的心了，」母親說，「妳讓我的心永遠碎了。」

那天傍晚，我父親下班回家後，母親說她身體不舒服，就上床休息了。剩我和父親獨處時，我不停望向他不知情的臉孔，看他興高采烈地對我說著他一天下來的點點滴滴，當他親吻我向我道晚安，還說我是個好女兒時，我心如刀割。

我整夜跪在祈禱墊上乞求阿拉原諒我、讓我回到「正道」上，顯然我已讓魔鬼引領我偏離這條正直的道途。我乞求阿拉幫助我母親從打擊中平復，我承諾我會做到父母曾要求我的所有事作為回報。

奧斯曼一直打電話來，我一直掛他電話。母親驚愕的表情與父親信任的表情加起來，已破除奧斯曼對我發揮的任何魔力。

隔天，母親推稱家中傭人需要幫助，在她上班的地方私下打聽了一番。有個曾因為經濟困難而做過人工流產的同事告訴母親，有一位收費低廉且技術高明的醫生住在知名的橋邊。母親跟我說，我

• 144 •

們要去找這位醫生瞧瞧。為了看起來像已婚婦女，我得穿上有很多刺繡的服裝，戴金耳環金手鐲，還有我那個用阿拉伯文拼出「阿拉」的鑽石墜子，還要塗眼墨、鮮豔口紅和腮紅。

我們默不作聲地開到那座橋，找到醫生的住所。有個看起來跟我差不多年紀的女孩蹲在大門前，往一盆植物裡嘔吐。我頭一回意識到，即使母親在場也無法保護我不受到傷害。我頭一回驚覺到，奧斯曼大概正坐在自己房間看電影，我卻即將承受可能致命的事情。

母親告訴醫生說我才剛結婚，最近卻發現我丈夫有海洛因毒癮，所以我們想終止懷孕，甚至可能會結束這段婚姻。

醫生微笑。「我們的男人真是一群廢物，」她說，「不過作母親的有責任確保女兒要有能力獨立，才可以結婚。」

在那一刻，我對自己許下諾言，不論結果如何，我一定要好好讀書，自立自強。母親問醫生這手術安不安全，醫生答說雖然手術是安全的，死亡和災難卻掌握在阿拉的手裡，不過我母親若有任何疑問，隨時都可以打給她。母親交給醫生的助手三千盧比，我則爬上一張靠牆放的輪床，牆上掛了個很大的黑白色時鐘。

母親在房間另一側念誦《古蘭經》經文，並吹向我來保護我平安。我希望她握著我的手，但是當醫生往我腿上注射麻醉藥時，母親別開頭，彷彿無法忍受看到我這個模樣。

我把臉轉朝牆壁。肉體上的疼痛並不算很強烈，而且到了這時候，過去幾天下來已經把我累壞了，使我對情緒上的痛苦也麻痺了；我只是閉上眼睛，反覆念著《古蘭經》的章節，祈求阿拉保護那未出世的孩子的靈魂。

回到家後，我打了最後一通電話給奧斯曼，告訴他我母親已經發現了，我們處理好了。他還來不及回應，我就掛掉電話。

我以為做完人工流產後，生活就會回歸正常。但是新的惡夢卻開始上演，因為我母親時時都在擔心等我一結婚，我丈夫就會發現我不是處女，而跟我離婚。我畢生頭一回成績退步，因為太焦慮會在同一天結婚又離婚。我在閱讀《古蘭經》中尋求慰藉，一禱告就是幾小時起跳——母親覺得我快變成宗教狂熱的瘋子了，她稱之為「從一個極端倒向另一個極端」——但我是在向阿拉祈禱，要是我有幸能結婚，請不要讓我丈夫發現我不是處女。

最後，我要母親直接答應下一個上門提親的對象，我想要快點面對我的大喜之夜。她幫我找到一個夫婿，我在結婚前見過他一次。他比奧斯曼帥了十億倍，也聰明十億倍。

我所有的高中好友，包括一個叫莎萊的女生，都參加了我的婚禮。莎萊為了結婚而休學，雖然我們很嫉妒她是自由戀愛結婚的，但我記得自己當時對她的決定難以理解。不過現在我身穿華麗婚服坐在高台上，不禁揣測莎萊可能基於什麼理由而休學結婚。

大喜之夜，快要嚇瘋的我，收到了阿拉存在的證據。新婚套房的白色床單上竟然有斑斑血跡。我以為我的恐懼都結束了，但哈狄佳後來嫁給歐瑪，而歐瑪跟她說我做了人工流產的事。有鑑於哈狄佳喜歡講八卦，我愈來愈擔心我丈夫會發現，並且不顧我們已經有了孩子而跟我離婚。為了避免這種慘劇，我慫恿丈夫找個國外的工作，遠離巴基斯坦。他聽了我的建議。

我現在仍住在國外。有個家，有丈夫，有孩子：很多人會說這些都是幸福生活的必要條件。我也確實很幸福，差不多就是我配得到的程度吧。對丈夫的愛使我明白，我其實並未愛過奧斯曼。他是讓我意亂情迷的對象，這段關係本來就會自然終結，只是我懷孕這件事加速了過程。

我得說,儘管我萬分感激母親陪在我身邊,我還是希望她沒灌輸我童貞等於一切的觀念。我也經常在想,要是我們早知道有處女膜修復術,我的人生會有多大的不同。我仍懷抱著希望:若主願之,有朝一日我會重返校園,並擁有一份事業。奧斯曼按部就班地完成了他的學業,現在是工程師。

莎萊,1999年

我因為L體貼又性感而愛上他。可是我嫁給他,是因為想逃離家中充滿壓迫感的氛圍。我父親和繼母隨時都在吵架,而繼母經常遷怒到我身上。我犯的任何小錯,例如把鞋子放在不對的位置,都可能引發劇烈爭執。她最後總會撂下一句她等不及我去我真正的家了,因為在巴基斯坦人眼中,女孩的家不是她出生時的家,而是她嫁進去的家。

在特別嚴重的一次爭吵後,我決定加快步調。L老說我們應該私奔——他覺得私奔很浪漫,是真愛的表徵——所以我們真的私奔了。

「妳真幸運,可以結婚了。」我學校裡的好友說,儘管L可以把高中讀完,我卻休學了。我的繼母很開心我要離開了,但我父親和我生母說我們太莽撞了。L的父母說我很狡猾,把他們天真無邪的兒子當成囊中物,毀了他的人生。L的母親原本對他寄予厚望,包括讓他出國念大學,再娶個她中意的女孩,那女孩不會像我一樣來自「破碎的家庭」。

我決定證明給婆婆看,我就是她的理想媳婦。我開始洗手做羹湯,雖然我以前從沒進過廚房;我也開始幫忙做家事。但我態度愈

好，我婆婆待我愈差。儘管L會為他母親的行為向我道歉，但他從未在她面前袒護過我。

由於我們私奔的時機正好遇上L的高中畢業考，他沒有考好，結果進不了巴基斯坦的好大學，更別說國外的大學。所以他將就在銀行找了個不怎麼樣的工作。L從未怪我害他落入這般境況，但他母親一有機會就會提醒我，他的失敗都是因為我。

我公公也沒好到哪去。「沒錯，」他會附和我婆婆，「莎萊做菜加太多鹽。莎萊泡的茶好難喝。莎萊很高傲，因為她說英語而不是旁遮普語。在莎萊伸出魔爪之前，L本來是個完美的兒子。」

我在那棟房子裡像個囚犯，沒有尊嚴，沒有錢，每天漸漸失去了自我。我向父親和生母發牢騷，但由於我私奔前沒詢問他們的意見，他們說我是自作自受。

差不多在這時候，我有個叫哈姬拉的同學用包辦方式結婚了。我記得當時心想她還真幸運，因為她的公婆顯然認可她。我也記得出席婚禮時感覺像個騙子，因為我所有同學都很羨慕我是自由戀愛結婚的。

婚後七個月我懷孕了。我樂上了天，相信寶寶能修補所有關係。但我婆婆氣炸了。她先是質問L為什麼沒用她給他的保險套，然後又威脅要給我下毒。我整個孕期都嚇到食不下咽。度過驚恐的九個月後，我很幸運地順產，生下漂亮的寶寶。

只有L在場的時候，我的公婆才會幫忙帶孩子，而當寶寶因腸絞痛而哭鬧時，連L都失去興致。他愈來愈嫉妒那些讀大學的朋友能夠隨心所欲，不用受限於哭鬧的新生兒、劍拔弩張的母親和妻子，以及低薪的銀行工作。L一邊發出誇張的嘆氣聲，一邊抱怨寶寶讓他感到「被困住而且窒息」，他根本不想這麼快當爸爸。寶寶也讓

我感到被困住而且窒息,但我對抗這些感覺,專心當個好媽媽。

我仍然認為L是個好人。當我最好的朋友阿米娜從大學返家,需要做人工流產,L堅持載我們去阿米娜約好做手術的地方。「人生難免有運氣不好的時候。」他說。我真的很愛他這種不批判的態度,於是我鼓勵他重考高中畢業考。這次L的成績高到可以上國外的大學。

一想到可以離開巴基斯坦、遠離婆家的欺侮,我就欣喜若狂。等我終於明白L要獨自出國,我心碎又憤怒。L向我保證他是為了我們的將來才這麼做,若是沒有妻小同行,他會更容易適應海外求學的生活。

L離開之後,我公婆不再給予孫兒任何關愛,而且連我吃一口飯、呼吸一口空氣都像是施捨給我的。天知道我是怎麼熬過那兩年的。每天我都在幻想離開公婆,去國外和L團聚。

但是當L不斷拖延幫我和孩子辦簽證,我醒悟到他永遠不會接我們過去了。某天,我婆婆把我學步期的孩子放在她膝上,講了些小孩摔出窗外,或是被車軋死,或是在睡夢中死去的故事,我的忍耐到了極限。那天晚上我的孩子做噩夢了。

隔天早上我就把孩子放到L的車上,吞下自尊心,開車回我父親家。L打電話給我,一如往常地聽不進任何關於他父母的負面說法。我掛掉電話後,終於覺悟到無論在這裡或在國外,我都不要跟重視父母勝過妻兒的人在一起。

我開始跑離婚程序後,便聽說馬上將成為我前婆婆的人已經找好一堆出身「非破碎家庭」的女孩,她們都願意嫁給她那個喝過洋墨水的兒子。

我回來後,我繼母變得愈來愈好鬥,我知道我的孩子和我需要

自己的住處。在我父親的介紹下，我找到一份工作，薪水足以租下一間附屬建物、僱一個幫傭，還有讓我的孩子讀幼兒園。我的孩子開始成長茁壯，而我嶄新的財務獨立狀態，也讓我開始重獲信心與安全感。

離婚一年後，我認識了K。儘管我並沒有想尋找交往對象，K仍熱烈追求我，直到我動心。我們老是在派對場合中巧遇，他悉心照料我——幫我補滿酒杯，替我點菸——我根本不必開口。他動作溫柔，嗓音和順。他總說我是個純潔又堅強的女人，也是傑出的母親。

我和K開始交往的五個月後，與L的昔日同窗J不期而遇。他聽說我們離婚的消息，覺得有些遺憾——他微笑——但也不是太遺憾。我答應跟他去喝咖啡，最後聊了一整夜。

J在國外工作，不過每個月都會回巴基斯坦。不久後，他每次回來我們都出去吃晚餐，而晚餐會持續到早餐。他能逗我笑。他也讓我意識到L失去我是他的損失，而且J長得很帥氣也絕對有加分作用。

我想讓K和J知道彼此的存在，但我擔心其中一人會要我在他們之間做出選擇。我想我是太貪心了吧——我已經缺乏憐愛與親密感太久了，我兩個都不想放手。

六個月後我懷孕了，我不知道父親是誰。我得告訴他們兩個人。J從國外趕回來，K剛好跟蹤我到J下榻的飯店。就這樣，我腳踏兩條船的事終於被揭發了。K和J一致贊同我這女人很糟糕，不過他們也都表示只要我選擇其中一人，他們都願意支應我的生活。但我擔心若是我嫁給J或K，他遲早會覺得被嬰兒「困住和窒息」，而我又回到原點：經濟上和生理上都孤單一人，還要多負擔一個孩子。

我告訴J和K說我兩人都不選，我要拿掉孩子。J氣沖沖地走了。K要我做出對自己最好的決定。我覺得人工流產是最好的。

我不願意去找知名橋邊的那個屠夫。我記得那屠夫給阿米娜的是劑量不足的阿斯匹靈，而不是正規的麻醉藥。她粗暴的拍打還有阿米娜的慘叫聲成了我的噩夢內容。自從阿米娜人工流產後，我已變得更年長也更聰明了。人工流產或許是違法的，但在巴基斯坦伊斯蘭共和國，只要價錢對了，什麼東西都買得到。

我的婦產科醫生盯著我看了好久，才叫我後天趁手術室有空檔的時間，到×××醫院來。她要我別去櫃台報到，她的護理長會留意我。我要拿一萬五千盧比給護理長，她收了錢後會幫我帶路。婦產科醫生向我保證，放心，絕對會有麻醉藥的。

我真希望阿米娜能陪我，但她已經結婚了，而且選擇離開巴基斯坦。K開車載我去醫院。他說要付人工流產的費用，但我自己負擔得起。雖然我們在路上一句話都沒說，但他一直握著我的手。

當時我不知道，不過再過幾年，K也會像J一樣，從我的生命中消失。

到了醫院，護理長在等我。我交給她一萬五千盧比，幸虧我有份好工作，同時我也回想起阿米娜當初光是湊兩千盧比都很辛苦。護理長帶我到一間手術室，有兩個年輕護理師奉令守在門外，以免有人闖入這違法手術的現場。不久後婦產科醫生與麻醉科醫生都來了，我的腳趾被接上點滴。我很快就失去知覺了，一晃眼間，手術就結束了。

K載我回家。他想留下來陪我，但我要他回去。他走了之後，我大哭一場——既是如釋重負，也是遺憾我剝奪孩子擁有手足的機會。最後，我不准自己再哭了。我不能給自己自責或愧疚的奢侈，

自憐的奢侈，崩潰的奢侈——畢竟，我還有個孩子要穿衣吃飯，也有房租要付。我向自己承諾要向前看，別沉溺於過去，我也確實這麼做了。

阿米娜，2001年

在巴基斯坦，已婚婦女經常會做人工流產。她們做人工流產的原因往往是經濟考量，或是拉長每一胎的間隔，或是控制生育。我已婚的表姊哈娃今天早上住院做人工流產，不過官方紀錄上會寫她動的是闌尾切除手術。她在私人病房裡，擁有舒適的病床，靠坐在從家裡帶來的枕頭上。她看起來神清氣爽，彷彿剛做完三溫暖。我心想麻醉劑和止痛藥的效果還真有天壤之別啊。我母親和哈娃的母親正在打開塑膠保鮮盒，室內瀰漫著熱湯令人暖心的香味。

我以為我母親反對人工流產，不論理由為何。也許她的立場有所軟化；也許現在我能坦白，告訴母親我受過的苦難。

「媽，」我說，「妳知不知道××橋邊有個醫生，以前……現在也許還會……幫人家墮胎？」

母親擺出難看的表情。「那個女人從事非法墮胎，她是個恥辱，應該被關起來才對。」

我氣急敗壞地說哈娃墮胎也應該是個恥辱，因為她懷孕並沒有危害到她的生命。哈娃和她母親早就習慣我滿腦子異於常人的思想，所以只當沒聽見我發表的言論。

我母親問我怎麼會知道橋邊的那個女人。因為我去過，我想要尖叫。我為了不讓我們家成為恥辱而去那裡。我想告訴母親一切，但我沒有。我不想看到她一邊用湯匙將關愛餵入我已婚表姊的嘴

裡,一邊對當年未婚的我露出譴責的眼神。不過現在我已經結婚了,我相信若是我也懷了身孕而想做人工流產,我母親應該會很樂意握住我的手,餵我喝湯。

附錄

阿米娜在敘述人工流產過程時哭了。「如果能讓時光倒流,我要回到過去把孩子生下來。我沒有一天不懷著憤怒和後悔想起那個『選擇』。」

哈姬拉告訴我她每天都活在恐懼中,擔心丈夫終究會發現她不純潔、結婚時不是處女,而跟她離婚。她補充說把她的故事說出來,知道它會被寫成文字,令她有種了結一樁心事的感覺,她原本根本不知道自己在尋求這種感覺。「我鮮少想到我墮胎的事,也一點都不後悔。」

莎萊用平淡語氣對我述說她的故事。事後她說由於她腳踏兩條船,她不期待這個社會或任何人同情她。「過去的都過去了。我沒時間原地踏步,而且說真的,後悔又有什麼用呢?」

作者註:阿米娜、哈姬拉和莎萊是那個總共二十一人的高中班級中,與我分享故事的三個人。現在在巴基斯坦,婚前性行為仍是犯罪,可處五年徒刑。

抱歉我遲到了
Kristen R. Ghodsee

　　她遲到了約四十分鐘,才快步走進餐廳。保加利亞人的時間觀念不一定跟美國人相同,因此我先點了份保加利亞冷盤沙拉,決定慢慢等她。絲薇托札拉(Svetozara)在當地一個專事家暴案件的非政府組織服務,我需要採訪她,以了解國會正在審議的某項法案。

　　「抱歉我遲到了。」她用完美的英語對我說,因為她是在英國取得碩士學位的年輕學者。「我今天上午去做人工流產,還辦了一些雜務,後來一直等不到有軌電車,只好趕快改搭計程車,路上又塞得要命。」

　　我愕然地仰望著她。我們在美國有個常用的縮寫是TMI,代表「資訊過量」(too much information)。不過此時我想的主要不是TMI這件事,而是:「哇,她怎麼能對那種事一副無所謂的態度?」

　　絲薇托札拉打量一下我那堆吃到一半、灑著羊奶乳酪絲的小黃瓜、番茄和洋蔥,說:「妳還有點別的東西嗎?」

　　我搖頭。「沒有,只有酒。」

　　「噢,那太好了,」她邊說邊拿起菜單,「我知道妳一定很忙,所以妳可以開始問我問題了。我會盡力回答妳。」

　　我翻開筆記本,低頭看我列的問題,不過我還沒從剛才提到人工流產的事中回過神來。我有個大致的概念,知道保加利亞女性,

或應該說前共產國家的大部分女性,都仰賴人工流產作為主要的節育方法。我大多數的保加利亞朋友和同事都至少已做過兩次人工流產,甚至三、四次。在世界的這片區域,人工流產就和月經還有停經一樣,只是女人生命週期的一部分罷了。

不過我還是很難理解。我成年後幾乎一直都用荷爾蒙避孕法來避免懷孕,因為我既害怕懷上不想要的孩子,也很害怕做人工流產。憑我的想像,人工流產就等於創傷、悔恨以及情感風暴。在美國,人工流產是件大事,有些人不惜為這種事殺人。難道在保加利亞,它真的只是妳去郵局的路上可以順便做的事嗎?

「那麼,據我了解,這項法案目前正在委員會起草中,」我說,「遊說者對最後提出的法條內容有多少影響力呢?」

絲薇托札拉靠向椅背,開始說明她的組織在考量後使用什麼樣的用語來寫草案。就算她有為無緣的孩子感到一絲自責,也並未表現出來。除了阿爾巴尼亞和羅馬尼亞之外,東方集團(Eastern Bloc)大部分國家的女性不但享有完整的生育權,而且在她們生活的社會中,人工流產並不是件可恥的事。每個人的母親(有時還包括祖母)都至少做過一次人工流產。

服務生走過來,送上一瓶保加利亞玫瑰紅酒。我們都點了烤肉條,烤肉條是用豬絞肉和牛絞肉揉在一起,拌入巴爾幹香料,再配上辣椒一起吃。有配辣椒的烤肉條叫作「勁辣肉丸」(nervous meatball)。

當初是俄羅斯革命家雅莉珊德拉・科倫泰(Alexandra Kollontai)於1920年,讓人工流產在蘇聯合法,使得這個年輕的工人國家(workers' state)成為全世界第一個保障婦女生育權的國家。雖然史達林在1936到1955年之間撤銷此項法令,不過自1956年以來,蘇聯所有婦女都

• 155 •

能夠自由地接受人工流產。在保加利亞也是從1956年開始，人工流產就獲得不同程度的合法化，這表示絲薇托札拉出生在一個女性國民已享有五十多年生育自由的國家。

「如果妳想訪談我們在國會裡的某個盟友，」絲薇托札拉說，「我可以給妳皮瓦部長的聯絡方式。她能提供妳一些內部觀點。」

「那太棒了。」我說，幫絲薇托札拉倒了些酒。我想問她覺得還好嗎，會不會想回家休息，因為我擔心她其實在默默忍耐不適，只是在經歷完辛苦的一早上後，又努力撐過剩下的一天。但我什麼也沒說。我給自己倒了點酒，想著我自己的上午如何度過：我每天做的第一件事是什麼？吃避孕藥。我幾乎每天不間斷地做這件事，已超過十六年了。由於我對藥物很敏感，我換過好幾種藥。有的讓我體重增加，有的讓我情緒起伏很大，有的會引發頭痛。當我想到吃藥的麻煩、花費和副作用，其實我是很討厭避孕藥的。

當絲薇托札拉解釋著，並非所有女性議員都贊成這項家暴法案，因為她們擔心這會讓女性被貼上受害者的標籤，我卻不禁思考，要是我成長在一個數十年來，女性掌控自己身體的權利都不曾受到重大挑戰的國家，我的生育生活會是如何。在那樣的國家，前往人工流產診所不需要冒著被人殺死的風險才能走進門。或許做個幾次人工流產，其實要比連續幾十年嗑下滿肚子荷爾蒙要來得強。我也不知道，不過那一天我醒悟到，對於在大部分東歐國家出生的女性來說，用醫學方式去除一顆受精卵，並不會比一開始就用藥物預防卵子受精來得更有傷害性或更可恥。

「乾杯（Nazdrave）！」絲薇托札拉舉起酒杯說，面露微笑，「敬女性權利。」

我跟她碰杯。「對，乾杯，敬女性權利。」

鵜鶘

Mahogany L. Browne

禮拜五那天她辭去了所有的工作
留下破舊的椅子和地板吱吱作響發出告別的長音
她從來不是那種負著傷感離去的人
一名詩人，一截裸露的骨頭，一個太脆弱的女孩，一口顫抖的空井
成為屍體喉嚨中那首被遺忘的歌曲
成為出海口邊緣被沖上岸的臉盆
她向大海、向太陽爬去以覓食一些碎屑
被吹散的沙堡是她的生存依歸，搖搖欲墜的房子
她想要豐盛的芒果和棕色的手捏成的餃子
她想要雙手無法承載之物，她想要她不該知道其存在的事物
母親廚房裡的甜麵包跟肥沃良田裡綠油油的莊稼
鵜鶘，交會處的死亡，敞開的鳥喙跟泛著紅暈的腹部堅持不懈
別問她那些她不知道的事情，別問她關於婚姻或榮譽的問題
問她那些遭埋葬的孩子，在香甜的藥丸摧毀她內裡使之有序之後

異國神祇與孩童的名字

Valley Haggard

停車場裡到處都是示威者。我恨他們。他們怎麼有臉讓一件原本就很困難的事情變得更加困難？我從未真的覺得需要武裝自己，但我當時就有這個念頭。想被保護起來，被隱蔽，成為不可戰勝之存在。想保有自身痛苦的隱私權。還有很多表格要填，很多文件要簽。大威和我用我們在牧場拿到的小費平分了那筆費用，花掉了我們一大部分的旅行經費，本來打算之後有空的時候去旅行的。簽下名字時，我掃了一遍那恐怖的風險清單：出血、痙攣、疲勞，然後，最可怕的來了，流產失敗。對我來說，這種情況比以下的可能性還糟糕：死亡。

當醫生的手和沉重的金屬器具塞進我體內，我在手術台上過度換氣。護理師一遍又一遍地說「看著我漂亮的臉」，在我拚命地吸氣吐氣時，她緊握著我的手，痛苦、恐懼和炫目的燈光緊緊箝住我兩腿間的黑洞。終於，一切都結束了，他們想辦法讓我坐起來，盡其所能讓我恢復神智。大威把車開出停車場時，我對著在我們後頭叫嚷的示威者大喊「操你的」，但其實我不知道我比較恨誰：我自己，還是他，或者他們。

我們沿咖啡壺路（Coffee Pot Road）回到牧場，駛離公有土地後，循著地面上崎嶇不平、深得令人難以置信的輪胎溝紋蜿蜒前進。我

用盡全身力氣回到廚房、洗衣機、水槽裡的碗盤跟待洗衣物的常軌裡。但我再也沒有心情隨著我們那台小型FM收音機裡的鄉村音樂歌唱了。午休時間，我沒有像過去那樣去野外探險、健行或寫作，而是把我自己裹在棉被裡，像嬰兒一樣蜷縮著。

一個禮拜之後，我接到母親的電話。牧場裡唯一的電話在廚房旁邊的小凹室裡，經常故障。接到電話並不常見，但也不是完全沒有。母親的聲音從電話另一端劈里啪啦作響的雜音中，通過電話線一路傳來，思鄉之情痛澈骨髓。「薇莉！」母親喊道，「診所一直在找妳。他們聯絡不上妳。」緊急聯絡人那欄我留了媽媽的號碼。我已經習慣於住在無法通電話的地方。

「是喔？」我高聲回道。牧工們已經開始成群結隊地四處晃悠，準備吃晚飯。我試著假裝只有我一個人在這房間裡。「手術沒有成功」，我聽到媽媽的聲音說。這個消息被丟了過來，然後像塊沉重的石頭扎扎實實地砸中我的腹部。我肚子裡的胎兒還活著。「媽媽，」我說道，「我想回家。」

她寄給我一張機票，再下一個禮拜，我就打包好我的帆布行軍包離開了。這實在是太難了，要告別成列的群山，告別那座山谷，告別那些小木屋，告別這莊園，告別那些妓女、馬群和花朵，告別我的未婚夫跟所有我曾經討厭過但後來卻愈來愈愛的牧工。「很快再見」，我撒了個謊，然後在上飛機前回到診所，好讓他們再重做一次先前失敗的手術。在回家的飛機上，我哭了一整趟路，懸浮在我們國家的上空，從那些分子團、神祕細胞、那些在我體內拒絕死去的神聖有機體中被解放出來。

媽媽來機場接我回家，把我安頓在她那張大號雙人床上。我血

流不止,反覆痙攣,滿懷憤怒、哀傷與悲痛。疼痛攫緊我的五臟六腑,然後死命地擰絞,感覺像是那些冰冷的金屬鉗還在一樣,好像它們永遠都會留在那裡一樣。

　　氫可酮和煩寧並沒有帶走疼痛,只是用一層薄薄的紗布將它包裹起來。我在母親床上,裹著毛毯蜷作胎兒狀,躺了一個禮拜,那段期間,母親以肉湯、熱茶和愛細心照看,直到我恢復健康。有時候,我還是會反覆思量可以給那個原本可能存在的孩子取什麼名字,但我從來沒想出一個好名字過。

最後一次月經來的日期

Amy Alvarez

我第一次月經來的時候，我們的晚餐
是燒焦的牙買加牛肉餡餅和青花菜。
經血的出現是個意外——但也不是。所有其他
同年級的女孩都已經來過月經了。我白色棉質內褲上那抹
明豔歡快的紅色會幫助我
重新成為她們的一員。

晚餐時，媽媽跟我解釋了什麼是懷孕：是
我兩腿間這股出血的終結。害怕自己會像她形容的那樣
被撕裂，在接下來的七年裡我一直緊閉雙腿
——沒瞄過誰一眼，沒讓人動過一根手指頭。連衛生棉條
都足以敗柳殘花。這得靠三個女孩組成小隊
站在廁所門口聲色俱厲地下達指示——向後倒，將
一隻腳踩在馬桶邊緣——才讓東西順利進入。

第一次月經沒來的晚上，我不記得
我吃了些什麼。我和他在廚房餐桌上頭一盞黯淡的吊燈下
討論這到底是不是我們

想要的。我選擇了吃藥。我記得感覺到我的身體
在重新校正——就像在船底輕輕搖擺一樣,那股輕微的
濕潤的噁心感。我記得有些黏液,最後是
那股鮮血帶來的喜悅:通紅的血塊,帶著被碾碎的
紫羅蘭的顏色。

還記得我的印第安祖父是如何告訴我關於一個懷孕的女人吞下了西瓜籽

Jennifer Reeser

> 你還不如砍掉一個五歲小孩的頭！……一個女人會……
> 甘願冒跟孩子雙雙死去的風險，也不願意失去孩子獨活。
> ——切羅基（Cherokee）薩滿威壓・偉斯蒂（Wili-Westi）在
> 得知白人的墮胎流程之後的發言，載於
> 〈切羅基人關於分娩的信仰與實踐〉
> (Cherokee Belief and Practice with Regard to Childbirth)，
> 歐布萊希特（Olbrechts），《人類學期刊》(Anthropos)

薩滿無法駕馭他們所不知道的事物。
他們表現得如此驚訝，甚至出言詛咒。
他們稱之為「殺人藥」。「Wado」[8]。

他們辱罵：「女性寧可去
死也不願膝下無子苟延偷生。」
薩滿無法駕馭他們所不知道的事物。

8　原註：切羅基語中的「謝謝」。

當她收到一個碗,而他收到的是弓;
當戰士們揮舞著敵人的頭皮吟詩宣示,
他們稱之為「殺人藥」。「Wado」。

都流進了月經小屋,所有的所有。
產婆低聲說道:「吞下薺菜⋯⋯」
薩滿無法駕馭他們所不知道的事物。

因為自殺根[9]可以阻止胚胎
生成——直到為她買好了靈車為止——
他們稱之為「殺人藥」。「Wado」。

她體內的西瓜籽滋生蔓長
直到她成為禁忌——還有什麼比這更糟糕的?
薩滿無法駕馭他們所不知道的事物。
他們稱之為「殺人藥」。「Wado」。

9　原註:切羅基人認為水毒芹(*Cicuta maculata*)可以作為一種口服避孕藥,但並不鼓勵婦女服用,使用該種藥物的婦女不僅會被貼上敗名失德的汙名,人們還會告誡這些婦女她們有可能永久不孕。

節錄自〈自己找路回家〉
Leila Aboulela

▎星期五下午

　　到療養院探視崔西感覺很奇怪。不知怎的，娜迪雅將這些字眼跟老弱病殘連結在一塊，而崔西甚至還沒脫離她的青春期。但那些優雅的金色字母就是這個意思。當娜迪雅按下門鈴，她暗自忖度：「不然妳期待他們在門上還可以怎麼寫？」

　　這棟建築物就像位於北倫敦這條安靜街道上的其他房子一般恬適低調。前頭是一座古雅的大門以及小巧的前院，當娜迪雅進到裡頭，可以看到後花園掛了一條曬衣繩，還停著一台綠色割草機，倚靠著隔壁人家的木頭圍籬。房間裡有四個女人。除了崔西之外，還有另外三個人跟兩張空床。今天還不算太忙碌，那護理師晚些時候說道。床鋪之間的隔簾是敞開的，從牆面高聳凸出的電視上，歐普拉正滿面笑容地俯瞰下方。

　　霸凌是那天節目的主題。童年時期曾經遭受霸凌的受害者們正在向一群富有同情心的觀眾述說著自身的遭遇。

　　崔西穿著粉紅色的睡衣，她的頭髮毫無光澤而稀疏，臉色略微蒼白。一開始的時候會痛，但現在不怎麼疼了。我們都做了手術，一個接著一個。我是第一個，結束之後，他們用輪椅把我推回這裡。

她跟娜迪雅講起房間裡的其他女人。那名已顯老態的女人是愛爾蘭人，好像叫曼蒂還是瑪姬，崔西不太確定。她的丈夫和她一同坐在床上，兩人正對著電視節目發笑。留著一頭燙卷髮的瘦小女子是凱。然後那個有著古銅色肌膚的金髮女子則大老遠從南非來到這裡。她比我們早懷了好幾個月的身孕，崔西低聲說道，妳可以看到她現在肚子還是很大。相信我，娜迪雅，她整張床都是血。

這個南非女孩來了一個訪客，那人跟她長得十分相像，帶著一束花前來。在娜迪雅到了之後不久，凱的男友也來了。他有著臃腫的身軀，一臉不情願，小心翼翼地擠進房裡。他什麼也沒帶。我應該帶花來的，娜迪雅心想。後來她安慰自己，如果她沒來，崔西會是唯一沒有訪客的人。

妳有零錢打電話嗎？

崔西拿了二十便士，慢慢從床上起身，拖著腳四處磨來蹭去尋找她的拖鞋。她走到門口時，用一隻手托住下腹部，娜迪雅看到她朋友的睡衣上有些黑色的汙漬。

娜迪雅隱瞞了父母要來這裡的事情。那當然。她是能跟他們說什麼呢？許久以前，拉蒂法在無意之間為崔西增添了幾許迷人光彩，使得她的友誼更加令人嚮往。那個叫崔西的女孩不是什麼好東西，拉蒂法說。不要再跟她來往了。也許她從崔西脣膏的顏色或是眼神中的警戒看見了某些危險信號。當崔西穿著短裙，翹起她裸露在外的雙腿時，已經不是孩童的無心之舉，而是成年人世故算計之下的刻意為之。她不會有好下場的，拉蒂法說。娜迪雅知道她母親的腦海中浮現了埃及電影裡那些沉淪墮落的女性形象。來自埃及南部的叔父滿腔怒火，帶著一把上膛的槍一路尾隨他的姪女。只有鮮血才能洗雪家門之辱。螢幕之外，在開羅市區，那裡沒有槍，但存

在著羞恥。拉蒂法能夠想像那種羞恥的感覺。母親們會為了這種事離婚。姊妹們會因此終身未婚。祖母們被悲傷擊潰,提早進了墳墓。一個女孩的名譽就像根火柴:一旦被折斷,就再也無法修復。

崔西沒有來自南部、拿著一把槍的叔父。她的父親不會跟她的母親離婚,因為他們幾年前就這麼做了。他去了澳洲,崔西的夢想是有一天能去那兒找他。她看《家有芳鄰》(Neighbours)看得如痴如醉,房裡還有三隻無尾熊玩偶。

當浸泡過她早晨第一泡尿液的棒子上出現了完美的藍色圓圈時,崔西感到怒不可遏。她無法相信;這樣的事情不可能發生在她身上。今天算是某種解脫;一切終於結束了。是時候回歸正常了,是時候開始假裝什麼都沒有發生。

她的母親直截了當地付清了那兩百五十英鎊。然後收拾行李,跟崔西的繼父和雙胞胎一起開車去黑森林,與那邊的一戶人家換屋度假。這次的旅行老早就定下來了,換屋通常需要很長一段時間計畫,而且他們也絕對不可能說取消就取消。就像她繼父說的那樣,一家人的假期若因為崔西的疏忽大意被打亂,這公平嗎?

因此在昨天,崔西接受了建議,依法規定,她今天要在療養院度過一個晚上,然後隔天,她將回歸她的日常生活。故事結束。

他們叫我白種垃圾。歐普拉的來賓說完這句話後,頓時淚流滿面。同情的嘆息聲在觀眾席間流淌蔓延。只有歐普拉一人泰然自若,豐滿而優雅──看看她那如嬰兒般柔軟無比的臉頰──她梳著整齊光亮的髮式,身穿黃色名牌套裝。

現在節目來到了一個新高點:過去的霸凌者現身攝影棚,和那些童年為其所毀的人們面對面。觀眾席上響起一陣陣噓聲。角落那張床傳來了愛爾蘭女人的笑聲。娜迪雅看得到瑪姬和她的丈夫正手

牽著手。我從來沒機會看這個節目,她對他說。在這個時段,孩子們總是在看另一個頻道上他們自己的節目。

但娜迪雅沒辦法像他們一樣開懷大笑,她的童年仍然離她太近。她被螢幕上展露的痛苦所觸動。她被霸凌過嗎?她曾經霸凌過任何人嗎?心裡冒出了這些不安的想法。而且為什麼經過了這麼多年,還是那麼容易就可以一眼區分出誰是霸凌者,誰又是他們的獵物?成人的身軀包裹著昔日的孩童。時間沒有改變任何事情。

他不在。崔西把硬幣還給娜迪雅。上樓吧。我們不能在這裡抽菸。樓上是間通亮的房間,可以俯瞰建築物的前方。凸肚窗四面都有座位,挑高的天花板,托盤上放著三明治。有咖啡,有茶,有一只水壺。矮茶几上有些雜誌跟小冊子,牆上貼著海報。「妳有考慮過結紮嗎?」「事後避孕藥——問一下妳的家庭醫生。」

娜迪雅嚼著乳酪三明治,泡了茶,翻著那些小冊子。崔西,那妳現在打算用哪些東西?注射黃體酮?低劑量單一荷爾蒙口服避孕藥?避孕環?她將它們一一唸出,彷彿正要從菜單中挑選午餐一般。

閉嘴,娜迪雅。

崔西點燃了第二根菸,有一瞬間,火焰讓她的臉龐散發出柔美細緻的光芒,她看起來就像是被畫出來的一般,而不是真實存在的人。把火柴扔進菸灰缸前,她喀嚓一聲將手中的火柴折成兩段。

他們把它吸了出來。真空吸管轟轟作響,吸吮吞食。真的非常大聲,我告訴護理師。沒有吧,她說,妳一定是在幻想。都是妳吃的那些止痛藥。她握住我的手,跟我聊天,嘗試分散我的注意力。我躺了下來,這一切就像是恐怖片中那些奇怪儀典的入會典禮。妳子宮裡的內容物,她這麼叫它。他們在這裡就是這麼叫它。這麼一個小東西,卻用了這麼多個字。

一顆酪梨打算要墮胎

Vi Khi Nao

  一顆酪梨打算要墮胎。葡萄柚該怎麼辦？又不是它讓它懷孕的。肯定不是。它隨心所欲地來回滾動它那厚厚的黃色果皮。當一張搖椅幫不了無助的冒牌酪梨，它的肉已成純素，它的血則凝固如綠色膠凍。六顆豐滿、等距分布的蘋果坐在窗台上，看著風景成為一座封閉的衣櫃。明天，這六顆高貴的蘋果行將腐爛；今天，它們瘀傷的肉身會看著地平線將其五彩斑斕的襯衣摺入虛無。放在透明塑膠盒裡的小黃瓜蔫了，它嘆了口氣，圓圓的肩頭向內頹曲。明天它的五臟六腑會緩慢滴落在自身鬆脆的邊緣，然後枯槁。酪梨對此無法共感，只心想：我怎麼能夠懷上一個比我自身其他部分都還巨大，而且看起來一點都不像我的孩子，直到，當然，到我腐爛為止？有沒有可能顏色是決定遺傳的唯一因素？沒有其他了？酪梨拱起背，左右扭動。這之後酪梨就不會再旋轉了。它不是那種變態。不是，不是，不是。絕對不是。酪梨拱起它的背，這樣它那圓圓的孩子就可以輕易地從略帶黑色的孔洞中滑出。即使缺少髖部和骨盆，讓一個生命成為死胎這件事也沒有比較容易。像胡蘿蔔那種不光彩的鄰居就住在它附近。胡蘿蔔們原本堅實的橙色長腿已經變得相當綿軟。像乳膠一樣。這種良善柔和在廚房裡從來不是件好事。刀刃將不知如何施展它磨好的聲帶。梨子樂於將自己與酪梨相提並論。

它告訴那些柔軟、不具珠光色澤的鄰居們：有時候我的果肉太脆了，以至於我連顆籽都排不出來。但我願意逼自己試著尿出一、兩隻眼睛──這樣我就可以看看我是哪些東西構成的。這樣我就可以好好端詳自己的樣子。其他人細細打量我後，告訴我我有像酪梨一樣的髖部。我有生育繁衍的巨大潛力。但我有一顆眼睛般的種籽，像門上的一道裂縫，它不會也無法回望我。我不為你感到難過，酪梨回答道。我只能夠墮胎。過不了多久，我就得忍受這場已經吹向某顆行星的毀滅。

蛋黃（動詞）
Emily Carr

他得探進妳的體內。

他會做的。是妳請他這麼做的。他會告訴妳它多大了。
他也會決定何時算是太大。

然後妳要等待。

妳會穿著拋棄式手術袍靠牆站著。

妳會排隊。等他用真空吸引器抽淨妳的體內。

妳會聽到。其他女孩，帶著姐妹會的氣氛，她們不覺得這跟
在小豬超市排隊結帳有什麼兩樣。在她們看來，她們
可能只是在買新的脣膏。

妳心想這絕對會很痛。他得再一次探進去。

妳打算怎麼辦？

妳會尖叫嗎？還是妳會咬緊牙關？

妳會告訴自己「妳必須這麼做」嗎？

他也在等待。那裡有一扇窗戶，一台電視機，兩排朝內相向
帶汙漬的座椅。現在這個時間，

應該在播《瑞吉斯和凱西・李直播秀》(*Regis & Kathy Lee*)，他不會看的，
　　他會出去抽菸。
自從五月以來，他再也沒在屋裡抽過菸。

妳要做這件事，為了他，這個再也沒在屋裡抽過菸，
這個在屋外用嘴唇銜著濾嘴，唾液沾濕了
菸紙，手指吸附著甜美生菸草氣味的人。他，
對此一無所知：關於這一切如何像條裝配線一樣，
除了它沒有在組裝，而是拆卸，丟棄，那些特殊的
容器。

妳會這麼做，對吧？

妳必須這麼做。妳不會，妳不會臨陣退縮，現在不行。
通道擴展，收縮，重新校正。

妳不會這麼做的。螢光燈碎裂成複數光暈。
時間的線軸不斷轉動。

妳必須記得現在發生什麼，這裡是哪裡。那些明亮的迪斯可燈球，
裡／外，明／暗。妳感覺不到妳的腳趾，感覺不到妳的指尖。
女孩組成的隊伍，搖擺，扭動。

妳得跳舞，才能保持清醒。

妳得一步接著一步＆跳舞。妳得
找到某人的手，找到他們的手並緊緊握住。

妳得找一個能幫助妳做到這件事的人，她不是
孬種，當她跪下的時候膝蓋不會發軟，不會
讓房裡一片漆黑，她不會跳過任何一個地方，直接跳到生鏽的
躺椅，跳到幾片蘇打餅，裝在免洗紙杯裡的柳橙汁，和廢紙簍。
如果妳覺得反胃，就彎下身來，護理師說。她的聲音在
好幾世紀之外，收束在一張金屬桌後。

妳最好稍後再來，她說，妳說不出話，因為妳正倚在
廢紙簍上，因為整個房間聞起來像爽身粉
和柑橘類水果的味道，因為妳的子宮感覺像吵成了一團，
因為妳是，

妳是個孬種。妳擦擦嘴，吐了一口氣。

我得這麼做，妳說。我們為此開了三小時的車。我已經付錢了。我

現在就要做。我不能讓妳這個樣子進去。

妳必須冷靜下來。這些話就像具捕獸夾，
猛地捉到了。妳得解釋自己。房間膨脹，又收縮。妳
倒下，妳

摀著肚子，然後妳忘記。她站在妳身邊。她的
冰涼指尖貼在妳額頭，臉頰。親愛的，這是妳的第一次嗎？她的
話語像糖漿，似雪泥。

妳必須閉上眼睛才能領會。

妳得斜倚在廢紙簍上，妳得擦擦嘴，
妳得嚥下去。

妳不必回答。妳得這麼做，僅此而已。

這個醫生說：人工流產屬於醫療保健
Sylvia Ramos Cruz

人工流產。
沒人喜歡這個詞。
為什麼不？醫生問。
「人工流產屬於醫療保健」，她說，一邊低頭查看
那些稱她為殺人兇手、對她發出死亡威脅的酸民前一天晚上的推文。

那之後，在醫院裡，她在由幾十個對於
醫療實踐的科學、風俗與實際後果知之甚少
的業餘國會議員共同打造出來的法律迷陣中往復穿行。
他們發動了一場針對女性的祕密戰役，揮舞各種毫無醫學根據的指
　　令大棒，
包括──
侵入式超音波檢查
三天等待期
制式化的諮詢
家長同意書
十二週禁令
若胎兒達二十週大，應給予止痛藥

等等⋯⋯

當這一切結束之後,醫生開始做一些她喜歡的事情——
跟青少年討論避孕
為婦女提供乳房X光檢查相關諮詢
為妊娠高危險群的患者診察
接生
癌症篩檢
切除腫瘤
為連常規藥物都負擔不起的患者
制定治療計畫⋯⋯

她每個月都會加入少數幾位醫療工作者的行列,前往
這擁有廣袤風蝕地貌的州內僅存的
兩家診所,為近百萬名婦女及十六歲以上的女孩
提供人工流產服務。
她這麼做是因為她知道
　　　　　人工流產屬於醫療保健。

在這之中，我是一座火山
摘錄自《終止：一》
Lynne DeSilva-Johnson

　　我讀到，火山爆發時，岩漿會從地殼的裂縫或較為脆弱的部分湧出。當壓力被釋放，例如由於板塊運動的結果，岩漿噴出地表，導致火山爆發。火山爆發所產生的熔岩冷卻之後會形成新的地殼。當岩石逐漸積聚，就形成一座火山。

　　很難確定我體內羞恥感的根源是什麼。嗯，這麼說也不完全對──應該是說，很難確定這個故事的起點。我有一些模糊的、夢境般的記憶，記得曾經有一段時間我體內並不存在羞恥、尷尬或是不自在的感覺，但那是很早以前的事，我甚至無法確定轉變發生的確切時間點，我只知道在我八歲的時候，這些感受已經變得很強烈。

　　我們什麼時候開始告訴我們稱為「女孩」的人類小孩，坐著的時候不能張開雙腿，在單槓上倒掛時，上衣不能滑落到乳頭以下？這些孩子什麼時候發現，她們的價值與她們──她們的身體──吸引異性的能力密不可分地聯繫在一起？

　　對於我們這些口袋裡一無所有、必須對抗凌辱欺虐或勉強求生的人來說，這個領悟還具有另一個意義──吸引和操控性方面關注的能力，成為一種資本交涉，一種成本效益分析。

　　我成長於一個旁人看來「自由開明」的家庭，但保守的、貶抑

性的身體羞辱卻是我家的常態。在我十幾歲的時候，母親硬生生地將我從性教育的課堂（他們稱之為「人文教育」）上帶走，我的學校當時使用的教科書是《我們的身體，我們自己》(*Our Bodies, Ourselves*)，母親告訴我，我們學校的做法非常不負責任，她還發起了一場請願活動，呼籲學校採用只談禁慾的教材，但完全沒有其他家長（太棒了！）響應。因此，只有我被請離了這些課堂。

我的朋友都很嫉妒，他們說那些課超級無聊，我則可以在自習室裡寫作業，大家都認為那是一個更好的選擇。但我覺得很難堪，因為我在學校時已經總是感覺自己是個冒牌貨，是他者，是異類，我想要的只是無縫地銜接、融入正常。

我迫切渴望被喜愛、被接納。從一、二年級開始，我與其他小「女孩」（我使用引號是因為當時除了自己出生時被指定的性別之外，並沒有其他選擇）的對話，就已經繞著我們喜歡哪些男孩、青少年間的戀愛故事、男朋友，以及如何運用身體和穿著打扮打轉。

我同樣想要理解並且認可自己的直覺，也就是探索自己的身體並不是邪惡的、墮落的，我快速成長的身體也不是需要被隱藏的東西。五年級時，我是班上最高的人，我買的第一件胸罩是 C 罩杯。隨著我的胸部逐漸變大，母親把我所有的衣服都替換成帳篷般寬鬆的尺寸，並堅持要我只能穿老氣保守、灰褐色跟白色的胸罩，意圖馴服並遮蔽我的乳房。任何一絲對顏色、花樣或是美觀的嚮往都是羞恥的寄身之所：我為何在想誰會看到我的胸罩？蕩婦！撫摸自己是被禁止的。渴望觸碰跟性是嚴格的禁忌。我將早期的性探索記錄在一本旁人未經我允許就擅自翻閱的祕密日記中，導致我必須多次往返神父的懺悔室，接受經典的天主教式羞恥感、火與硫磺的再教育。我不僅骯髒、卑劣、破碎，還是個罪人，我會受到懲罰，無論

是在今世還是來世。

關於「身體」或關於自我的羞恥,與關於「墮胎」的羞恥之間,不存在一條明確的界線。對我而言,這兩者是密不可分的。它的根源來自於我對真實自我——我的慾望們——的一種根深蒂固的恐懼,即我的真實自我是需要被壓抑和隱藏的東西,以及經由母親的再三複述使我習得的一種信念,也就是如果任由我自生自滅,我將會是一場災難。

那不可迴避的墮胎,好似我人生時間軸上的一場有毒廢棄物外洩,成為我內在程式碼的指標性象徵將近二十年之久。是真的,我內心的聲音說道。如果放妳自生自滅,妳就會搞砸一切。妳會成為其中一個統計數字。

與這些緊緊糾纏在一塊的若干想法與我母親的觀點不謀而合;那些煤氣燈操縱、欺矇的語句不斷出現在我的腦海裡,我誤以為是自己內心的聲音,而非一段我過去遲遲無法覆蓋的預設錄音。每當我找不到工作,陷入與某一門課的苦戰,不確定下一步該怎麼走時,墮胎這一題就像是一顆警示信號彈——提醒我關於自己的軟弱與匱乏。

將近二十年的時間,墮胎的陰影一直籠罩著我,疾病、破裂的關係、沒有穩定的工作,以及一連串個個都深具破壞性的創傷,都使得生育愈來愈成為了一個不太可能的選項。每一步失誤,我都在想,妳殺了妳可能懷上的唯一一個孩子。當我的生殖系統持續受到疼痛和囊腫的折磨,需要進行手術和藥物治療時,多年來,我腦海中持續浮現的並不是那次墮胎是不是帶來了潛在的健康問題,或者是這種疾病是否存在其形而上學或心理學的根源,而是,永遠都是,妳搞砸了,妳毀了自己生孩子的機會。我的羞恥依然根植於我的無

力感、匱乏感和自我譴責。在醫生的辦公室裡——我們在那裡進行關於「終止妊娠」的討論——我一次又一次地被告知，我的時間所剩不多。我的子宮受損了，我混亂的性生活常被認為是導致這種情況的可能原因。子宮內膜異位症鮮少被確診，現行理論通常都指向未經治療的性傳染病。認為「都是妳的錯」的臉孔，認為「都是妳的錯」的官方診斷。

然後：沒有人談論這件事。在我年輕時，我不認識任何一個會主動公開談論墮胎經驗的女人。沒有醫生了解——鮮少有醫生了解——創傷在身體的展現就是慢性病。這花了我將近二十年的時間，等到積聚在我體內的岩漿終於爆發，我反覆進出無數的醫院和急診室，我才明白。

直到我終於走出創傷的樊籠，我才辨識出我內在編碼的根源，並重新奪回我的敘事權，以及看到我的羞恥是習得的——它並不屬於我。這些故事並無可恥之處。如果我們能找到一個安全、具支持性的器皿承接這些故事（並且為彼此創造出這些軟著陸的條件），我們的療癒就能真正開始。當我們鬆開他人羞恥的枷鎖，轉變便開始發生。我幾乎認不出自己的模樣，在卸下這個長久以來歸在我名下的重擔之後。

我正在重新建造我的身體，這些故事是它的基樁。岩漿凝固，成了地景風光。即使是那片焦土，也見枯木生花。

冷盤與受孕
JULIA CONRAD

　　沒有幾個女兒知道自己的母親墮過幾次胎。甚至沒幾個女兒知道她們的母親墮過胎。當我的朋友艾拉在十六歲的時候發現自己的母親墮過胎，她震驚到一整個禮拜都沒和母親說話——她母親只墮過一次胎而已。

　　「妳是唯一的倖存者！」我媽媽在告訴我她墮過五次胎之後，用戲謔的語氣這麼說。「因為我超能生，」她補充道，「妳可能也是喔。我第五次墮胎時，那個醫生跟我說他真的很佩服我這麼能生。」

　　她告訴我，她第一次墮胎之後，我的祖父母帶她到紐約的卡內基熟食店吃午餐。她點了鹹牛肉三明治。我祖父點了兩份熱狗堡。畢竟那是70年代，那時，如果妳像我母親和她的家人一樣住在格林威治村的話，這種事情是在更緊迫的時代氛圍下被看待的，例如氣象員地下組織成員（The Weathermen）意外炸毀他們位於聯排住宅內的總部，黛安・阿布絲（Diane Arbus）在樓上自殺，三個街區外則有石牆暴動。

　　她第一次墮胎的那次絕對是最糟糕的一次——那時距離羅訴韋德案使墮胎合法化才過了一年。那整個過程與今天完全無法相比。第一次墮胎時，她穿著藍哥牛仔褲在那家位於格林威治村的診所等了好幾個小時，一邊聽手術室裡的女人尖叫。手術過程不如現在細膩講究，醫生們像是要用刮匙給女人們上一堂道德課。其他幾次都

不會痛，她說。她再也沒聽過那種哭喊聲，她最後一次手術就像做骨盆檢查一樣完全不痛。她開玩笑說，這個世界還缺她那本題為《古往今來墮胎大全》的開創性回憶錄（seminal memoir，也有「精液回憶錄」的雙關之意），展示隨著政治變遷、相關技術的改良以及人工流產手術逐漸普及，墮胎不再像是一場痛苦的磨難。

當然，墮胎不管在情感上或道德上可能都是一個艱難的過程。但令人納悶的是，妳幾乎不會聽到相反的例子。儘管我認識的人幾乎都堅決支持女性的墮胎選擇權，但當我透露我的母親曾經墮過五次胎的大祕密時，人們還是會用無比驚恐的神情看著我。他們不懂，儘管她肯定不以這個數字為榮，但她多年以來總是對此直言不諱，無論是在派對上、在擁擠的地鐵車廂中，還是對我。

「我是唯一沒墮過胎的人！」我媽的童年好友艾蜜莉在某次辦在我們家的午後聚會上大喊道。「但那是因為我沒有性生活。」屋子裡的人笑成一團。

「我做過三次，」她的朋友希拉接著說道，「我有兩次用了胬萼薄荷。不然太貴了。說真的是很可怕的經驗。我不會再自己做了，但去診所的那次感覺還不錯。」

「如果有一件事是永恆不變的，」在我裝子宮環前一個禮拜，她們每個人都諄諄告誡我，「那就是妳不能總是相信男人會使用保險套。」

我預約了那週末的早上九點裝子宮環。我試著說服媽媽她不用特別過來，但她不聽。她說她得帶保險卡過去。她在候診室裡坐了十五分鐘，當我出來時，她看我沒有痛得尋死覓活，便問我肚子餓不餓。雖然當時還不到早上十點半，但我們還是去了卡茲熟食店，兩人都點了煙燻牛肉三明治。

我的藉口：我墮過一次胎。妳呢？

LAURA WETHERINGTON

向保羅・魏倫（Paul Verlaine）致敬

無人能夠臆測一個房間內有多少空間。
那遽然降臨於你的喜悅，
我的朋友，淵源於我的腹部。
那慾望，我以為，

那慾望洋溢的夢就破滅了，
在我試圖描畫它的時候。
我的老冤家們
沒一個提得起興致
冷嘲熱諷——他們無比恐懼
那些活生生血淋淋的撕裂
以及在地的夢魘！
新生的小巧四肢揚棄浴後的傷痛。
我的禮袍感覺強壯健全。
我已熟成。

我可以重新長回我不知道自己曾經失去的雙腿。
我的手掌益發柔軟，而鍛鍊使我
克服一切找到水源。
但不安是一個方言的問題，
性是個不尋常的數字。
在我的軀體裡：各種死去的告密者
張開的嘴。我會原諒你的
請求，收回你的苦難，燒毀
每一封繁長的懺悔信，只是，
別再留言給我。

德黑蘭的寶石

SHOLEH WOLPÉ

　　三天後，她還是血流不止，疼痛難忍。我們回到位於鎮上另一頭的診所。她的腳被放回腳鐙上，雙腿被分開。還有一縷縷紅藻似的小碎屑黏附在她的子宮壁上。整個過程都必須重來一遍。

　　不，不，她嗚嗚噎噎地說。我沒辦法再來一次了。

・・・

　　他坐在診所裡面那間一塵不染的候診室中。她躺在冰冷堅硬的檢查床上，雙腿張開。她皺著臉，咬住下脣，肩膀和頸部騰空，手臂肌肉因疼痛而繃緊，她死命抓著我的手，疼得我直想尖叫。我用另一隻手拂去她眼角的幾縷棕色髮絲，這女孩曾是德黑蘭的寶石。

　　在她的雙腿之間，醫生正在和她的身體進行一場戰爭遊戲，她的身體意圖保留，無論是自然、上帝、天使還是機遇，所強加於它的。現在這重要嗎？

　　他們曾經相愛過。或是曾經慾望過彼此。他有兩個孩子和一個保守的妻子。她離婚了，有一個孩子。他充滿野心。她來自一個有虔誠宗教信仰的家庭。不同視角讓任何故事都化身培樂多黏土。你可以用一百種方式來塑造和講述它。

　　悄然無聲。然後撲通一聲，接著傳來金屬的碰撞聲。醫生走到

操作台前,把碗狀容器放進水槽,然後離開;他的皮鞋在油氈地板上發出吸盤般的聲音。我站起身(我不應該那麼做的)然後若無其事地朝水槽晃去。那個金屬碗裡的東西深深觸動了我——不是因為它看起來噁心駭人、暴力或汙穢,而是因為它看起來只不過就是坨黏糊糊的粉紅色唾沫;因為我們所有人都是這樣開始並歷經長短不一,介於幸福和痛苦、愛和慾望、信與不信之間;介於很多、很少或沒有規律可循之間的人生。最終,骨頭會被掩埋、燒毀或碾碎,時間會扭曲、跳躍,且始終忠於自身的形式和方向。

　　她呻吟著,好痛,我不知道她是指她的心還是她的子宮。我將視線從水槽移開,有什麼在我的眉間熊熊燒起,宛若被蠍子螫傷一般強烈、灼熱的痛楚。我為我的朋友蓋了件毛毯。她闔上雙眼。她一臉浮腫。她眼睛和嘴巴周圍的線條好似通往虛無的逃亡道路般失控地蔓延。

　　他堅持,真正的性愛必須是肌膚相親,拒絕戴套。而避孕藥令她作嘔。她以為自己老到無法懷上他的孩子。他給她買了裙子,一條鑽石項鍊;他的承諾就像他每個禮拜帶來的,包裹在金色玻璃紙裡的晚香玉一樣芬芳。

　　在洗手間裡,我把早餐全吐出來了。優格和桃子看起來像是旋轉的粉紅海星宇宙。醫生回來了,他問我的朋友感覺如何。她哭了。我走進候診室,看著她滿身帕克・拉邦納鬍後水味的波斯情人用現金付了帳單。護理師說我的臉色看起來很蒼白,給了我一杯水。他的皮夾是黑色的。他一張一張地數著鈔票。

　　她還好嗎?他問道。我聳聳肩。他低下頭,從東到西,又從西到東地搖了搖。我真的愛她,他說。我用手指揉了揉眉間的痛處。他看著我。他的眼睛是烤焦吐司的顏色。我告訴他他應該回家。她

不想見你,我說。他點點頭,轉身離開,但又停了下來,他說,請告訴她我很抱歉。這件事。或這一切都是。

我想跟他說,你自己去告訴她吧,沒用的懦夫。但我的舌頭像突然打了結說不出話來。我走回病房。我的朋友已經穿戴整齊,準備好要走了。但她連走一步都很難。人生很難。特別是今天。羞恥是難以磨滅的。如果妳任其發展,它會像個刺青似的牢牢烙印在妳的額頭。

醫生把手放在她的肩膀上,輕輕地拍了拍。我心裡默想,他就像那個鋼碗;他將自己取出的東西都裝進心裡。這是他的犧牲。

他看著我,直直地,我知道他讀到了我的心思,又或者每個來到這裡,在一旁牽著朋友的手的人都有同樣的想法,同樣的感激的眼神;也許他將我們所有人的樣子都記下來,將我們儲藏在他的意識之中,供他度過那些必須與恐懼、懷疑或疲累對抗的日子。他說,兩個禮拜後再來找我,一邊做了些筆記。護理師會告訴妳該怎麼做。

在我朋友的公寓裡,我鋪好床讓她躺下,幫她煲了雞湯。她想抽菸。我給了她兩根。她抽了五根。她喝茶。她不想喝湯。我去學校接她女兒,幫她買了隻閃閃發亮的脣蜜。女孩很開心。當妳九歲的時候,生活就是那麼簡單。在強尼火箭餐廳,她把番茄醬跟美乃滋混在一起,塗在她的漢堡上。我想是粉紅色的。是粉紅色。

情感
HEART

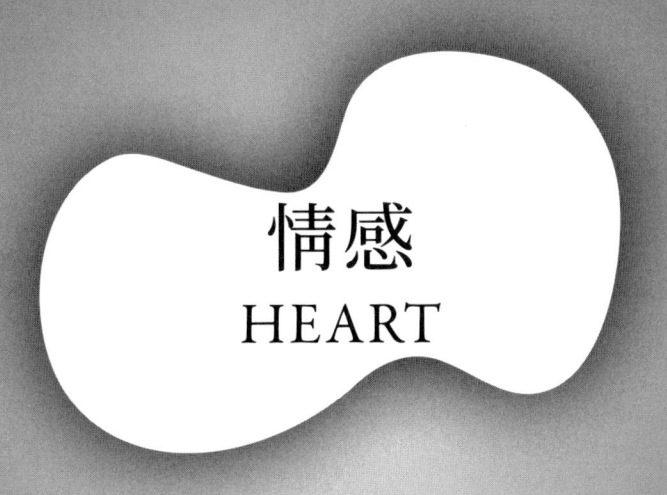

地方
Mariana Enriquez

　　這就是在一個墮胎非法的國家長大的感覺。住在偏遠城鎮的少女們的恐懼，來自於避孕藥昂貴到她們無力負擔，來自於她們不知道如何使用保險套——學校沒有教她們怎麼使用保險套，她們的父母也不知道她們已經有過性行為——驗孕棒是在藥局買的，還有胃藥跟阿斯匹靈。當驗孕棒浮出兩條線，她們在廁所無聲地哭泣，哭完以後努力尋找救兵。喝芸香茶。讓自己摔下樓梯。在陰道裡塞些荷蘭芹。什麼都沒用，一滴血都沒流，是時候去那些「地方」了，我們就是這樣稱呼它們的。有一位「夫人」會負責照看妳的「地方」。

　　那些「地方」沒有名字，或者應該說，無法被命名。它們是鬼屋，籍籍無名的房子，外觀看起來平淡無奇到令人起疑。其中一個「地方」是間公寓裡的套房。那裡的階梯非常陡峭、狹窄，樓梯間暗得幾乎伸手不見五指。套房的門是白色的。來應門的女人將自己的臉隱匿於黑暗之中，她想知道妳是怎麼知道這個「地方」的，又問妳「多久了」（她指的是懷孕月數）。「請告訴我實話，因為超過三個月的我不做。」之後她報了一個價格，並訂了手術日期。

　　就這樣。沒有醫療諮詢，沒有病歷紀錄，沒有任何事前準備，不知道由誰執行手術，也沒有術後注意事項。手術費是筆大開銷。然後錢被偷了，通常是從父母親那裡偷的。或是電腦被賣了。或是

大麻。如果妳的男朋友也贊成墮胎，他可能會出一點錢。但男朋友通常不在狀況內，因為男孩們大多對當爸爸有某種憧憬，然後他們就會成為另一個絆腳石。

在位於小鎮郊區的其中一個「地方」裡頭，有做墮胎手術的那家診所跟一家小型的幼犬繁殖場。有傳聞說那裡的醫生並不是正牌的婦產科醫生，只是一個知道怎麼治療人類的獸醫罷了。

我們學校有個叫柏妮的女孩在那裡做了她第一次的墮胎手術。她在操場邊抽著菸邊跟我們講了這件事。她說那裡環境滿乾淨的，儘管有動物在。如果她再懷孕，她會回去找他們，因為很便宜。

柏妮有種怪異的美：她其中一隻眼睛斜視，然後有著強大的氣場。我很被那個東西吸引。學校裡的人說她是個蕩婦，但羞辱經常是伴隨愛慕之情而來，就柏妮的例子來說，這股愛慕是顯而易見的。她那件短到不行的灰色制服裙——她會將裙子拉高然後在腰部反摺——總引來眾人又羨又妒的目光。她的長腿和勾了紗的絲襪。她頭上五顏六色的髮夾，還有藍色眼睛裡那股青春期的憤怒。她斜倚在牆上的姿態，她的白襯衫，學校裡最可愛的男孩當著女警衛的面親吻她。

他們把她開除了。我不知道為什麼，可能是因為抽菸，或各式各樣的違規行為，或是一些蠢事。她被退學以後，我們還是會在街上、酒吧裡、看表演的時候見到她。她很出名，這是許多大膽、漂亮的女孩的共同點。

我們連續好幾個禮拜都沒看到她，很快消息就傳開了。柏妮已經死在街上。死於失血過多。嗯，準確來說不完全是如此。她最後是死在醫院裡，但人們在人行道上發現她時，她已奄奄一息。附近的某個住戶看到她倒在路邊的一灘血泊之中——子宮穿孔——打電

話叫了救護車。我能想像她長而白皙的雙腿鮮血淋漓。她試著止血的雙手也滿滿是血。

　　她倒下的地方離那間聲名遠播的診所——裡面有狗的那間——不遠,但也不是太近。大約五百公尺左右。她是一個人走到那裡的嗎?在痛得死去活來的情況下?是那些幫她動墮胎手術的人把她丟在這裡的嗎?中間過了多久?他們是不是把她扔進某部車裡,然後把她丟得遠遠的?有沒有人曾經有機會能握住她的手,對她撒一個謊,叫她不要害怕,跟她說一切都會沒事?我一直在想為什麼他們不帶她去醫院。為什麼他們要那樣懲罰她。

婦女解放運動

JUDITH ARCANA

我們每個禮拜都會去開一次會,
但不是像現在這樣。沒有人站起來
說,我的名字是珍,我是
一名墮胎師。沒有人。因為我們並不想
停下來,我們沒有要停手的意思。
我們坐在公寓套房裡,傳著一些紙卡。
其中一張紙卡來自西拉法葉的珊蒂,
十八歲,她是搭巴士來的。
她身上大概有六十三塊美金,她覺得
自己應該懷孕九週了。下一張紙卡是
泰芮爾,三十二歲,滿腹憤懣。她的
醫生幫她裝了一個無效的避孕環,
他說他什麼也沒辦法做。
這張是五十四歲的莫娜,她帶了一百塊
美金,她不想讓家人
知道這件事情。還有卡莉,已經懷孕很長時間了——
她懷有二十週的身孕,身上可能只有十塊美金,
跟莫娜最小的孩子一樣十二歲——

她哥哥在做那件事的時候也把皰疹傳染給她。
每個禮拜總有些紙卡被
傳來傳去好幾個小時；我們誰也不想
負責跟這些女人談，讓她們之中任何一個走進
自己的生活。懷孕週數長的人裡懷孕最久的那個，
她們住在很遠的地方，除了我們以外沒有別人，
可以傾訴，可以幫上忙，也沒有錢。
她們需要這一切。紙卡在房間裡傳遞時我們
談論著：擴張子宮頸、針筒、
局部麻醉、禮拜六的名單。會議結束時，
所有的紙卡都有人認領了。

看板教宗
Galina Yudovich

人行道上的陌生人說,
別殺你的孩子。他舉著標語牌追著女人們跑,
一邊小心地避免踏入停車場的範圍內,
那邊有穿著橘色背心的守衛在監視有沒有人違規。
街道另一邊是一家賣
鸚鵡鸚鵡鸚鵡
的店,牠們是光彩奪目的黃色、綠色和藍色,對墮胎什麼的完全不
　　感興趣。
人行道上的修女說,
他們在裡面屠殺嬰兒。她站在
一排教徒和禱告會成員之中,「願人都尊祢的名為聖」,
跟其他剩下的部分,一遍又一遍,
特別是在復活節前後,罪孽更為深重的時節。
人行道上滿腔怒火的白人老異男說,
你們和那些到處濫殺無辜
的穆斯林沒什麼兩樣。他整天都跟
他的人行道夥伴們混在一起。偽善比血還濃。
人行道上的看板教宗說,
把妳的寶寶給我。有個叫法蘭克的男人操著西班牙語

跟擁有棕色皮膚的人們說他的名字叫方濟各，就跟教宗一樣。
他也想要妳的寶寶。我想問他他都為誰禱告。
他是為死去的女人們──
死於漂白劑，死於中毒，死於陰道裡的編織針──
守夜祈禱嗎？
他為敗血症，為出血的組織，為自殺者點的蠟燭在哪？
但我已經簽了保持中立的協議。

沉默是政治性的。
在裡頭，女人們安全地抵達本壘。大夥兒出來吧，不用再躲了。
她們一路與看板教宗們搏鬥才終於來到這裡。她們嘗試向我解釋
為什麼現在還不是時候：
錢，學校課業，工作，沒有男人可以依靠，壞男人，還有太多孩子
　　要去愛。
她們哭或者沒哭。她們說著對不起對不起對不起──
為自己哭了，為自己沒哭，為自己問了問題，為自己需要確定
什麼時候有人能開車送自己過來。
為自己用了我的面紙，
為自己懷孕了，為自己以前並不理解，為自己
需要再借用一張面紙，為自己的孩子在辦公室裡跑來跑去，她們說
　　對不起對不起對不起。
我在想──她們是不是也會向看板教宗道歉──請求：
赦免、寬恕、憐憫、諒解、無條件的屬神之愛。
裡頭有異丙酚，有醒來的時候可以吃的餅乾，有
陪產員會握著妳的手或表現得若無其事。在那裡有姐妹跟妳說：

「不哭」,「噢我的孩子也在青春期」,「我可以載妳一程」
外頭是法蘭克神父,這裡沒有寶寶可以給他。
他現在對妳別無所求。

下葬

PRATIBHA KELAPURE

獻給波薇・帕特爾（Purvi Patel）以及印度和世界上無數的女性

你要如何談論一件沒有發生的事情？
時間流逝，而你不再相信自己的記憶，
隱匿了太久，已經不可能說出真相。
你記得很清楚，但除了你之外沒有其他人記得。
因為沒有人知道那個週末的事
你整個週末都躲在某間診所的破舊隔間裡
當鮮血、盼望以及某個生命的竊竊低語都一同流逝而去。
如今沒有人會相信了。它跟那張完美的全家福照片
並不搭調。遺忘、偽裝、繼續宣揚家族傳說
要來得更容易些。
妳不喜歡打亂他人清夢，因此總是
修改自己的敘事去迎合他們的，總是
選擇埋葬妳的創痛否定妳的苦難，徑直將
負罪感的巨象一把扛在肩上，直到
妳的心因被埋葬得太深，已無法隨生命的脈息搏動。

她沒有告訴她媽媽
（一首拼貼詩）[1]
肯亞青少年與 ANNIE FINCH

「有任何女孩死於墮胎嗎？」
「有。」
「發生了什麼事？」
「她吃了藥，但沒有告訴她媽媽。她在夜裡哭了起來。她媽媽給了她止痛藥，最後她死了。」
「一個女人用木棍刺穿她的羊水囊……她將木棍插入然後像這樣旋轉……胎盤出來了，但女孩死了。」
「她沒有告訴她媽媽。她在夜裡哭了起來。她媽媽給了她止痛藥。」
「有位女士試圖幫她女兒墮胎，她取了三種不同樹木的樹皮，將它們混在一起搗碎，然後加水調勻讓她女兒服下……最後那女孩死了。」
「她在夜裡哭了起來。她媽媽給了她止痛藥。」

1　原註：〈她沒有告訴她媽媽（一首拼貼詩）〉是根據艾倫・米歇爾（Mitchell, Ellen H.H.）等人發表於《文化、健康與性》第八卷的〈社交腳本與嚴峻現實：肯亞青少年的墮胎片語〉（"Social Scripts and Stark Realities: Kenyan Adolescents' Abortion Discourse," *Culture, Health, and Sexuality*, Volume 8, 2006, pp. 518–528）一文中蒐集之引述所改寫。

「我的室友去年一月的時候沒再來上學。是村裡的一個老婦人跟她說可以用那個方法。她那麼做之後,她的血流呀流的沒有停過,直到死去。」

「我們求助無門。」

「她沒有告訴她媽媽。她在夜裡哭了起來。」

情感

提著燈的女士
DOROTHY PARKER

好吧，莫娜！妳這個可憐的小病號，對，就是妳！啊～妳躺在那張大床上，看起來那麼地嬌小，真的，蒼白又嬌小。這是妳的拿手本事──讓自己看起來如此天真無邪又楚楚可憐，沒人會忍心責備妳。但莫娜，我應該罵妳一頓。對，我真的應該這樣做。妳從沒讓我知道妳人不舒服。對最好的朋友妳也隻字不提。親愛的，妳應該知道，無論妳做了什麼，我都會理解妳的。我說這話是什麼意思？莫娜，什麼叫我是什麼意思？當然，如果妳不想談──就算我是妳最好的朋友。我只是想說，妳應該知道，無論發生什麼事，我都會陪在妳身邊。我得承認，有時候我很難理解妳到底怎麼惹上這種……嗯，不說了。我真的，真的很不想在妳這麼不舒服的時候唸妳。

好吧，莫娜，妳沒事。如果這就是妳想說的，就算對象是我也一樣，我不懂，好吧，親愛的。可能沒什麼事的人也得臥床快兩個禮拜吧，我猜；可能一般健康的人看起來就和妳一樣。噢妳只是太焦慮？妳只是累壞了？我知道了。妳只是太焦慮而已。妳只是累了。對。哎呀，莫娜，莫娜，妳為什麼不相信妳可以信任我呢？

好吧，如果妳就是想這麼對我，那就這樣吧。我不會再多說什麼。只是我真的覺得妳應該讓我知道妳做了──嗯，我是說，讓我

• 201 •

知道妳累垮了，如果妳想要我用這個詞來說的話。要不是我碰巧遇到愛麗絲・派特森，她告訴我她打電話給妳，聽妳的女傭說妳已經臥病在床十天了，不然我根本不會知道這件事。當然，之前一直沒有妳的消息，我的確覺得滿奇怪的，但妳知道妳自己的作風——妳總是直接搞消失，可以這樣好幾個禮拜過去，然後都沒有妳的音訊。我可能都已經死了好幾次了吧——二十幾次之類——妳都不會知道。我不會趁現在妳人不舒服的時候責備妳，但說真心話，莫娜，這次我告訴自己：「好，到我下一次打給她為止，她有得等了。天知道，我真的已經妥協夠多次了。這次輪到她先打給我。」老實講，我就是這麼對自己說的！

後來我碰到了愛麗絲，那一刻我真的感覺自己好刻薄，真的。現在看到妳躺在那裡——好，我感覺自己完全就是個卑鄙的混球。妳就是這樣，就算妳是錯的那方，還是一副楚楚可憐的樣子，妳這個小惡魔，對，妳！哎⋯⋯可憐的孩子！感覺一定很難受吧？

不要一直故作堅強，孩子。至少跟我一起的時候不用這樣。別再硬撐了——這樣會輕鬆許多。一五一十告訴我。妳知道我一個字也不會說出去的。妳至少應該明白這一點。當愛麗絲告訴我，妳的女傭說妳累垮了，身心耗弱近乎崩潰邊緣，我當然沒有多說什麼，但心裡暗自在想：「好吧，也許這是莫娜唯一說得出口的理由。這可能是她能想到的最好的藉口了。」當然了，我絕對不會試圖反駁什麼，但妳說妳得了流感或食物中毒可能還好一些。畢竟人不會因為焦慮不安就躺在床上整整十天。好啦好啦，莫娜，人會這樣。他們會。沒有錯，親愛的。

想到妳獨自經歷了這一切，像受傷的小動物獨自一人辛辛苦苦地走到這一步。而一路上只有那個黑人依狄在照看妳。親愛的，妳

不是應該找一個訓練有素的護士嗎？我的意思是，妳真的應該這麼做吧？妳肯定有很多事需要別人幫忙。哎呀，莫娜！莫娜，拜託妳！親愛的，妳不用這麼激動。好吧，親愛的，妳說得對，妳不需要任何幫忙。我搞錯了，就這樣。我只是想說之後——噢，妳現在不必這麼做。妳永遠不用跟我道歉。我懂。其實，看到妳發火的樣子，我很開心。生病的人發脾氣是一個好兆頭。這代表他們的病情正在好轉。噢，我知道！妳想發脾氣就發吧，隨妳高興。

嘿，我該坐在哪裡？我想坐在一個妳不用特別轉身就能跟我說話的地方。就這樣躺著別動，我會自己——我很確定妳不應該隨便亂動。這對妳肯定不是件好事。好吧，親愛的，妳愛怎麼動就怎麼動。是，我一定是瘋了。是我瘋了。就這樣吧。只是拜託，不要讓自己那麼激動。

我去拿把椅子過來——哎喲抱歉，不小心撞到床了——我把它放這，這樣妳就能看見我。好啦，大功告成。噢但首先，我想先調整一下妳的枕頭。嗯……莫娜，它們顯然不太OK。妳剛剛一直又撐又拉的。好，聽著親愛的，我會扶妳慢～慢～坐起來，非常～非常～地慢。噢。當然，妳自己肯定坐得起來，親愛的。當然可以。沒人說妳辦不到。沒人這樣想。好啦，現在妳的枕頭平整光滑又賞心悅目，趕快再躺下，別傷到自己。現在這樣不是比剛才好多了嗎？嗯，我想應該是的！

等一下，等我拿一下我的針線。哦，對，我把針線帶來了，這樣我們就可以一起舒服地待著。妳坦白跟我說，妳真的覺得它漂亮嗎？我好高興。妳知道它不過是張布餐墊。但布餐墊永遠都不嫌多。做起來也挺有趣的，尤其是縫這種花邊，一下就好了。說到這，親愛的莫娜，我常想如果妳有自己的家，就可以為了它忙東忙西，做

些像布餐墊的漂亮小玩意，對妳應該很有幫助。我真的很擔心妳，住這種簡陋的小套房，沒有屬於自己的東西，沒有自己的歸屬，一無所有。這對一個女人來說不是件好事。像妳這樣的女人完全不應該過這種生活。噢，我真心希望妳能早日放下那個蓋瑞‧麥克維克！如果妳能遇上一個善良、溫柔體貼的男人，跟他結婚，擁有自己的安樂窩——而且按照妳的品味布置，莫娜！——也許再生幾個孩子，那就太好了。妳跟孩子們在一起的樣子實在是可愛得沒話說。怎麼了，莫娜‧莫里森，妳在哭嗎？噢，只是感冒？妳也得了感冒？我剛才還以為妳在哭呢。寶貝妳想要借我的手帕去用嗎？噢，妳自己也有。妳竟然有粉紅色的雪紡手帕，妳這瘋子！妳只是躺在自家床上，也沒人會看到，為什麼不用衛生紙就好？妳這笨蛋！浪費的小傻瓜！

　　不過，說真的，我是認真的。我常跟弗雷德說：「要是我們能把莫娜嫁了就好了！」真的，妳不明白這種感覺，那種擁有自己甜蜜的家，有上天恩賜的寶貝兒女，跟每天晚上都會回到妳身邊的好丈夫，才能感受到的定心和安然。那才是女人該過的生活，莫娜，妳一直以來過的那種日子真的很可怕。妳只是在隨波逐流而已。妳的未來將會長成什麼樣子，親愛的？妳會成為什麼樣的人？妳甚至連想都沒想過這些問題。妳去呀，儘管去愛那個蓋瑞吧。親愛的，妳得承認我是對的——我從一開始就說，「他不會娶她的」。妳知道的呀。什麼？妳和蓋瑞從來沒有想過要結婚？噢，莫娜，聽好！世上的女人們一旦愛上了某個男人都會想要跟對方結婚的。每一個女人，不管是誰。

　　哎，要是妳結婚就好了！一切都將變得不同。孩子會毫無保留地愛妳，莫娜。看到那個蓋瑞如此糟糕地對待妳，我真心沒辦法和

他好好說話——嗯,妳的朋友應該都沒辦法,妳很清楚這一點——但我坦白講,如果他娶了妳,我絕對既往不咎,我會為妳感到開心。如果這是妳想要的。而且不得不說,妳的美麗配上他的英俊,你們倆的孩子們肯定無比迷人。莫娜寶貝,妳感冒真的很嚴重,是嗎?要不要我再幫妳拿條手帕?真的嗎?

我很後悔沒幫妳帶一些花過來。我以為妳家會花滿為患。好吧,我下次回家的路上帶些花來給妳。這裡看起來太死氣沉沉了,房間裡一朵花都沒有。蓋瑞沒有送花過來嗎?哦,他不知道妳人不舒服。嗯,但他還是會送花過來吧,是嗎?嘿,他這段時間裡有沒有打來問過妳的狀況?整整十天都沒有?那妳有打電話跟他說嗎?聽著,莫娜,有時候女人太勇敢也不好。讓他多操一點心,親愛的。這對他來說是件好事。也許這就是問題所在——妳總是一個人承擔一切。他連花都沒送!甚至連電話都沒打來!嗯,我想和那個年輕人談一下。說到底,這完全是他的責任。

他不在家?他什麼?噢,妳說他兩個禮拜前去了芝加哥。嗯,據我所知,這裡和芝加哥之間應該是有架設電話線的,但當然——而且既然他回來了,至少應該做些什麼吧。他還沒回來?妳說他還沒回來?什麼意思,莫娜?咦,前天晚上——他說一到家就會告訴妳?這真的是我這輩子聽過最惡劣、卑鄙的事——莫娜,親愛的,請妳躺好。拜託。哦,我沒別的意思。我忘記我剛想說什麼了,真的,肯定不是很重要。看在上帝的份上,我們聊點別的事情吧。

嗯,我想想。噢,妳真的應該去看看朱莉婭‧波斯特的客廳,看她現在怎麼布置的。她把牆面漆成咖啡色——妳懂的,不是米色、棕黃色或其他怪顏色,是咖啡色——然後掛上乳白色的絲綢窗簾——莫娜,我跟妳說,我一點也不記得我剛剛要說什麼了。我已經

完全忘記了。所以妳知道它有多不重要了吧。親愛的，請妳安安靜靜地躺好，試著放輕鬆。請妳暫時忘掉那個男人吧，至少幾分鐘也好。沒有男人值得妳為他如此激動傷神。要是我絕不會幹這種傻事的！妳讓自己處在那麼激動的狀態，怎麼可能好得快。妳知道的。

　　妳去看了哪個醫生，親愛的？還是妳不想說？是妳的家庭醫生嗎？妳的家庭醫生布里頓？妳不是認真的吧！嗯，我沒想過他會做這種──是，親愛的，在神經外科方面他當然是個專家。是，親愛的。我同意，親愛的。是，親愛的，當然妳對他有絕對的信心。我只是希望妳偶爾也能信任我一次，畢竟我們一起長大，也一起經歷了那麼多。妳應該知道我百分之百站在妳這一邊吧。我也想不到妳還有什麼其他更好的選擇。我知道妳總是說妳願意為擁有自己的孩子付出一切代價，但沒結婚就把孩子生下來的話，對孩子來說太不公平了。妳可能不得不離鄉背井，去一個沒有人認識妳的地方──而且即便如此，總有一天肯定還是會有人告訴那孩子這件事的。都是這樣。妳已經做了妳唯一能做的事，我想。拜託莫娜，看在上帝的份上！別那樣大聲嚷嚷。我沒聾，好嗎。好了，親愛的，好了。好，我當然相信妳。妳說什麼我絕對都相信。都聽妳的。只是拜託別這樣大喊大叫。回去躺著休息，我們好好談。

　　哎，不要再鬼打牆了。我跟妳說過好幾次了，我本來就沒有要說什麼。我都說我不記得我原本要說什麼了。「前天晚上」？我什麼時候提到「前天晚上」的？我從來沒說過這種──算了，好吧。也許這樣比較好，莫娜。我愈想愈覺得，還是由我來告訴妳這件事比較好。因為肯定會傳到妳耳裡的。這些事總有露餡的一天。就我對妳的了解，妳應該寧願從妳最好的朋友那裡聽到這個消息，是吧？上天為證，我什麼都願意做，只要能讓妳看清那個男人的真面目。

不管如何都不要緊張就好，親愛的。答應我。親愛的，蓋瑞不在芝加哥。我和弗雷德前天晚上在彗星俱樂部看到他去跳舞。愛麗絲禮拜二晚上在倫巴舞廳看到他。不知道有多少人說過他們在電影院和夜店之類的地方看到他。他在芝加哥一定只待了一、兩天左右——如果他真的有去的話。

親愛的，我們看到他的時候她也在。顯然，他總是和她形影不離，沒人看過其他人在他身邊。親愛的，妳必須認清這個事實；這是妳唯一能做的事情。我到處都聽人說他苦苦懇求她嫁給他，我不知道這消息是真是假。我不明白他為什麼要這麼做，但妳永遠無法知道像他那種男人在打什麼算盤。要我說的話，如果他真的得到她，對他來說也正合適。他會知道，她不可能容忍他的那些狗屁。她會讓他乖乖聽話。她是個聰明的女人。

但是，哎呦，太普通的一個人了。我們前幾天晚上看到他們的時候，我心想：「嗯，她整個人看起來就是一副便宜貨的樣子。」可能他就是喜歡那一種類型吧。我必須承認他看起來狀態非常好。我從來沒見他狀態這麼好過。不用多說，妳知道我對他的看法，但我不得不說他是我這輩子見過最英俊的男人之一。我可以理解任何一個女人都會被他吸引——在最一開始的時候。直到她們發現他的真面目為止。噢，如果妳看過他跟那個俗不可耐的女人在一起的模樣，肯定會大吃一驚。他的目光沒有離開過她身上，她說的每一句話，他都聽得津津有味，彷彿她講的話字字珠璣、句句含光。這讓我真的是⋯⋯

莫娜，我的天使，妳在哭嗎？親愛的，這樣太傻了。那個男人不值得妳再花費任何心思。妳花了太多時間在糾結他的事情，這就是問題所在。三年！妳將生命中最美好的三年獻給了他，而他卻一

直背著妳和那個女人在一起。回想一下妳經歷的這一切吧——有多少次,他答應妳要離開她;而妳,妳這可憐的小傻瓜,都會一次又一次相信他,然後他又會再度回到她身邊。每個人都知道這件事情。想想這一切,再來說服我那個男人值得妳為他哭泣!真的是夠了,莫娜!我會更有自尊心一些。

妳知道,我只是很高興這件事發生了而已。我很高興妳發現了。這次有點過火了。人在芝加哥,還真敢講!說什麼一到家就告訴妳!其他人能做的最好的事就是告訴妳事實,然後讓妳清醒過來。我對此一點也不後悔。當我想到他在外面享受人生,妳卻因為他氣息奄奄地病倒在這裡,我真想——對,就是因為他。就算妳沒有——好吧,就算我真的搞錯狀況,因為妳對自己的病情如此諱莫如深,他把妳逼到精神崩潰的地步,也是夠糟了。全都是因為那個男人!那個卑鄙無恥的混蛋!妳得將他從妳的腦海中抹去。

什麼?妳當然做得到,莫娜。妳要做的就是振作起來,孩子。妳只需要對自己說:「好吧,我浪費了三年的生命,就是這樣。」再也別為他瞎操心。親愛的,他絕對沒在操心妳。

親愛的,妳情緒會這麼激動只是因為妳又病又虛弱。我懂。但妳會沒事的。妳可以為自己的人生做一些事。妳必須這麼做,莫娜,妳很清楚。因為畢竟——嗯,當然,妳看起來比以往任何時候都還甜美,我不是那個意思,但妳——嗯,妳已經不再年輕了。而妳卻一直在這裡白白浪費時間,妳從不見朋友,從不出門,不去認識新的人,只是乾坐在這裡苦等蓋瑞的電話,或者等待他的到來——如果他那時候沒別的事好做的話。三年來,妳滿腦子想的都是那個人的事。現在就立刻忘了他吧。

寶貝,哭成這樣對妳的身體不好。拜託別這樣。他甚至根本不

值我們一提。看看他愛的那個女人的樣子，妳就知道他什麼德性。他配不上妳。妳對他太好了。太輕易讓步了。他擁有妳的那一刻起，他就不再渴望妳了。他就是那樣的人。他根本沒有愛過妳——

　　莫娜，別這樣！莫娜，住手！求求妳莫娜！妳不准這樣說話，妳不該說這種話的。妳不能再哭了，再哭下去妳會倒的。停止，噢，停止，噢，拜託妳停下來！天哪，我該拿她怎麼辦？莫娜，親愛的——莫娜！天啊，那個蠢女傭到底在哪裡？

　　依狄，噢，依狄！依狄，我想妳最好趕緊打電話給布里頓醫生，請他過來幫莫里森小姐開點安神的藥。她恐怕情緒有點不太穩定。

她們的選擇：關於人工流產，作家們想說

關於我的身體，我已經習慣保密
Josette Akresh-Gonzales

最下層的抽屜存放著一些以防萬一的塞劑——
念珠菌的祕密武器——
還有乳膏，如果妳感覺症狀仍然沒有緩解。

· · ·

浴室門上鎖了，鏡子裡映照著我上過藥的皮疹。

那醫生我看了十年了——他總是一臉尷尬，
當我向他展示乳房下方
炸出牡蠣殼似的黃白相間漿液的
粉紅色膿皰，

他只瞥了一眼，說他懷疑是毒藤所致——
害羞（也可能是好色）的醫生便把我轉去了皮膚科。

· · ·

我記得夏令營裡，有個女孩的胸部
一夕之間高高隆起彷彿她在床底藏了腳踏車打氣筒——

我望著她,再看向自己,再望著她——我們是彼此的哈哈鏡。
在眼閂鎖鉤住的門後,

其中一個女孩教我如何把棉條塞入。
我失敗了一次又一次,我的膝蓋高高架在馬桶上,
裸露的腳趾勉強保持平衡,腳底沾滿了棕色的泥巴,我的臉
隨著每一次的嘗試愈漲愈紅,
抱著一疊《十七歲》撲倒在床上時才感到如釋重負——
裡頭有如何和男孩們分手的建議:這不是你的問題,問題在我。

・・・

我試著徒步登頂綠山
一邊爬過一塊一英尺高的巨礫,一邊努力地控制自己的尿意,
我已經遠遠落後於丈夫和孩子們,
朋友和他們的狗則遙遙領先,他們的聲音
在山頂迴盪。我望著地平線,一切已成定局:
我不玩了我不玩了我不玩了。

・・・

大概十年前,有個女同事
約我到河邊散步,她如暴風雨般敞開心扉:
跟她上了床的那個男人——她曾覺得自己會嫁給他,
他在印度邱比特(IndianCupid)上的個人檔案面貌方正,又聰慧穩重,
好到令人難以置信——
後來又再次在朋友的派對上看到他——

嗯，現在我懷孕了。蒼白，反胃，
從早晨、中午到晚上——
她想知道我有沒有信賴的醫生在做流產手術。
她的目光從未離開過我們腳下那條
鋪滿鵝卵石的河岸小徑。
那妳懷孕多久了，我問道——
嘩啦———一陣假性宮縮席卷而來。
我也懷孕了，身體裡傳來動靜，
像是五臟六腑挨了一腳。
我不知道，她說，可能有兩個月了。
我不知道。

我給了她我的醫生的電話
並保證他會像希望天使一般陪伴她——
這是2008年的麻薩諸塞州——
幾個禮拜之後，在樓上，一片靜謐無聲中，
她悄悄告訴我「那件事處理好了」——
當然，那從來就不只是「一件事」而已——
不是的，她已經流了太多的血，
她得回外科醫生那裡複診，
她連最親近的姐妹也得瞞著。
她告訴我，嘿，我永遠不可能告訴我媽媽這件事，
我父親會跟我斷絕關係，我永遠結不了婚。
坐在比鄰我的小隔間工作時，她吞下一些藥丸止痛——

她不用被流放了。

最終,她的姐妹們會用指甲花顏料在她身上作畫
她會穿上粉色的紗麗,戴上許多金色手鐲。
她會和我一樣,陶醉於子女的甜笑——
成為母親之前／成為母親之後間的分界
像堵牆,一面是青翠的山丘,
一面滿是堆疊的亂石。

天氣
LISA COFFMAN

當我危坐授課,身旁環繞我紅脣如蜜、日益熟化醇美的女學生們
她們緋紅的脖頸如同當年的我一般驕矜
而我只感到一種新的願望在我深處
想躺在最早初的黑暗中別過臉去

或者當我走進那些甫懷上第一個孩子歡欣怡悅的女人之中,噢
當我想重新追憶那些逝去的及所造就的
我便會來到我那位居高處面朝河流的房間
看著敞亮的日光,河水在之中不斷地湧動。

那失蹤的五千萬人
SHIKHA MALAVIYA

根據聯合國的統計數據,在印度,
二十歲以下的男孩足足比女孩多了五千萬人。
儘管在印度,針對胎兒性別
進行選擇性人工流產是違法的,
但由於男孩普遍被視為更為可欲的選項,
選擇性人工流產在當地仍然屢見不鮮。

在棄女
的天國聖境
妳會找到所有部位
細小的手指和腳趾,拇指甲大小的心臟
僅有一英吋寬的銀色腳鍊
用來抵禦邪眼的眼線膏
和天空中星羅棋布的微小卵巢
花五千盧比做一個簡單的手術
能省下五萬盧比的嫁妝
因女兒是父親的重擔
雙腿緊閉,嘴張開

出嫁那天
一身大紅喜服
我們如迎接財富女神拉克希米般
迎娶新娘進門
說些好聽的吉祥話,其中一句是
putravati bhava
「願您早生貴子」

我的姊妹，她一會兒長大一會兒又變小
LINDA ASHOK

好，聽著，妳得
冷靜下來。這只是一個夢，
妳知道的。如果妳答應我
冷靜下來，我會買那個
彈跳小丑驚喜箱給妳——他的笑聲
會灑落在箱裡的糖果上。
但是媽媽，難道那是他的舌頭嗎？
難道那些糖果就是他的舌頭？

不是！現在妳倒惹惱我了。
聽著，這世界上沒有比
餓肚子更糟的噩夢了
現在我得走了，
我得去揀柴火
然後做飯
為妳準備一頓溫馨的愛心飯菜。

但是媽媽，妳知道那個夢不是我幻想出來的。

我每天都看到池塘旁邊有個女孩；
她穿著我們學校的制服
跟我說她很想念妳。
她有顆跟妳一模一樣的痣，她的嘴脣，媽媽，
和妳的一樣紅。她的牙齒不是
參差不齊的亂牙，她的牙齒和妳的一樣完美。

不，那不是真的！跟我一起去
森林吧。我們要燒毀這個
噩夢的詛咒。

媽媽，她真的存在。她在夢裡跟著我回家了
在我夢裡，她一會兒長大一會兒又變小
我追不上她。她說
她要帶我一起走。
她知道妳跟爺爺
和哥哥的名字。

她給了我一些太妃糖，但我不能拿；
我們之間有某樣東西連繫著我們；
她說是妳。

看，妳揀柴火的時候，
要檢查柴薪會不會太濕，因為濕柴要
更久的時間才燒得起來，妳花的時間可能都白費了。

媽媽,我會是一根濕柴嗎?

妳太小了,妳不知道她是怎麼
從我身上掉下來的。這不是妳的責任。她是自己
掉下來的。

下次見到她,幫我告訴她
媽媽也很想要她留下。
她會懂的。

北愛爾蘭流亡者的推文

Jennifer Hanratty

獻給我們2018年生於利物浦的兒子利諾斯。

　　第十二週的產檢時，他們告訴我們，他們懷疑我們的孩子患有無腦畸形症（Anencephaly）。第十四週時，我們的孩子確診為無腦症。我們接受了人工流產的決定；我們知道對我們來說這會是一個正確的選擇，保健署的工作人員不可置信地友善且充滿同理心。但在真正執行手術前的那幾個禮拜，我們可以說是過得相當淒慘。我們花了兩個禮拜尋找國外能夠執行手術的醫療機構，預約看診，安頓好我們的孩子，然後預定機票跟住宿。這趟旅程艱辛無比。我永遠都不會忘記，在生命中最黑暗的時刻，如何被自己的國家放逐、折磨的錐心之痛。

　　我在推特（RatherBeHome @HomeRather https://twitter.com/HomeRather）上記錄了這趟旅程，希望讓人們理解這項法律帶來的真正影響：並非以一種抽象的形式，而是對人類心智所造成的切實且深刻的影響。我在我們位於貝爾法斯特郊外的家發布了第一則推文，然後在推特上持續記錄我們的旅程，包括前往利物浦並在當地進行手術，最終以我們回到貝爾法斯特——我們原本不用離開這裡的——作結。

2018年10月18日（禮拜四，家裡）上午9:58

　　無腦畸形症是一種神經管缺損。無腦畸形症，直白地講，意思就是「天生沒有大腦」。這是一種致命的疾病。無倖存的可能。

　　基礎生物課：當卵子與精子結合，就會產生一顆受精卵。受精卵會再分裂成兩個細胞，四個細胞，八個細胞，十六個細胞，三十二個細胞，直到形成一個球狀細胞團為止。

　　細胞團的一部分會形成胎盤和羊膜囊，另一部分會成為胚胎。胚胎細胞團一開始呈現圓盤狀，圓盤會逐漸摺疊起來形成類似管狀的構造。

　　管子的「頂部」合起，形成頭蓋骨和大腦。底部合起，成為脊椎。在這個過程中發生了任何問題都將導致「神經管缺損」。

　　它通常發生在懷孕的第23天到第26天之間。大多數女性都尚未錯過任何一次經期，因此甚至不會意識到自己#懷孕了。所以，如果妳正打算懷孕，最好現在就開始服用#葉酸@SHINEUKCharity。

　　神經管缺損有各種不同的類型，這取決於「管狀構造」內出問題的是哪個部分。就我們的小傢伙來說，問題出在頂部。這代表他的頭蓋骨和大腦永遠無法成型。沒有大腦。#無腦。沒有頭？倒也不是，但差一點就成了#差點沒頭的尼克。

　　我們在第十二週的產檢時被告知，我們的寶寶患有無腦畸形症。這是一種致命的疾病。沒有存活的可能。#助產士說我們「很幸運」，因為有時候這些缺陷要到第二十週才會被發現。

　　也許在真正接受自己#懷孕的事實以前得知這個令人絕望的消息是幸運的。也許還有時間去思量各種可能的選項是幸運的。但若

妳住在北愛爾蘭就另當別論。#為北愛爾蘭行動（nowforNI）@DianaJohnsonMP。

如果妳住在北愛爾蘭，妳的選擇有：1. 繼續#懷孕，一邊感覺自己的孩子在成長，一邊坐待他們的死亡來到，忍受那緩慢而漫長的折磨。2. 把這個問題丟給其他國家。@守護選擇聯盟（Alliance-4Choice）

請繼續關注我們的尋求#健康照護之旅。飛機起飛時間是早上六點半。

#貝爾法斯特 @為北愛爾蘭行動（NowForNI）

> 2018年10月19日
> （禮拜五，凌晨五點半，貝爾法斯特城市機場）
> 上午5:30

我們剛送走一個淚眼汪汪的兩歲小兒。她的小臉涕淚縱橫，從奶奶的轎車後座痴痴望著窗外，這趟滿是煎熬磨難的旅程尚未開始，光是看著她就已經令我瀕臨崩潰邊緣。

今天清晨她睡眼惺忪的苦苦懇求也讓我難以承受⋯⋯「媽咪我也想一起去。」豆大的淚珠從她完美無瑕的小臉滾落下來。我告訴她，我也希望能和她待在一塊。我將她緊緊摟在懷裡，這樣她就看不到我自己也像個傻瓜似地流下大顆大顆的眼淚。#母性 #育兒日常

因為時間還早，她仍穿著睡衣。我們不得不叫醒她，在她奶奶接她去家裡度週末前，把她一起帶到機場 @BELFASTCITY_AIR

情感

上午5:52

　　我們還沒告訴她到底發生了什麼事。妳要怎麼向一個兩歲的孩子解釋，那個在媽咪肚子裡游泳的小寶寶就要死了？#失去寶寶意識週（BabyLossAwarenessWeek）@愛爾蘭因醫療原因終止妊娠小組（TFMRIRE）

　　妳要怎麼解釋我們的國家寧可百般折騰我們，逼我們離開她，而不是讓我們的醫生能夠免於遭起訴的恐懼，按照自身意願照看我們？@duponline 我不知道。@RCObsGyn @MidwivesRCM

　　我只知道今天早上，那些負責維繫北愛爾蘭野蠻法律運作的人，沒有一個出現為她擦去眼淚。他們之中沒有人在乎我們。#為愛爾蘭行動

　　登機 @弗萊比航空（flybe）#我要健康照護不要機票（HealthcareNotAirfare）#廢除憲法第八條修正案（RepealThe8th）@為愛爾蘭行動

上午7:42

　　我真的他媽的好累。

　　我的腹部因為我試圖隱藏孕肚而感到疼痛。我如此想要掩蓋，因為我好怕有人會發覺我懷孕的事，然後問起那些千篇一律的問題……妳的預產期是什麼時候？這是妳的第一胎嗎？妳知道是男孩還是女孩嗎？我真的辦不到。

上午9:05

　　另一個意圖開啟那種假親切禮貌性談話的業務員問：「今天是

• 223 •

什麼風把您吹來這裡的呢？是出差還是旅行呢？」然後得到了他媽的老實話。我太累了，已經無暇為了顧及他人的感受說一些拜訪朋友之類的場面話。

我逕自去了洗手間，留他一個人在租車櫃台應付那套推銷說詞。心裡頭暗自希望看到內褲上出現血跡的小小期待，再次提醒了我為什麼我們會來到這裡。講得一副好像我有辦法忘記一樣。我的寶寶身懷致命的畸形缺陷。一種「無倖存可能」的疾病。#為愛爾蘭行動

如果出現血跡，那就表示我們馬上可以回家了。如果寶寶的心臟自己停止跳動，家鄉的人會支持並理解我們。人們會像照看遭逢喪子之痛的父母親一樣照看我們。

上午9:54

我們抵達了醫院。我不想下車。一下車就意味著一切都是真的。意味著這一切真的發生在我身上了。發生在我們身上。這不是別人的故事，是我們的。這不只是幾年前發生在 @MrsEtoB 身上的事，這也是現在正在發生的事。

上午10:18

我們在找診間的時候迷路了。我們正在等待看診。這裡還有另外六個女人，一個有伴侶陪同，一個跟媽媽一起來，剩下的都是一個人來。年紀有大有小。

上午10:22

我原本很擔心自己在這裡看到其他應該是懷著健康胎兒的女

人，會感到憤怒或心煩。但我沒有。我為她們感到難過。我為自己感到難過。我們都不想陷入這種境地。我們在這裡是因為我們得如此。

我並不了解她們的生活狀況。她們不清楚我的。#相信女人

上午10:27

護理師開始逐一唱名要大家測量血壓跟身高體重。她叫到一個愛爾蘭的名字時遇到了困難。這名獨自前來的年輕女子糾正了護理師，為她唸出自己名字的正確發音。那並不是什麼稀罕的姓名。

想像一下，妳在這裡，獨自一人離鄉背井，人們甚至無法順利叫出妳的名字。真的他媽的感謝#廢除第八條修正案（Repeal）#相信女人 @西蒙（衛生部長）@守護選擇聯盟 @為愛爾蘭行動 @因醫療原因終止妊娠（tfmr）

上午10:31

有個女人回到候診室時顯得非常沮喪。她自己一個人來。我想去安慰她，但不知道該不該這麼做。其他人都裝作沒注意到她的異狀，最終我覺得還是得做些什麼。我起身坐到她身旁。給了她一個擁抱。我們聊了一會兒。

她告訴我她已經有兩個孩子，年紀都還很小。她看起來還沒超過二十歲。她說她之前是用荷爾蒙避孕，但還是懷孕了。她感覺自己被迫在一間墮胎診所向一個非親非故的陌生人為自己的所作所為辯解。#這與我無關（noneofmybusiness）#相信女人

我提到我整個週末都必須留在這裡，她萬分驚訝原來人工流產在北愛爾蘭是違法的。我還沒告訴她，就算寶寶沒有存活的可能性，

那也是違法的。我不想讓她對自己的處境產生更負面的感受。

上午 10:45

我被叫去抽血。護理師走出去拿些東西的時候，我突然放聲痛哭。為了來到這裡，我花了太多的時間在處理各種行政程序，甚至還沒有時間允許自己為失去寶寶痛心難過。

上午 11:03

我們被叫進去見助產士，我之前已經和她通過電話，她給了我們一人一個擁抱。她說她很抱歉。她明白對我們來說，整個週末都得被困在這裡是多麼難受的事。

當她提到可能有子宮破裂和必須切除子宮的風險時，他的臉色顯得如此蒼白。機率真的非常非常低，但他看起來驚惶不已，這是我第一次意識到他同樣必須失去許多事物，以及為了我、我們的家庭跟未來，他感到多害怕。

上午 11:48

喪親專科的助產士來找我們。她逐一講解關於胎兒遺體的後續處置，我們擁有哪些選擇。懷孕的產物。我們的孩子。

如果我們是搭渡輪，我們可以把「整具遺骸」都帶回家，但是費用太高昂了，而且那也代表我們必須離開家裡的幼兒更長一段時間。把我們的寶寶裝在塑膠袋裡帶回家也有點恐怖。

我聽過一些故事，關於人們在回家路上得買好幾袋冷凍豌豆，讓他們心愛的孩子免於在渡輪上腐爛。#恐怖故事 #駭人聽聞

我們可以委託禮儀師或醫院直接在當地安排火化，但這意味著

我們得再來一趟取回骨灰。#不再回頭（nevergoingback）

或者我們可以選擇「集體火化」，也就是我們的寶寶會與其他寶寶一起火化，他們的骨灰將被撒在一處追思花園中，所有寶寶的名字在儀式中都會被一一宣讀。

我們選擇了後者。我們感覺我們的小人兒應該與其他寶寶一同被銘記才對。或者，我們可能只是無法再應付更多的行政程序，或再次進行這樣的旅程，在我們真正允許自己去哀悼以前。#失去寶寶意識週 @搖籃曲信託基金（lullybytrust）@閃耀協會（Shine）

下午 1:03

最後，所有必須勾選的方格都被勾選了，血驗了，文件也簽好字了。我拿到了一顆藥丸。我得當著助產士的面吞下它。我想抓起藥丸就跑，往機場的方向，但我做不到。

我們必須留在現場等三十分鐘，如果沒有任何異狀，我們就可以走了。當然不是回家，只是去另一個地方然後等待。四十八小時。

等待的期間，我們在醫院的餐廳吃了點東西。我們旁邊是一對夫妻，他們手上正拿著助孕手冊。每個人都有自己的困境。#相信女人

下午 2:08

我們到飯店辦理入住。幸好房間已經準備好了。我意識到自己又在試圖隱藏凸起的小腹，即使身上的大外套讓我汗流不止，我還是不想脫掉它，以防有人注意到我的孕肚。去他媽的。#寧願在家（RatherBeHome）

下午2:20

這間飯店外觀看起來雄偉豪華,但其實爛到不行。老實說,它爛到讓人覺得好笑。他和我還拿那些假大理石開起了玩笑。我很慶幸我們在這坨狗屎中還能夠做自己。哪怕只有幾分鐘。

下午2:35

我們原本打算整整四十八小時的等待時間都要窩在飯店裡,但這個計畫看來是泡湯了。這個地方太令人鬱悶了,「免費無線網路」只能免費使用二十分鐘,電視也壞了。我們快餓死了,但這裡沒有客房送餐服務,我們不得不出門覓食。

我們只能在這座陌生的城市到處遊蕩,假裝一切都很正常 #寧願在家 #為北愛爾蘭行動

下午5:13

我可以趁晚餐的時候小酌一杯。我真的很想大喝一場。但因為我還在#懷孕的關係,那酒嘗起來噁心無比。我吃不完我的披薩,因為吃太多也會讓我不舒服。我還在懷孕。但我也沒指望能有一個寶寶。

晚上7:58

我們決定去看電影#黑色黨徒(blackklansman)。自從家裡的幼兒出生後,我們就沒有像這樣一起出門過。我們都很不願意離開她身邊。這是部很棒的電影 @史派克李(spikelee)。猛然間,沒有任何理由地,一波又一波的絕望、憤怒與悲傷向我襲來,我想離開。

我想逃走然後找個地方躲起來,這樣我就可以撕心裂肺地慟哭一場,讓這一切從我體內釋放出來。但我被困在一個離我的避難基地三百英里遠的地方。至少電影院很暗,我可以安靜地哭泣。

2018年10月20日(星期六早上)

今天早上,我們要是#在家,我就會做鬆餅,然後看著孩子打蛋。但我沒有,而是在一座陌生的城市吃著早餐。其實還滿不錯的,我老實說。我說早餐。被自己的國家如此百般凌遲感覺糟糕至極。#為北愛爾蘭行動@民主聯盟黨(duponline)@貝爾法斯特即時現場(BelfastLive)

幫助我 https://nowforni.uk/take-action

我們在第十二週的產檢時被告知,我們的寶寶患有無腦畸形症。沒有存活的可能。他說這個消息就像是挨了一記重錘似的。我們非常清楚終止懷孕是兩害相權之下最好的選擇。#為北愛爾蘭行動

但是@民主聯盟黨已經在醫學界造成了恐慌。醫療工作者面臨著殺人指控與牢獄之災的威脅。因此,即使北愛爾蘭的醫療團隊想幫助我們,也沒辦法。或者不會選擇這麼做#因醫療原因終止妊娠@皇家婦產科學院(RCObsGyn)@英國孕期諮詢服務處(bpas1968)

如果妳住在北愛爾蘭,妳唯一的「選擇」是繼續#懷孕然後坐視自己的寶寶死去。懼怕感受每一陣胎動。逃避這個世界。逃避自己的身體,保護自己免於受到孩子無法存活這一不可理喻的現實的傷害。或者,變成其他國家的問題。至少我們不用再多花任何治療費用了。我只需要#旅行到其他地方就好@守護選擇聯盟

• 229 •

2018年10月20日（星期六晚上）
下午6:45

我們一整天四處閒逛，試圖消磨時間。我們還報名了露天巴士一日遊，一副我們是專程來遊覽的樣子。

晚餐滿好吃的，是秘魯菜。我們假裝自己是來這裡度過一個浪漫的週末，裝得唯妙唯肖。直到他去洗手間，剩我一個人在餐桌前時。一個剎那，我喘不過氣來，拚命抑制自己哭泣的衝動，努力不讓自己尖叫出聲。

我死盯著牆上的壁畫，試著冷靜下來。生女兒那次，我嘗試了#催眠分娩。我發現自己正在用那套放鬆技巧來控制自己的情緒。我應該要在家裡的。我根本不用像這樣在眾目睽睽之下承受這些痛苦。這是泯滅人性的。#為北愛爾蘭行動

小小孩今天和她的表兄妹們一起度過了美好的一天。她現在回到奶奶家了。臨睡前，她崩潰地倒地哭鬧。奶奶家的新鮮感已經消失殆盡。她想要她的媽咪和爹地。她想回家。和我們一模一樣。

2018年10月21日（星期日）

今天我們的寶寶將要出生。我們早上九點就必須抵達醫院。慶幸的是，我們在婦科主要病房區旁會有一間自己的獨立病房。早餐是一根香蕉和我們昨天買的即時沖泡粥（那間爛飯店連冰箱都沒有）。行李已經打包好了，以防我需要在醫院過夜。

上午9:05

我們人在醫院。正在等待。非常不開心。我現在只想回家。窗

外有熟悉的面孔、口音和天際線。

領我們進來的護理師說她會幫我們的浴室準備一個便盆。我感覺糟透了。

她奶奶今天早上傳了一段小小孩的影片給我。她用甜美的聲音說：「哈囉媽咪，哈囉爹地。」她掏了掏鼻孔，一邊向奶奶展示戰果，一邊說著「這裡還有鼻涕」，然後擦在自己的椅子上。她很搞笑，我想念她那張淌滿鼻涕的臉。

上午 10:40

我們仍然在等待。

上午 11:02

醫生剛來裝點滴套管，這東西會被植入妳的靜脈，以防妳突然需要進行緊急輸液（或需要輸血）。他並沒有多溫柔，弄得我很痛。

「愛爾蘭真的是一片綠油油。怪不得你們這麼愛穿綠色的衣服。」三小？這是隱性種族主義，還是只是某種社交障礙？病床邊些許的#愛爾蘭人恐懼症（hibernophobia）也是療程的一部分。還真美好。

上午 11:16

護理師進房「投藥」。這是一個暗號，意思是「將它們放進妳的陰道裡」。陰道「投藥」顯著地減少了副作用。

醫院裡的無線網路比那家爛飯店好非常多，我們決定在 @netflix 上找部電影來看，@瑪莉莎・麥卡錫（MelissaMcCarthy）和 @克莉絲汀・貝爾（IMKristenBell）把我們逗得樂不可支。她們一定從來沒有想過自己的電影能夠幫一個女人度過她生命中最糟的一天。#謝

謝妳們

中午 12:30

我們沒有幫寶寶準備任何東西。我們只顧著想方設法度過這趟可怕的旅程，完全忘了這件事。我們當初是不是應該帶件毯子，可以裹起寶寶，然後帶他一起回家？那條毯子。我們不會帶寶寶#回家

中午 12:32

一頂帽子。我們需要一頂帽子將我們與奪走寶寶的致命缺陷隔開來。

中午 12:48

我開始感覺腹部有點痙攣，便吞了普拿疼跟一堆可待因。通常我不吃止痛藥。尤其是#哺乳期和#懷孕期間。但我的小小孩遠在三百英里外，我的寶寶也沒有大腦，所以可待因對他們不會產生影響#殘酷的事實

下午 1:35

就在剛才，子宮頸的黏液栓和羊水隨著大量血液和黏液奔湧而出，流進洗手間裡的綠色便盆。我感覺到一陣輕微的痙攣，但不是太嚴重。

我意識到自己很清楚現在發生了什麼事。我知道什麼是黏液栓，也知道那股像是有水從破掉的氣球中一瀉而出的感覺代表什麼。那是因為我以前生過小孩。而不是因為有人告知過我在這個過程中具

體而言會發生哪些事情。

下午2:03

我們的寶寶出生了。

護理師提到「胎兒排出」。就是這樣。它排出了。沒有痛苦，只是輕巧地浮出。這副完美的小身軀，跟著胎盤和一些血液、血塊，輕輕地滑進綠色的便盆裡。

寶寶出來的時候，我看了一眼。小手小腳上仍然纏繞著臍帶。我望向別處。他進來了。我沒有移動，因為我不認為他會想看，我叫他去請護理師過來。然後我坐下來，他站在我身邊，我握著他的手，等待胎盤排出。

護理師進來了，各就各位一切準備就緒，但我可以感覺到胎盤還在我體內。他們看到我們狀態還不錯，便決定留我們兩個人獨處，等好了再進來。我和它，我們慢慢地、悄悄地分離了。

護理師拿走了便盆。他們像是離開了一輩子那麼久。最後，他們帶著一個小小的藍色針織嬰兒搖籃回來，我們終於見到了我們的寶寶。我們的兒子。

他好小。幾乎看不出來是個男孩。他的皮膚呈現半透明，我們可以看到每一條靜脈每一根血管。他是紅色的。他的手指、腳趾如此纖細而完美。他的嘴巴像他爸爸。他看起來幾乎像是在微笑一般。#我的孩子（Childofmine）

我為他著迷。除了那個致命缺陷外，他是多麼完美呀。這太極端了。他的眼睛凸出，沒有額頭，他的頭蓋骨只到耳朵上方，然後什麼也沒有。我們幫他取了名字。我們把他抱在懷裡。我們幫他拍了照片。

我去梳洗，回來的時候發現他抱著我們的男孩低聲抽泣。這場噩夢開始以來，我從來沒見他哭成這樣過。我甚至不確定他有沒有哭過，直到剛剛。為了帶我們度過這段原本不用經歷的旅程，他只得保持堅強。

　　終於，我們覺得自己準備好說再見了。我從睡袍上撕下一塊布。擠出一些初乳#液體黃金（liquid-gold），灑了一些在那塊布上，塞進他的小嬰兒床裡。那是我給他唯一的禮物，是我的一部分，留著陪伴他。

　　喪親專科的團隊為我們準備了一個回憶紀念盒。裡頭有一張小巧的出生證明。一本《猜猜我有多愛你》和一張卡片，上頭有寶寶的小手印與小腳印。

　　他們告訴我們，如果沒有繼續出血，我也覺得休息夠了，我們就可以「回家」了。但我們還回不了家對不對？

　　我們回到那間爛飯店。他出去幫我們買些吃的，我傳訊息給@英國哺乳支持網（BfN_UK）#哺乳期 #藥物，想知道如果我明天晚上要給我的小人兒餵奶，我究竟可以服用多少可待因才不會有問題#寧願在家#為北愛爾蘭行動

2018年10月22日（星期一）
凌晨4:19

　　禮拜一早上，我用訊息轟炸大家，摧毀每個人的一天。我努力回想誰曉得我懷孕了而誰還不。如果有任何人需要知道這個爛故事的完整版或濃縮版的話。幸好有WhatsApp，因為我現在根本無法處理這些對話。

　　我現在應該在家的，在我自己的家裡，享有我的隱私。但我卻

在一家破爛飯店裡，小心翼翼地滴著血，因為我知道到時候負責清理這個裝滿血淋淋衛生棉的垃圾箱的，會是某個低薪勞工——而且很有可能是名女工。這裡沒有尊嚴可言。沒有隱私可言。

上午8:27

能夠開車回機場讓我鬆了一口氣。我很慶幸我們租得起車，不用搭大眾交通工具。這趟旅程中，至少有一小部分是屬於我們自己的時間。

我們順利抵達機場並且很快完成了登機手續，#感謝@弗萊比航空

回家的飛機。登機的時候，我感覺自己搖搖欲墜。門關上時，我再也撐不住。因為即將回到家的那股如釋重負，失落，悲痛，精疲力盡。我一邊顫抖一邊抽泣。他握住我的手，引擎聲讓我無法再自持。

我心中最強烈的想法是，我們已經離他而去。我們丟下了他。我知道我們做出了正確的選擇，但我的身體迫切地想擁抱他，想待在他身邊。如果我們在#家裡接受治療的話，他就可以和我們待在一起。

家。我們在貝爾法斯特降落。小小孩在大門口迎接我們。她興奮地手舞足蹈了一番，我把她抱起來。她依偎著我。我們離開時她有這麼強壯了嗎？能夠回家把我的寶貝女兒抱在懷裡，我滿心寬慰。

下午1:45

我們在家裡。我們的家。小小孩得了重感冒。我一脫掉外套，她就吵著要喝奶。我們坐在沙發上，她依偎在我懷裡，我能感覺到

她的身體豁然放鬆。精力耗盡的她幾分鐘後就睡著了。能回家和她待在一起讓我放下了心中大石，#餵母乳對我們兩個人來說都是一種安慰。

　　回家讓我們感到如釋重負──這趟旅程終於結束──我們終於可以開始哀悼。但其他女人的流亡之旅才剛開始。其他家庭還不知道有一天我們的故事可能會成為他們的。除非我們做出改變 https://bit.ly/2CYudeF @守護選擇聯盟 @英國孕期諮詢服務處

童貞殺手（給愛人的信）
Thylias Moss

親愛的 H：

　　我今年六十五歲了，已經退休，是黑白混血，有過一次足月妊娠，生下我現年三十七歲的兒子，他是全天下最好的兒子；此外我也是獲獎詩人，一所卓越學術型大學的名譽退休教授，我曾在該校擔任英文系和藝術設計系正教授，最終與世界上最優秀的男人，亦即同為詩人的你，墜入愛河。我能擁有這樣的生活，全都是因為我失去童貞後，施行了人工流產。我在十五歲時被強暴而懷孕，犯人是二十五歲的查爾斯・瓊斯（Charles Jones），他在我母親的教會擔任執事，也是我所屬唱詩班的指揮。

　　我無法向你解釋我為什麼沒有反抗，只是動彈不得地任人宰割。在珍珠白的臼齒與犬齒大肆破壞的粗暴中，每一顆釦子被狠狠扯開時，感覺都像被腐爛的牙齒咬進肉裡，牙齦邊緣像帕崔娜一樣發綠，彷彿只是沒有塗好的化妝品，而不是口腔疾病穩妥地找到長驅直入的路徑。我才不想讓那種東西碰我！

　　老鼠藥執事[2]一廂情願地相信，只要我坐正，我就不會懷孕；我仍披著臭烘烘的毛毯，他要我坐直，讓精液能順著我雙腿流下，

2　譯註：教會執事的英文是 deacon，從這裡開始，執事都以諧音簡寫為 D-Con，而 d-CON 其實是美國知名品牌的老鼠藥，藉此諷刺他。

如同胡亂塗抹的廉價乳液。蓋在我身上的臭毛毯彷彿布做的隱私護盾，萬一他被警車攔下，就能輕易託辭說他只是送神召浸信會（Assembly Baptist Church）的獨唱成員回家，但他只講教會的縮寫：ABC。

我得跑步回家，因為他沒真的開車送我。他把我趕下車，我慶幸逃離，洗十次澡都覺得不夠；我無法站直身子，發現那個部位也會脊椎側彎，我吃了空有噱頭的肌肉鬆弛劑，其實不過是換個包裝的蛇油假藥罷了。唱詩班的藍色長袍沾上一道細細的精液，像毒蛇一樣彎彎曲曲，一路延伸到下襬，那是我的童貞在溜走，細分成幾條支流、小蛇，流向邊緣，願地獄之火焚燒他；我留著很長的真指甲，當時我好歹可以抓傷他的臉，但我不想汙染我的指甲。我不想碰觸他的任何部位。我沒有機會把它獻給自己選擇的對象了（等遇見你我才甘願做出這個選擇）。被汙染的長袍，我也把它燒了。在後院進行火祭（雖然我很怕擦火柴），家裡總是不缺火柴可用，因為我父親愛抽寶馬菸，我八歲時被爐子的火燒到頭髮，我的招牌髮辮都燒壞了。又焦又脆。

但我的月經沒有來。遲了兩星期，仍然沒流半滴血。我撥電話給老鼠藥執事，想跟他說我懷孕了。不然還會是怎麼回事？我也試著回學校上課。我努力找唯一可能的禍首商量，但每次都被他或他老婆掛電話。我不屈不撓，要他知道他捅了什麼婁子。不管他想不想面對現實，我的身體都因為他的胎兒而一天天腫大。我的大胸脯變得更雄偉了。我一直打一直打，最後他終於承諾帶我去他老婆的婦產科，整趟顛簸的車程都要我躲在又破又臭的毛毯下，好像從沒洗過它似的。老鼠藥執事說他會再打電話告訴我檢驗結果，但他這輩子沒再對我說過半句話。

那是1969年左右的事，當時全美國只有一個州可以合法進行人

工流產,那就是紐約州,為我動手術的是聖路加醫學中心(St. Luke's Medical Center)的一個希臘醫生,他姓帕納尤托波羅斯(Panayotopoulos)。我已懷孕五個月,很多這個大小的早產兒都能活下來了。實際動手術時已進入1970年,我十六歲,被分到產科病房。我能聽到新生兒的啼哭聲。

我原本可能和其他人一樣,是要生下活胎的少女。但我不是。也許已經有心跳了,我不想聽。規律的節奏,是胎兒為老鼠藥執事唱詩班獻上的獨唱。我父親陪在我身旁,我不確定母親在哪裡。她對我已心灰意冷,決定不管我的事。

醫生用粗針管抽出羊水,再用致命的生理食鹽水,也就是鹽,取代羊水,腐蝕胎兒。鹽是人體必需的營養素;身體裡沒有鹽就活不下去。寶寶烤肉,好一道白蘭地焰燒胎兒。很可怕的死法,但死刑似乎是正確的判決。忙了一整夜。隔天我從陰道產下死胎,姓帕的醫生把我訓了一頓:「年輕小姐,別再做這種事了!」好像我有可能食髓知味似的!我從未留意過胎動,胎兒一定也察覺自己不受歡迎。我沒為胎兒慶祝,沒做任何事去紀念那條有條紋的毛毯,包括它的臭味,還有那個老鼠藥執事。

這一次月經週期我最容易受孕的幾天,就被強暴了,但我沒有尖叫。也許要叫也是可以叫的,我不確定,因為我連試都沒試過。我張開嘴,發不出聲音,只是動著嘴唇無聲念誦沒有任何作用的聖歌歌詞。我也沒有咬他,那會弄髒我的牙,害我無法吃進任何食物。那樣一來我絕對需要裝假牙了。結果我的嗓音和童貞都沒了,還有了一次將伴隨我至今的懷孕經驗。我得告訴我就診過的每個婦產科醫生:我懷孕過兩次,但我只有一個兒子。

你可能想說這封信該結束了,不過再提兩件事。我媽說過:「絕

對別告訴任何人,他們永遠不會了解的。沒有男人會要妳,它會永遠絆住妳。」她的預言似乎成真了,因為隔年她便堅持要我嫁的男人——同間教會的教友約翰・莫斯(John Moss),對我這麼說:「查爾斯・瓊斯在笑我,因為我接收了他的二手貨。」

墮胎幻視
LARISSA SHMAILO

在我父親喜歡躺臥的地下室角落，我
饒富興味地看著那條蛇
變大變凶狠　我有點
驚愕，但想起他　想起我喜歡
耍蛇　於是粲然而笑
而他一如往常軟化了　變小了
成為一頭河馬　我再次勝利，我瞪到他投降
讓他發熱
而尼羅河將它的生命獻給我
平靜的肉食動物　成雙成對
回到我這裡

我看了許久許久
直到最大的一個用他的臉孔填滿窗口
像光一樣黝黑
神的羔羊[3]

3 譯註：神的羔羊（Agnus Dei）為拉丁文，為基督徒賦予耶穌的頭銜，因為耶穌就像是獻祭的羔羊般付出生命，為世人贖罪。後來 Agnus Dei 也成為祈禱文的開頭，該祈禱文稱作《羔羊頌》。

熄滅的黃銅熔爐：人工流產後之歌
Diane di Prima

一

我可說搞砸了，就像一出門
便跨入北極
　　我怎麼知道自己身在何方？
院子裡有個男人在念誦，
　　窗戶敞開
有人往院子裡丟下一個
　　胡桃派
底下有兩條狗在吹狗螺
　　旋律聽起來
有些不安。

有個三歲女童毒死母親又如何？
這種事不是沒有，不光是我們，你應該明白──
你離去時帶走了什麼
不到最後無人知曉。

二

我要把你裝瓶寄給你父親
附上一封嚴厲的長信。我要他知道
我不會原諒你,也不會原諒他,因為你不曾出生
因為你遭受第一次惡劣對待
　便乾涸、棄權
彷彿整件事是一場房租派對[4]
而有人踩到你的腳

三
寄信告訴我你的地址,順便附張照片,我想要
保持聯絡。我想知道你
是否安好,想寄餅乾給你。
你的毛衣夠穿嗎?冬天很冷嗎?
你是否知道我做了什麼、現在在做什麼?
你在乎嗎?
在信裡詳述你的生活,你幾點起床,
你在研讀什麼,預計什麼時候
完成,之後要做什麼。
天氣很冷嗎?

四
你的面孔在水中消融,有如被沖走的

4　譯註:起源於1920年代的美國哈林區,當時的非裔族群常舉辦這類提供餐點、現場演奏的聚會,邀集親朋好友甚至是陌生人參加,希望與會者捐贈小筆金額贊助主辦者支付房租,後來這類聚會發展出重要的文化意義。

濕黏土，有如一朵已腐爛的睡蓮
這一幕惹得河岸邊的鼠群嘶吼
牠們會游泳嗎？
這裡的樹木一路走到水邊
交頭接耳
你的身軀沉下去，深深地沉下去
我聽說水獺會把它帶回水面

哼哼唉唉的蚊子大軍甚至停下來
仔細審視正在融解的僅剩的眼皮和顴骨
凝滯的血液
是誰教你別讓海草纏住頭髮
要靈巧地消失在世界上

獅子在叢林中心
　　沿著難走的道路
無聲而行
來到河岸
用腳掌碰你的臉
我希望牠把你喝光
在那強健的腸胃中，什麼都能
重生。

　　但牠等到自己浮在水中
拉開一段距離

才喝進乾淨的水
微微舞動四肢
　　重拾
漫長的路程

　　沉默的長頸鹿脫口發出
一聲哀悼的呼喊
　　魚群浮上來
　　你的嘴和鼻尖
消失了。

你滑入河中的那一日，水很冷
風拂亂水面，你在我背上
走得夠遠了，然後你滑入
紅螞蟻沿著我腿往上爬，又改變心意
我將我的眼珠餵給一條食肉的蛇
然後用鏈條把自己鎖在樹上，等待你的終局。
你的臉才剛溶解，我好像就看見
水流最強勁處，一塊膝蓋骨豎起來
一隻比星辰還老的
　　烏龜
從你的骨頭上走過

五
是誰鍛造了這個夜晚，什麼樣的鋼鐵

夾擊而下？
有如病人身上的灰色睡衣
要是我知道花朵的名稱、四足動物的
習性、羅盤的十三個方位⋯⋯
住在這條街上的一位年邁地圖師
最近死於風濕病
我裁了一塊尺寸剛好的裹屍布
　買了墓碑
在墓園裡留好一塊地
　來埋葬你的影子
帶著你的頭快走吧！
希望你找上的女人識相點
別來和我囉嗦

六

你那該死的肚子，都爛了，變成蒼蠅的窩。
又鼓又臭，蛆蟲弄彎你的頭髮
你那從未用過的廢物小雞雞，可悲的頭顱
可悲的腦袋瓜子，被丟進馬桶
藍紫色的半透明褶皺
　代表著剛萌芽的生命

七

我說不出口的那句話是什麼來著？
要是你長成一個瘋子，一個殺人犯

一個被吊死後用生石灰燒灼的毒蟲皮條客
　　孤苦伶仃地待在腐敗的黑暗中
　　如果你意志薄弱，有些怪癖
　　或挨餓，或被開槍打死，或在集中營裡被凌虐
　　與此相比都是嬉鬧與勝利——

　　我連為你哭都辦不到，我撐不了
　　那麼久

八
原諒，原諒
原諒無垠之水不背離我
原諒我不會焦渴至死

九
祭壇上擺著柳橙和碧玉
我在石地
留下濕腳印
清澈的空氣中傳來鐘聲
海風輕拂
你的影子
平躺在平坦的石頭上
女祭司（女先知）
拼讀你的名字
在紅銅雙扇門後嘶喊

分娩
補贖
　　靜默，空氣
往外流動
神殿的門在鉸鏈上晃動
她說那是靈體
祂從你上方經過

我帶回家的樹枝是槲寄生
我一路倒退走回家，眼睛凝視著大海

十
我坐在自己房間的繪圖桌前
已經坐了一整天，要麼就是
從繪圖桌走到床邊，
要麼就是佇立在窗邊
考慮要做的事情
在手裡掂一掂再放下
像幼年里爾克[5]一樣憂心忡忡。
我房內的沙發上有個陌生人整天都在
我在桌子與床之間來來回回
他毫不放鬆地盯著我。

5　譯註：里爾克（Rainer Maria Rilke, 1875-1926）為奧地利詩人，曾有個出生不久便早夭的姊姊，因而他母親在他幼時將他打扮成女孩，這對他造成相當大的影響，也成為後來他作品中的一大主題。

我無法停止去想我本來應該懷孕三個月了
我們可以離開房間去曬太陽
就連我們講電話時都會很客氣
當清晨來臨，我們會笑得很愉快。

十一
微光中，你象牙白的牙齒
你的雙臂
胡亂擺動，那就是，你
九個月大，
　　　會坐了，想要站了
　　利牙。
　　　你後方拖著尿布，不能免俗

像腰布一樣優雅，屋內瀰漫
嬰兒屎的美好臭味；油
抹進你髮絲。
藍色月光照亮你的鬼影
　　　很容易誤認為一顆缺損的牙齒

你那遭到拒斥的肉體
　　　永遠不再長大——你的雙手

它們應該握住我的手指

還會有月光
　　　　在你髮間嬉戲嗎？

我是想要說
　　　　親愛的魚兒，我希望你悠游

在另一條河裡。
我希望這不算
駁回，而是轉移，一次失敗的
嘗試，但很快又會

再試一次

在某個地方吮著拇指吧
親愛的傻東西，爆發吧
為某人帶來色彩。

（五種）感官
　　　是天賜之禮
能聽、看、摸、窒息與愛
這人生
腐朽的地球
穿著鞋走路
這不是隨便一顆蘋果
　　都能享有的基本待遇嗎？

你的牙縫間卡著一塊牛奶糖
你,三歲
在鬧脾氣

  衝向溜滑梯。

我手裡捏著幫你拔下的牙齒
(六歲)
你頭髮裡沾著黏土,
 你可惡的笑容

十二
陽光照耀綠色植物,你的牙牙兒語
散落在藤蔓間。
我們已不存有這種可能性。
我的房子很小,我的窗戶朝向灰色天井
完全看不到海。
你會再來這裡嗎?我會盡我所能
逗你開心——我會讓你舒舒服服
雖然身在紐約。

你
會
再來

嗎

我的乳房準備好
餵你了：這是它們所能做的

曾經如此，依然如此
Alida Rol

儘管來龍去脈無關
緊要，她仍像所有女人般
攬下罪過。她只告知

必要的對象，然後獨自
懷抱羞恥。她心中未曾有
半點懷疑，沒有什麼

假如或萬一。她知道絕不能
生下寶寶。這是合法行為，但是
要躺在陌生男人的台子上

放心讓他將雙手伸入體內，真的
好難熬。要感覺鑽探，
聽見馬達聲，嘗到疼痛，

好難熬。這麼做是對的
同時也令人難以忍受。她

同時揣想這兩種思緒

帶入她的未來
屆時她會治療那些往往
驚恐地前來躺在

她的台子上的女人。現在有
藥丸可吃,有探針可
取代手指,但仍然

沒有任何東西能取代,那個
曾在身邊的人
　幾句平實的話語和親切的觸碰。

出自〈人工流產〉
ANNE FINGER

　　安珀和我在她家附近的小餐館吃早午餐。有個繫著有汙漬的白圍裙的男人來雅座幫我們點餐,他只有拿鉛筆,沒有筆記本。他用鉛筆有橡皮擦的那一頭朝外(彷彿拿削尖的一頭來指人比較沒禮貌),先指著安珀,複述她的點餐內容:「貝果、炒嫩蛋、葡萄柚、咖啡。」再指著我:「水波蛋、培根、全麥麵包、咖啡。」

　　「安珀,妳做人工流產時,有沒有⋯⋯」

　　「天啊,」安珀說,「還真是開門見山。」

　　「抱歉。」我從她遞出的那包菸裡抽出一根,但沒點火。「我覺得我有罪惡感。我是說對於自己墮過胎的事。」

　　「妳?」安珀說,「有罪惡感?」

　　「妳幹嘛強調『我』有罪惡感這句話,我的罪惡感都快滿出來了好嗎?那簡直是我的生命汁液,我的第二血液。」

　　「沒有啦,只是妳一向都信心滿滿的樣子,就像是十九世紀小說裡的女主角,用理想來調和滿腔的熱情。」

　　「是喔。」我說,困惑的心情更甚於得意。

　　「我倒是不怎麼介意聊這件事。」她說,「我感覺自己像過去的遺跡,活歷史之類的。妳知道嗎,我在賓漢頓[6]的一些學生——妳

6　譯註:指紐約州立大學賓漢頓分校(Binghamton University, State University of New York)。

沒聽錯,是大學生喔——並不真心相信以前人工流產是違法的。他們知道歸知道,卻又說出這類話:『難道連找個私人醫生幫忙都不行嗎?』我告訴他們,以前的女生連避孕都苦無門路,他們用瘋狂的眼神看著我,說:『這才不是妳的記憶。』我感覺不得不說出我的故事。」安珀浮誇地一手按在胸口。

「天啊,我是如此蠢笨。」她說,「十五歲的我會懷孕,這想法感覺好荒謬,根本不可思議,我以為就是不會發生,不可能發生。所以我什麼措施都沒做。但是在我第一個月的月經沒來之前,我已經知道我懷孕了。」

「我記得,」我說,「我不只是覺得好累,我就是知道。」

「我不敢告訴漢克。」她說,「最後終於說的時候,他表現得很貼心。我們坐在他房間——他母親去上班了——他哭了,我也哭了,後來我在彭布羅克[7]校園裡繞,攔下每個單獨行動的女人。『我懷孕了,妳知道有誰能幫我嗎?』最後有個女人給我一個電話號碼,她能直接背出來,那是西維吉尼亞州一個醫生的號碼。

「我用公用電話打給他,因為擔心父母的帳單上會列出長途電話的明細。給我號碼的女人叮囑過:別提到懷孕,別提到人工流產。醫生的語氣好溫柔。我告訴他我十五歲,說我聽說他或許能幫我。他不斷地說『嗯哼,嗯哼』,後來我忍不住衝口而出,我說了關鍵字懷孕,電話馬上掛斷了。我趕緊再撥過去,但電話只是一直響一直響。」

7　譯註:指北卡羅萊納大學彭布羅克分校(University of North Carolina at Pembroke)。

情感

通經劑之歌
LESLEY WHEELER

>　　文森喝了母親調配的藥水，然後就一直走一直走一直走。
>　　——諾瑪・米萊[8]，《野蠻的美麗》(*Savage Beauty*)中引述其說法

>　　我告訴大家我母親餵我蕁麻和薊草的事，那個冷血的老傢伙。
>　　——引用自《艾德娜・聖文森・米萊書信集》
>　　（*Letters of Edna St. Vincent Millay*）

她心動、淪陷，月事遲遲未至，
於花開時節踏上旅程。
搜索枯腸，日行十二哩，
在希令史東附近的丘陵上上下下。

　艾草，旱金蓮，芸香，
　月見草，當歸，歐芹。

8　譯註：諾瑪・米萊（Norma Millay, 1894-1986）為美國歌手及演員，其姊為知名詩人艾德娜・聖文森・米萊（Edna St. Vincent Millay, 1892-1950），艾德娜喜歡以「文森」自稱，其中間名聖文森源自紐約市的聖文森醫院。

太陽時鐘滴答滴答走入夏天
西沉落山。比她的悲傷更形巨大。
會剝除母親身分的花朵蹲踞在草叢中。
清掃明日的道途。

  莨菪,龍膽,夏枯草,
  牛膝草,百里香,藥西瓜。

有些草藥會刺激女人的進程。
書上說:用酒熬煮。
藍色花瓣的那一種,維納斯的寵兒啊,
能把那個始料未及的孩子拖出來。

  覆盆子葉茶。薑,
  黑升麻,艾菊,普列薄荷。

她在多塞特郡寄居數週,
拒斥由朱草的紅色根部蔓生而出。
這種與「隱匿不報」押韻的漂亮野草,悄聲說了一句。
茅草終究掩得住木屋中的喧囂呢。

情感

只是一陣風
FARIDEH HASSANZADEH-MOSTAFAVI

獻給我第一段婚姻的第一個孩子

世界上唯有一種花朵
別無選擇
只能化作逝去愛情的一道軌跡
那就是失敗婚姻中的孩子。

我是你的萼片
卻不得不殺了你
我的花瓣。

自從你死後
在所有花兒眼中
我只是一陣風
有一雙染血的手。

亡靈

Teri Cross Davis

再多的擴張與抽吸
出血與高燒
都不可能抹滅你或是
由一隻牢牢緊握的
猶在成形的手
所構成的輪廓初現的一團爛糊。

科學告訴我
你仍在我骨頭裡
輕聲低訴
而多年之後
切開我的骨髓
放到顯微鏡下
將讀到你用年輪執意述說的故事
儘管當初時機和意願
讓你成為不方便

現在當血淋淋的畫面上演

讓我們愈發強烈的渴盼又一次落空
是你還逗留不去嗎?抑或你願意
讓另一人以我的子宮
為家?

忽現心頭的墮胎回憶

LESLIE MONSOUR

太陽將它晨褸的下襬
曳過地球染成粉色的門檻後離去
只留下窗戶周圍的一圈灰藍。
她一邊從抽屜挑選絲質內衣褲，
一邊思考孤單與蜂鳥。

偶爾會有隻紫頂蜂鳥來停棲
襯著夜空好生孤寂；
現在牠正待在那兒，看得清清楚楚，
消化花蜜，等待夜晚
降臨。牠突然脫離枝頭，

一抹小小的墜落光彩，她無法拾回──
不若那件總是從上過漆的床柱
滑到地板上的襯衣──
輕如灰燼，輕如嘆息；一隻小小的，
燦爛的，安睡的鳥兒，死掉了、死掉了、死掉了。

葛麗特：成為非母親

LAUREN K. ALLEYNE

我坐在診所裡
等著殺死我的寶寶。
當我抓攏大衣衣襟
那些女人嘶吼的就是這句話。
世界上沒有任何一段路，
像穿過這森森抗議聲時一樣漫長；
也沒有哪一道門
如同這個終結之地一樣危險。
我的體內有個活生生的東西，
我知道——我揣著它的心。
原諒我，小餐包，
只可惜我不是烤箱。

她們的選擇：關於人工流產，作家們想說

哞叫與奴僕
DANA LEVIN

有些人喜歡
　　　受到視覺效果左右。

像是遍地鮮紅
　　　以及一抹金屬的寒光。

手術刀。槍。一根撐起
　　　旗幟的長杆⋯⋯

我想告訴你我在方院中，
　　　看到了什麼。

十二呎高剛死去的胎兒肉身。

套著實驗裝置的猴子頭，
　　　斗大的標題寫道：
如果這叫虐待動物，那麼
　　　──這該叫什麼──

晚期墮胎。
　　他們看起來像摔爛的西瓜。有一個仍連繫著

　　臍帶——

　　你問我有什麼想法。我心想，

我憑什麼批判
　　別人有什麼需求？

我以什麼身分
　　而視關注為己任？——

我想買咖啡卻誤入
　　一場死亡嘉年華。

但死亡總是以
　　各種形式，老生常談，

整個世間在劫難逃——

學生依然聚集。

青年自告奮勇充當重物

壓住鷹架
　　　讓那些駭人圖片在其上飄揚。我心想，

瞧瞧那個：有樣東西上頭標示著
　　　「自由發言板」——

在殺戮展的兩端，你可以
　　　拿麥克筆摁進
白色包肉防油紙——別用你他媽的髒手
　　　碰我的身體——用的是
　　　少女式的花體字。

臨床醫生們在方院對面等候。

方院對面是理性的青年，發送印在
　　　彩色紙張上的衛教，它
比不贏
　　　午餐時間的大木偶劇場[9]——

我想買咖啡。

我想買咖啡和甜可頌。

9　譯註：大木偶劇場（Le Théâtre du Grand-Guignol）為1897年在巴黎開幕的一座劇院，專門推出恐怖表演，後來大木偶劇場（多簡稱為 Grand Guignol）即泛指恐怖秀。

我想要於是穿過
　　　哞叫與奴僕，但我怎麼會
沒瞧見呢——腳下有
　　　粉筆字，每隔幾步重複著
同一句糊掉的訊息：

　　　　你
　　　　　被
　　　　　　愛

出自《愚人之船》
CRISTINA PERI ROSSI

女孩來晚了，座位都已售罄。荷塞對完名單，將它遞給艾克斯，他直覺地從頭開始檢查一遍，確認沒有哪個名字重複出現或是漏掉。肥胖的男人因高溫而喘著粗氣，還一邊抽著永遠散發臭味的雪茄。這女孩的金色短髮差不多只到顴骨；膚色和嬰兒一樣白皙，一雙藍眼深邃而懾人。她身上的洋裝幾乎與眼睛顏色一樣濃烈。

「拜託，」她對荷塞說，「我這星期一定要出發。我已經三個月了……。」

荷塞從她手裡拿走那份醫療證明。

艾克斯靠在牆邊抽菸：他實在熱得快受不了了，真想關掉那些氖氣燈泡，它們乳白色的燈光讓他想起倫敦的診所，想起沒錢又失憶的老人孤獨而死的醜陋醫院，想起動物園的柵欄牢籠。

胖男人隨手將醫療證明還給女孩。

「三個月又二十五天，」他嚴厲地說，「已經沒辦法了。再說，明天的客運已經沒空位了，後天的也是；接下來兩週的車次全都客滿。妳怎麼不早作處理呢？」

他轉向艾克斯，既是要他一搭一唱，也是對他發表一貫浮誇的言論：「跳上床的速度倒是很快，可是事後嘛……我不能載妳，我們不提供特殊待遇。而妳應該也能想像，在這種旅程中，可沒有哪

個乘客會想讓出座位。這四個月妳都在幹嘛？妳該不會是在考慮要生下孩子吧？」

艾克斯覺得燈光讓他有壓迫感：他需要戴眼鏡了嗎？

「我在攢錢，」女孩輕聲解釋，「那不容易，我沒有工作。」

「這種說法我聽多了，年輕小姐。」荷塞粗聲回應，「事情就是要按規矩走。難道妳是想分期付款嗎？」

「求求你。」女孩哀懇道。

荷塞發火了。

「門都沒有。」他說，「妳走吧，下回提早準備，明年懷下一胎時再來。」

（有一間德國藥廠數度請求納粹當局派送三百名懷孕猶太婦女前往，供他們實驗。這是減少集中營人數的好方法。

「我們深切感激地告知，已收到貴單位最新一批貨物，」藥廠負責人於1938年寫道，「我們已用一種新的化學物質施行測試，無人存活。然而，我們計劃在十月底左右進行一連串新實驗，因此需要另外三百名受試者。是否能比照先前的條件惠予提供？」）

那雙藍眼睛蒙上淚霧。

艾克斯拋下菸屁股，用鞋底碾碎。

太熱了，無論是外頭或裡面。

在她走到路口前，艾克斯便追上她。她轉頭看他時面露驚惶。

「不好意思，」他緊張地說，「或許有個辦法。我也許能帶妳同行，把我在司機旁邊的座位讓給妳。我可以站著，或是坐在走道的行李箱上。等到了倫敦，我們可以另外找一間診所。醫療服務是相同的，費用也是。我想司機是不會介意的。這種情況從沒發生過；他大可以直接把妳的車資收進自己口袋。」

女孩沒回答：她低著頭，洋裝顏色只比眼睛淡一點。

「客運明天出發。」艾克斯柔聲說道。

「我沒地方可以過夜，」她不帶情緒地坦承，「要是被局裡的人發現，你會丟掉工作嗎？」

「應該不會吧，」艾克斯口是心非地說，「我會順路在某個地方接妳上車，一旦我們出發了，就沒人會再查驗名單。我在這附近租了個房間，如果妳願意，可以去那裡過夜。地方不大，不過有一張舊沙發。」

「謝謝。」她簡單地說。

（收到貨物一個月後，藥廠負責人再度致函德國當局：

「貴單位此次送來的女人都非常瘦弱，且大部分患有傳染病。儘管如此，我們仍設法讓她們全數派上用場——無人存活。我們靜候貴單位於兩週內送來下一批。感謝您，祝安好。」）

葛蕾希耶拉回家時，艾克斯在看報紙，女孩在沙發上睡得不太熟。葛蕾希耶拉沒發出半點聲音，走到藏在壁櫥內的小烹飪區。艾克斯跟過去，向她解釋來龍去脈。葛蕾希耶拉沉默地泡茶，生怕吵醒女孩。除了掛在沙發後面的包包之外，她沒有任何行李。

他們悶不吭聲地喝茶；葛蕾希耶拉給艾克斯看莫里斯寫的信，是今天早上收到的。收信人寫的是他們兩人，敘述了他在非洲的一些見聞。但主要談的還是珀西沃和他母親伊芙。有一段是特別寫給葛蕾希耶拉看的，莫里斯提到陰蒂切除術（cliterodectomy）和鎖陰手術（infibulation）的習俗，影響了不同國家的許多少女；他也具體指出葛蕾希耶拉應該親自去哪些地方瞧瞧，並自告奮勇願意陪她。莫里斯描述那些年方十二的女人（抑或孩子？——他尋思），通常在初經來潮之後就被帶離原生村落，前往隱密的地區，讓人使用刀子、

銳利的石片或任何切割工具，將她們的陰蒂和陰脣割除。接著將她們的陰道用粗糙的線或棘刺縫住。基本上，這道程序等於將女孩的陰戶給封死了。割傷會在幾週內結疤，前提是它們沒有引發敗血症，讓她們死於感染，而這是發生在很多人身上的狀況。倖存者被送回村落，現在她們被視為做好準備待價而沽的新娘、妾室，或直接在衣物與水果市場拍賣。每當某個女孩要被轉賣，或是她的主人認為需要時，她都會被重複施予鎖陰手術。莫里斯解釋，在某些社群中，這種做法帶有儀式的意味，算是向眾神獻祭。買下女孩的人都有權利在付錢之前，先測試鎖陰手術做得是否夠澈底。

葛蕾希耶拉喝茶嗆到了，每次她配茶時吃太多餅乾，都很容易嗆到。

「真是棘手的任務，」艾克斯語帶嘲諷地悄聲說，「滿車滿車的孕婦，被鎖陰的女孩，再加上大西洋岸邊自殺的鯨魚，牠們早該知道那裡的魚全都有毒。」

「我應該會去吧。」葛蕾希耶拉說，把玩著餐巾紙邊緣。

「大家都來做鎖陰手術好了。」艾克斯繼續說，他總喜歡把令他嫌惡的事情掛在嘴邊，不知道是驅魔的意思還是逼自己適應它。

「莫里斯邀請妳很好心。」他又補上一句，葛蕾希耶拉不太確定他這是怎樣的語氣。「但他為什麼沒邀請我呢？我可以辭掉我墮胎嚮導的工作，成為非洲某個王國的御用鎖陰師啊。我會非常細心地穿進那些棘刺，甚至給它們塗上鮮豔的色彩，來吸引新買家。

「如果妳去的話，可別忘了帶妳曾祖母的貞操帶，就是有尖刺、鐵做的那個迷人東西。提醒妳喔，鑰匙要轉兩圈把它鎖緊。薩卡里亞斯太太若是知道她心愛的腰帶能幫到曾孫女，在墳墓裡也會笑呢。」

當那女孩醒來後（她說她叫露西雅），他們給她茶和餅乾。艾克斯放了一會兒音樂後便去睡了，因為可想而知，隔天的旅程將漫長又不適。但他輾轉難眠。只要一閉上眼，他就會看見巨大的棘刺或是穿制服的士兵。

Psiche Hughes 英譯自西班牙文

人工流產
BOBBIE LOUISE HAWKINS

　　戈爾醫師是人工流產醫師。他親眼見過許多顆心碎了。年輕女人坐在他的診所，擺出漠然表情，想著自己再也不一樣的未來人生。面對那樣的臉孔，還有那位母親——她從一位護理師朋友那裡聽說他的事，那位朋友不知道他是否會幫忙，只知道他是她唯一的希望——他是人工流產醫師沒錯。

　　1948年美國的鄉下地方，對於女孩被弄大肚子的常見反應是輕視和責怪。我早有心理準備了。我很羞愧。我做了蠢事，還被發現。醫生沒理會坐在一旁哭泣的母親。這不是她的錯——是我的錯，而他為此瞧不起我。

　　他是在鋌而走險。每次他答應收拾最新一筆爛攤子，就是賭上自己和自己的未來。那些被衣架編隊宰割過、流著血走出他診所的女孩和女人，使他成為公權力大發慈悲予以忽視的人物。而他們也可以毫無預警地改變心意。每個像我這樣的女孩都置他於險境。他會對那些充耳不聞的懇求者說這些話。說儘管我們看不出他人性的一面，其實他救了我們。

　　他看著我，厲聲說道：「這要一百塊錢，我不要她付這筆錢，我要妳自己付。」

　　我說我會付的。我在這之中感覺到希望，好像我的人生還有救

似的。要我答應什麼都成。我甚至會承諾多付幾百元我根本沒有的錢。

人工流產手術是在他上半天班的那天，在他的檢驗室進行的。他不能用麻醉藥，因為做完手術後我必須盡可能若無其事地走出去。他的護理師在櫃台，我母親在他的診間。我躺在他的檢驗台上，雙腳擱在腳鐙裡，膝蓋岔開。我慘叫過一聲，結果母親滿臉驚恐地衝進門，直接看光我大敞的雙腿和亂七八糟的血汙。戈爾醫師和我同時大叫，要她出去。

回家後，我腹部痙攣而呻吟不止，母親在我門外的短走廊徘徊，高聲問我還好嗎。我不要她進到房間，看見我摟著枕頭、蜷成蝦米狀。我一點都不好，而且我還恬不知恥地聲張。

我繼父表現出疏離、漠不關心、憤憤不平。這對夫妻會迅速交鋒幾句。她現在後悔找了那個醫生，她深信事情出了嚴重差錯，而我可能會死。我繼父平素個性溫和，他認為我不會死，也如此告訴她了，口吻很不客氣。想得美，他們得養我一輩子。

某個陽光燦爛的午後，朋友載我去聖塔菲（Santa Fe）。我們經過戈爾醫師所在的街道時，他說：「我要在這裡暫停一下。」接著左轉後，直接停在戈爾醫師的診所門口。

「我馬上回來。」說完他就下車了。

我焦慮地坐在車上等，結果我的恐懼成真了，醫生陪我朋友走回車旁。我們被正式介紹認識。他認出我，但不動聲色。

我們離開了，繼續往北開。

我心裡的其中一個念頭是，我希望他別以為這位朋友就是讓我

懷孕的禍首。

駛往聖塔菲的路上，我得知戈爾醫師為人值得敬佩，他經常會去六十六號公路沿線特蘇基峽谷（Tesuque Canyon）中零星散布的房屋，免費為那些墨西哥家庭看診。我不確定是否就是在那時，我聽說他在第二次世界大戰時受了重傷，而如同許多被給予嗎啡來止痛的傷兵一樣，他也染上了毒癮。

毒癮最終害他失去執照。他因濫用藥物的罪名被逮捕，定罪，判刑，入獄。我之所以知道得這麼清楚，是因為當年阿布奎基還是座小城市。有個醫生被揭露原來是罪犯，地方報紙勢必要給予道德抨擊的。

他出獄後，在精神病院找到工作。他的職稱是「護理員」，實際上做的卻是醫生的事。這或許能給他一些慰藉吧，因為他被需要。我希望如此。

他值得更好的待遇。

出自《有請擲幣人》
Dymphna Cusack & Florence James

達拉絲疑惑地看著她。

「我是幫我認識的一個女孩問的。嗯……其實我不認識她啦，不過她姊姊是我同事，而她惹上麻煩了，所以──」她話說得很急，「我想說妳也許能給我某個醫生的名字，會做那種事的醫生。」

達拉絲換上專業表情。「我想妳指的是人工流產？」

小黛點點頭。在達拉絲炯炯的目光下，她感覺自己漲紅臉。

「這是什麼時候的事？」

「我……我說不上來。」

達拉絲公事公辦地望著她。「小黛，如果妳要我幫妳，拐彎抹角是沒有好處的。」

小黛茫然地看著她，過了幾秒才赫然醒悟達拉絲的意思。「天啊，」她驚呼，「達拉絲，妳該不會以為……妳怎麼會有這種想法？」

「妳是說不是妳自己要做？」

「當然不是。哎……妳怎麼能這麼想呢？」

達拉絲聳肩。「抽根菸吧，我們好好把這事講清楚。」

小黛義憤填膺地吐著煙霧，內心愈來愈不滿。她好想直接拂袖而去。達拉絲竟然這樣看她。最不該這樣的人就是達拉絲！

達拉絲以惱人的平靜語氣說下去。「妳最好把妳知道的部分都

告訴我。」

小黛克制住脾氣。「她是澳洲女子軍（Australian Women's Service, AWAS）成員，名叫瑪麗‧帕克——她姊姊是我們飯店沙龍的美髮師。」

「那個男人不肯娶她嗎？」

「他沒辦法。他是有婦之夫，而他妻子不肯離婚。瑪麗和他在同一個基地待了兩年，後來他被派去群島了。這是他最後一次休假。」

達拉絲嘆氣。「『最後一次休假。』我太常聽到這種理由了。」

「但她仍然值得同情。」

「不同情她還算是人嗎？以我們這種荒謬的社會環境來說，受懲罰的總是女方。沒人會管男人怎麼樣。」

「他好像還算是個好人。」

「但他不用承擔後果。他會繼續安安穩穩地步步高陞，女孩則不光彩地被除役，等戰爭結束，他可以回到妻子的懷抱中。我始終不了解，既然他們將性病視為軍中男性的職業病之一，為何不將懷孕也視為女兵的職業病。」

小黛覺得心情愈來愈低落了。

「妳希望我做什麼？」達拉絲單刀直入地問。

「嗯……我想說也許……妳可能……妳可以給點建議。」

「如果妳的意思是妳希望我能做什麼，抱歉，親愛的，那不可能。倒不是說我有那種奇妙的多愁善感，一方面覺得拿掉不想要的胎兒等同謀殺，一方面又為戰爭的大屠殺拍手叫好，但是我為了這份專業付出極大的努力，無法冒險賠上我的未來，無論是為了一個或甚至一百個澳洲女子軍成員都不行，雖然我真的很同情她們。」

小黛沉默不語，撥弄著茶碟上的茶匙。

達拉絲起身倚在欄杆上。「我替那些女人難過。不管她們往哪個方向走，大部分的人都被困住了。她們的動機是愛情或情慾並不重要，陷入困境的人總是她們。要是我有女兒的話——但我不會有的，因為這個社會規定，除非我願意在法律上跟某個男人綁在一起，我是沒有權利生孩子的——不過假設我有女兒，我會早早就教導她，工作是女人唯一的救贖。」

「妳說這種話當然輕鬆，因為妳頭腦好、能力強，可以獨立自主。妳似乎不需要一個長久的男伴，但天知道妳身邊可從來都不缺男人。然而對普通女人來說，要是不結婚，她還剩下什麼？只有低薪的工作以及某座寄宿公寓裡的一間爛房間。再說大部分女人都充滿浪漫想像，若是讓她們選擇，她們寧可要愛情，也不要事業。」

「妳誤解我的意思了。我對婚姻或愛情一點意見也沒有，但我們所知的愛情是一種太過狂野且捉摸不定的激情，不該將整個人生建立在它上頭。甚至連婚姻也一樣，除非愛情能發展成比血脈賁張的浪漫更長久的東西——例如湯姆和諾莉那種伴侶關係，否則婚姻最終會自我毀滅，通常也會連帶摧毀女人。」

「這個嘛，比起湯姆害諾莉淪落成的樣子，我能想出很多更有魅力的東西呢。」小黛氣呼呼地說。

達拉絲微笑，轉頭看著她。「小黛，妳聽了可能很訝異，」她說，「但妳知道嗎？要不是我那麼喜歡做我自己，我會選擇當諾莉呢。她是當今世界極為罕見的那種人——完滿的女人。」

「嗯，如果那是妳對完滿的定義，絕對與我不同，要我說，妳還是留著自己用就好。」

達拉絲沒理她這番話，自顧自地說下去。「每當我遇見快樂的

女人，通常都會發現她具備與浪漫愛情無關的專長。我現在真厭惡這四個字：浪漫愛情！歸根究柢，這四個字就只代表女人任由自己被灌輸『性愛能取代人生』的觀念，而非正確地認知到它只是生活的一部分。每個人終究都會面臨性愛——僅僅作為性的性愛——會有讓你失望的一天。於是，當你的心崩裂成碎塊，若要將它再度拼成可用的形狀，最好的黏合劑莫過於知道，除了愛情之外，你還對別的事情真正在行。」

她沉默地站了一會兒，眺望港口，雙眼與夕照下的海水是同樣璀璨的灰色。

「好了，」她轉回身對小黛說，「我們該拿妳那位澳洲女子軍成員怎麼辦呢？她有錢嗎？」

「她姊姊和她可以合湊出二十五鎊。」

「那男人都沒寄給她半毛錢嗎？」

「他還不知道。」

「恐怕現在城裡願意做這事又靠得住的醫生，都至少要收到四十。」

「四十鎊！」小黛倒抽一口氣，「我聽說是二十五鎊。」

達拉絲聳肩。「供需法則啊，親愛的。價格上漲了——戰時通貨膨脹，就和其他東西一樣。但就算如此，我唯一能掛保證的人選已經退休了，跑去荒郊野外置產啦！」

「妳能不能好歹再推薦另一個人？」

「恐怕不能，不過也許我可以去打聽一下。很急嗎？」

「對，很急。她只剩不到一週的休假時間可以待在雪梨了。」

「這絕對讓事情變得更複雜。我告訴妳我要怎麼做好了，小黛。明天我會暗中查探一番，如果妳傍晚六點到七點之間打給我，我應

該已經找到人選了。我七點要做手術,所以別那時候才打。而且我拜託妳,要是我找到人的話,千萬別把我的名字說出去。」

出自〈堅守陣地〉
Ursula K. Le Guin

　　她們來了：兩個人。顫抖從瑪麗的指尖開始，沿著雙臂直通心臟。她必須堅守陣地。楊恩先生叮囑過要堅守陣地，他或許會來。要是他來了，她們絕對闖不過他那一關。她真希望諾曼別那樣晃動標語牌，這動作只會害她顫抖得更厲害。標語牌是諾曼自己做的，甚至未經過楊恩先生的批准。諾曼沒有權利像這樣什麼都自己做。「這是一場戰爭，」楊恩先生說過，「我們是正義（右翼）之師。」我們是士兵。她們愈離愈近了，顫抖往下蔓延到她雙腿，但她穩穩地站著，她堅守陣地。

　　她們前方有個老人站在人行道上，握著個豎在木棍上的標語牌，當他看見她們時，他開始上下晃動牌子。牌子上寫了些黑字，還畫了個看起來像負鼠的圖案。「那是什麼啊？」榭莉問道，德菈瓦說：「路殺的動物。」有個女人從男人身旁冒出來。德菈瓦心想她或許是負責護送的人吧，她正朝她們高聲喊著什麼。榭莉問：「她是誰？」德菈瓦說：「不知道，走吧。」因為那男人讓她緊張。他開始用標語牌做出類似劈砍的動作，彷彿要用那隻死掉的負鼠把她們打倒。那女人面容標緻且打扮體面，然而當她們走近時，她非但沒有降低音量，反而更大聲地吼道──「我在禱告！我為妳們禱告！」「她幹嘛不去教會呢？」榭莉問。現在她和德菈瓦手牽手，並加快

腳步。女人在她們面前舞動，有如想要阻攻的籃球員。她衝著榭莉大喊，嗓音刺耳，飆高到尖吼的程度：「媽媽，媽媽！阻止她啊！阻止她，媽媽！」為了隔絕這尖叫的女人，榭莉抬起空著的手臂擋住眼睛，頭俯到胸前，兩人匆匆爬上建築的四級台階。現在男人也在嚷嚷。德菈瓦感覺他的標語牌邊緣打到她肩膀，感覺很可怕，不是疼痛，而是驚愕，有種被侵犯的意味。她似乎早有預期，早知道會發生這件事，但實際發生時實在太糟糕，使她停下腳步動彈不得。榭莉拉著她往前，走到診所那扇鑲著金屬框的珠紋玻璃門前，用力推門。它紋風不動。德菈瓦以為門上鎖了，而她們被困在外頭。這時門快速朝外推開，逼得她們後退。有個憤怒的女人站在門內說：「法院簽了強制令禁止你們進到這棟房子，你們最好別忘了！」榭莉鬆開德菈瓦的手，整個人彎下腰，雙臂抱頭。德菈瓦張望，看到那個憤怒的女人在看哪個方向。「她是在跟他們說話，」她對榭莉說，「沒事。」她又牽起榭莉的手，她們走進診所，經過替她們抵著門的憤怒女人。

她們在裡面了，她們進去了。而「傷風敗俗的黝黑化身」就在門內笑他，就站在那兒笑。瑪麗在用她的尖嗓子講話。尖叫、刺耳的喊叫，以及惡魔般的笑聲。諾曼舉起標語牌往下揮，用它的邊緣掃向「屠宰場」門口人行道旁的草。「尖嗓子瑪麗」跳向一旁，站在那裡瞪他。他舉起標語牌將它豎直，感覺好一點了。「我要去喝杯咖啡。」他告訴瑪麗。他舉著標語牌走去五個路口外的咖啡店，一路都在想「屠宰場」裡發生什麼事。他們如何把那女孩放平，讓她吸氣體，扳開她的腿，伸進去，找到他，然後用工具將他撬起並拖出來。把那些工具塞進她體內，愈來愈深入，抓住他之後拉出顫抖又血淋淋的他。拿刀子捅進她兩腿之間，她扭動哀號，齜牙咧嘴，

弓起背，吸氣，喘氣。他們把他拖出來，他小小的身軀癱軟無力，死了。「上帝是我的見證。」他大聲說，用標語牌的棍子用力敲了一下人行道。他會找到辦法進去的。他會進到裡面，為所當為。

咖啡店的胖女人在顧櫃台。年紀輕但很胖，白得發亮，手臂布滿雀斑。他不喜歡這家店，但診所附近就只有這裡能買到咖啡。櫃台上擺著一頁頁菜單，列出異國名稱的品項。身穿昂貴服飾的客人會進來點那些異國名稱的飲料。諾曼說：「我要一杯純正的美國咖啡。」他每次都這麼說，「豬油手臂」點點頭。當他做了這標語牌並開始帶進店裡，她就不再與他寒暄或對他微笑，而只是戒備地望著他。這正合他意。她把裝滿的杯子放在櫃台上，他擺下數得一毛不差的零錢，將杯子端到窗邊的桌子，把標語牌靠立在玻璃窗上，然後坐下。他覺得好累，髖關節又在痛了，蝕骨的痠疼，而且咖啡味道淡而澀。他盯著標語牌。粗糙的木頭邊緣卡了一根長長的卷髮，在透窗而入的陽光下像金色鐵絲一樣閃閃發亮。他伸手捏掉它。他感覺不到它在他指間，他拿著標語牌一整個早上，手指很僵硬，已經半麻痺了。

・・・

她們走到櫃台前，那個憤怒的女人進到櫃台裡，並且對德菈瓦說：「妳是榭莉。」

「我是榭莉。」榭莉說。

「是她要做。」德菈瓦說。她動一動頭和肩膀，稍微往前，讓櫃台員看著她，而不是她母親。「是我幫她預約的，她已經給洛克醫師看過了。」

櫃台員輪流看著兩人。過了一會兒她問：「妳們誰懷孕了？」

「她。」德菈瓦說，握住榭莉的手。

「我。」榭莉說，握住德菈瓦的手。

「所以她是榭莉‧艾斯克？那妳是誰？」

「德菈瓦‧艾斯克。」

櫃台員沉默半晌（從她的名牌可知她叫凱絲琳），接受這說法，並轉向榭莉。「好吧，還有一份表格要填。」她用專業的堅定口吻說，「妳今天早上確定沒吃任何東西吧？」這威嚴的語調立刻觸發榭莉的反應。「沒有。」她搖頭，「我可以簽表格來簽名。」

德菈瓦看到櫃台員赫然醒悟並投向她的目光，但沒有為她證實。現在是她發火的機會了。「妳怎麼能讓外頭那些人對我們鬼吼鬼叫？」她突然用顫抖的口氣問道。

「我們也無能為力，」櫃台員說，「他們不能進到我們的土地，但人行道是公家的，妳懂吧。」她的語氣很冷淡。

「我以為會有人護送。」

「志工通常是星期二來，那是一般正規的日子。洛克醫師給妳們安排在今天，是因為他要去度假。就是那裡，有看到嗎，親愛的？」她指給榭莉看要簽名的位置。

「我們出去時他們還會在嗎？」

「妳們的車停在哪？」

「我們是搭公車來的。」

凱絲琳皺起眉頭。停頓片刻後，她說：「妳們應該搭計程車回家。」

德菈瓦不知道搭計程車大概要花多少錢。她有十一元，而榭莉包包裡可能有十元左右吧。或許她們可以坐一段計程車。她沒說話。

「妳可以在這裡叫車，讓他們到後門，去醫師專用的停車場。

好了,這樣就行了。妳們先去那邊坐一下,護理師馬上就過去找妳們。」凱絲琳收拾文件,走進裡間的辦公室。

「走吧。」德菈瓦說,走向沙發、兩張椅子、桌子配雜誌的整套家具。榭莉沒有馬上跟過去,而是站在櫃台前環顧四周。德菈瓦仍餘怒未消。「快來啊!」她說。

榭莉走過去坐在沙發上,繼續四處張望。她特地打扮了一番,穿上新的牛仔裙、白色牛仔靴,還有藍色緞面牛仔外套。一週前,美容院的黛比幫她弄了個黃水仙般的金色、看起來很濕潤的卷髮造型;有時她會把頭髮弄得太亂,不過今天早上效果挺好,像是雄獅的金色鬃毛,狂野又茂密。她的黑眼珠因恐懼和亢奮而閃閃發亮。德菈瓦望著她,感覺陌生又悲傷。她拿了本雜誌,視而不見地盯著它。

這裡裝潢得還滿漂亮的,沙發和椅子都是她最喜歡的水綠色。德菈瓦盯著雜誌,一副劍拔弩張的模樣。有時德菈瓦表現得什麼都懂。她是懂很多沒錯,但她並不是媽媽,她完全不是媽媽。這事兒她可不懂。而榭莉確實懂。她全都記得,自己前面如何像鋼琴一樣凸出來,而且隨時都想尿尿,還有她的媽媽有多生氣。媽媽總是在生氣。自從她和大衛去阿拉斯加後,日子就輕鬆多了,沒有她以後就輕鬆多了,公寓裡只剩榭莉和德菈瓦,本來就該如此才對。她從剛開始有德菈瓦就記得了。那種好軟好軟的感覺,而且好小,彷彿匯聚了世上所有的美善,而妳可以抱著它、攀住它,然後乳汁湧現,感覺真好,妳不知道妳是寶寶抑或寶寶是妳。德菈瓦不記得這個,但她記得。

這次她馬上就知道了,隔天早上。懷德菈瓦時她不知道,因為

她當時沒在想寶寶的事,她不是個媽媽,她滿腦子都是唐尼,都是好愛好愛他。後來她的肚子開始凸出,她媽媽問她怎麼回事,那時她已經和唐尼分手,她在和羅迪交往。結果她媽媽氣炸了,她不得不跟羅迪或任何人斷絕來往。但這次,情況不一樣。這次氣炸的人是她自己。當年她和唐尼是相愛的,但這次不一樣。麥克在露天電影院,在車上做的事,簡直像動物園裡的猴子,事後還逼她把電影看完。他終於送她回家後,她沖了很久的澡,在沖澡時她心想:有事情要發生了。隔天早上,她心想:有事情要發生了。兩天後,她的月經沒來,她就知道了。她知道它不會來的。而她真的氣炸了。大家以為她從不生氣,但她會生氣。感覺就像怒氣從她肚子裡那同一個地方萌芽,然後向外擴散到她全身,有如一團火熱的紅光。她沒說,但她知道。她不是什麼都懂,但她知道什麼東西是她的。在她裡面的東西就是她的。那時麥克拗折她的手臂、搗住她的嘴,把他那玩意兒塞進她裡面,就像動物園裡的猴子,但她裡面發生的事情屬於她,而她能讓它發生或不發生。德菈瓦發生了,因為她是她的,她自己的,她讓她發生。這次不一樣。這是她的一個碎塊,像個疣,或是你會摳掉的痂。像是麥克弄傷她,割傷她,在她體內製造出這個傷口。傷口上結了痂,而她要把痂弄掉,才能變得完整。她不是動物園猴子或某種傷口,她是堂堂正正的人。她上特教班時,琳達總是這麼說。做個堂堂正正的人,榭莉。妳是完整的人,可愛的人。而且妳有個可愛的女兒,妳不以她為傲嗎?妳是個好母親,榭莉。我知道,榭莉總是這麼回答琳達,現在她也在腦中說道。有時德菈瓦自認為是媽媽,但她不是。榭莉才是。她一說想要做人工流產,德菈瓦就氣急敗壞的模樣,跋扈地一直說妳確定嗎、妳確定嗎,榭莉無法向她解釋自己為什麼確定。當媽媽的人才會懂,她說。

有時候我覺得我是,德菈瓦說。榭莉知道她的意思,但她指的不是這種媽媽。我跟妳說,妳本來是我,直到妳變成妳,她告訴德菈瓦。我做了妳,我製造妳。但這一個不是那樣,它不是我,它只像是我不想要的一塊錯誤的我,像是手指上的肉刺。老天,媽!德菈瓦說,榭莉要她別賭咒。總之,德菈瓦知道她不是胡亂做決定的,所以沒再問妳確定嗎、妳確定嗎,而是跟洛克醫師約診。現在她坐在水綠色沙發上,又露出悲傷表情。榭莉握住她的手。「妳是我身穿閃耀盔甲的騎士。」她說。德菈瓦看起來真的很驚訝,然後說:「噢,天啊,媽。」但沒生氣。「不要賭咒。」榭莉說。

走廊來了一個護理師,是個身穿醜陋淡綠色寬褲配罩衫制服的白人女子。她看著她們倆,露出笑容。「嗨!」她說。
「嗨!」榭莉微笑回應。
護理師望著手中的文件。「好,我確認一下。」她說。「妳是榭莉,」她對著德菈瓦說,「榭莉,妳幾歲?」
「三十一。」榭莉說。
「了解。那妳幾歲,甜心?」
「我只是陪她來的。」德菈瓦說。
「是喔。」護理師一臉困惑地說。她盯著文件,又看看德菈瓦。「所以說,來做手術的人不是妳?」
德菈瓦搖頭。
「但我們需要知道妳的年齡。」
「為什麼?」
護理師擺出公事公辦的態度。「妳未成年嗎?」
「對。」德菈瓦語氣不善地說。

護理師不發一語地轉身離開。

　　榭莉拿起一本封面有凱文‧科斯納的雜誌。「這男的看起來很不爽。」她研究著照片說。「有個常來小冰（Frosty）的男人，每次都像這樣臭臉。不過他長得真的很帥。他每次都點漢堡，不要薯條，配一杯草莓奶昔。我不喜歡奶昔，一點口感也沒有。我喜歡凍得硬硬的冰淇淋，老派的硬冰淇淋。妳也喜歡這種，對吧？」

　　德菈瓦點頭，又應了聲「對」，因為榭莉需要聽到別人把話說出口。她發現自己想哭，應該說，她已蓄勢待發了，但她不想哭出來。想哭是因為她肩膀上被那男人的標語牌打到的部位，那裡會痛。她沒有受傷，她的牛仔外套上沒有印子。她身上頂多只會有一點瘀青，今天晚上她脫下衣服時才會看到，也可能什麼都沒有。但是那個標語牌的木頭邊緣打到她的部位，感覺自成一區地刺激而疼痛。它使她的心發冷、喉嚨腫脹。她深呼吸。那個護理師回來了。

　　「好囉，甜心！」她朝榭莉與德菈瓦之間的空氣喊了一聲。

　　榭莉馬上跳起身，輪到她跳舞了。她握住德菈瓦的手拉她起來。「走吧！」她說，看起來興奮又漂亮。

　　諾曼沒資格就那樣拍拍屁股走人。他既沒禮貌又自私。他的標語牌是沒打到那女孩的肩膀，但是萬一打到了，萬一不小心打到了，很可能害他們兩人又惹上麻煩。他完全沒權利做這種事，像那樣亂揮標語牌。他大有可能打到她。他沒有權利。他從不遵守命令。如果諾曼這麼靠不住，她就得跟楊恩先生反映了。

　　已經超過九點了，不會再有別人來了。她朝街區另一端望去，但沒人在走路，迎面而來的車也都沒減速。那個穿著靴子和緞面外套的可怕女人活像馬戲團演員，拽著那女孩，她自己的女兒——很

明顯她們是一個模子刻出來的。那可憐的女孩,她要為她禱告。只是她太生氣了,這種狀況下很難禱告。她可以為寶寶禱告,還有孩子的父親。某個可憐的男孩,也許是個軍人,士兵,不消說他根本不知情,她們哪裡在乎他的權利,毫不當一回事。她們心裡就只有自己、自己、自己。她們沒資格。她們是禽獸。

　　她的喉嚨好痛,雙手又在顫抖了。她討厭自己的手顫抖。聽說士兵上了戰場本來就會害怕,但這種顫抖只讓她覺得自己像凱沃利爺爺,坐在充滿尿味的陰暗房間裡,抖著那雙蒼白的大手說:瑪麗,妳得幫我扶著杯子,然後他會故意甩一下頭,讓水沿著下巴流下,還會用他可怕的顫抖雙手搖晃瑪麗。沒人會來幫忙。

　　他們不該期望她獨自站在這裡才對。諾曼應該待在這的,他已登記為志工。她只是為了補週二的空缺才來的,因為週二她得替學校的祕書代班,而她總是會把自己少來的時數補滿。她對楊恩先生做出了承諾,她這個人一諾千金。其他人根本不是真的在乎,他們想來才來,只要覺得有一點不方便,就毫不在乎沒出現有什麼大不了的。他沒資格像那樣拍拍屁股走掉,留她一個人也沒標語牌什麼的,他就只顧他自己。她心想也許楊恩先生會恰巧開車經過,看見她在這裡站崗,守護信念。但是街上沒車,沒有人經過。沒人會來的。

　　我是個士兵,她心想,而一如往常,這念頭竄過她全身,令她堅強起來。那些勇敢的男孩在那裡捍衛國旗:她看到鮮豔而乾淨的國旗在一團團油膩的黑霧上方飄揚。她要問楊恩先生,她值班時能不能拿美國國旗。現在賣場裡在促銷美國國旗,搭配黃色蝴蝶

・289・

結[10]。我是生活中的士兵,我正在守衛。她挺直腰桿,在診所門口的人行道來回走動,走到草坪盡頭就回頭。她很慶幸也很榮幸能當個士兵。

穿過走廊時,德菈瓦對護理師說:「我可以進去嗎?」她剛才沒好好回答自己幾歲是個失策,護理師逕自往前走,用一種叫她吃屎的口氣說「問醫生」。

她們到底為何要像在跟小孩說話似的,「等護理師來」,「問醫生」?

洛克醫師跟她打招呼:「嗨,德菈。」沒錯得太離譜。她問醫生她能否陪在榭莉身邊,而他解釋他們覺得手術過程中,親友還是別待在患者旁邊比較好。榭莉鬆開她的手,露出大大的笑容。她喜歡洛克醫師,他英俊、紅髮、氣色紅潤,她對德菈瓦說了好幾次她覺得他好帥。她迫不及待地跟著護理師進入一道推拉門。洛克醫師與德菈瓦待在走廊。「她不會有事的。」他說。德菈瓦點頭。「真空吸引術大概就跟剪頭髮一樣簡單。」他用他悅耳的嗓音說。他等到她點頭,然後才說:「妳知道我可以順便做輸卵管結紮。只是個小手術,她不會察覺有什麼不同的。」

「問題就出在這裡。」德菈瓦說。

他不解。

「這些事她都懂。」德菈瓦說。

「我可以向她解釋輸卵管結紮,那她就會明白以後不用再擔心避孕措施的問題了。」他很親切,急於付出慷慨。

10 譯註:美國國旗搭配黃色蝴蝶結或繞一圈的緞帶,象徵「支持美國部隊」。

「以後還能解開嗎?」

「她不該生。」然後頓住。

「她出生時腦部受損。」德菈瓦說。她經常在解釋這件事。「這不是遺傳疾病。」活生生的證據就擺在眼前啊,她瞪著醫生。他開始有了慍色,就像凱文・科斯納,像所有人。

「對,好吧。」他說。醫生是永遠不會犯錯的。「但是難道她不會很可能又忘記用子宮帽嗎?」

「她不會,她沒忘。是有個她認識的混蛋帶她去露天電影院,結果在車上襲擊她。所以她只是不想留下某個約會強暴犯的副作用罷了。」她盯著醫生,他面露不耐煩,因此她加快說話速度。「也許哪一天她會想再生一個小孩,我不能替她決定。我怎麼能替她決定呢?」

他深吸一口氣,重重地呼出來。

「好吧。」他說。他轉開身。「她不會有事的,」他又說一次,「小事一樁。」他走入推拉門。

德菈瓦在走廊站了一會兒,又覺得在這等太蠢了。她去問櫃台員洗手間在哪。她們在公車上的時候她就想尿尿了,早在她們在第六大道轉車,改搭西區公車之前。

諾曼一直待到確定「尖嗓子瑪麗」應該已經離開的時間,可是當他回去時,她正裝模作樣地在「屠宰場」門前走來走去,彷彿那地方是她的一樣;她抬頭挺胸,每次走到草坪盡頭就一百八十度轉彎,活像上了發條的玩具。她丈夫到底在想什麼,怎麼會讓她在街上這樣拋頭露面?她們全都一個樣,邁著竹竿腿搔首弄姿,大秀自己的賣點。拍楊恩的馬屁。噢,楊恩先生說這個,楊恩先生說那個。

他很清楚楊恩說過什麼。「但我能說萬人的方言,並天使的話語。[11]」他知道楊恩說了什麼,也知道他自己要做什麼。不干他們的事。她們就該待在家裡,料理家務,別來礙事。他準備回頭,想繞過下一個路口,並期望等他回到街角時她已經走了。當他意識到自己在做什麼時,他猛然止步。他大步穿過街區,直直走向她。「好了,」他說,「現在由我來接手。」

「我在執勤。」她用她高亢顫抖的嗓音說。

「我說我要接手。」他說,看到她的頭上下晃了晃,又微微顫動。不過她沒挪動分毫。「我要向楊恩先生報告你的行為。」她尖聲說。

「這是我的位置。」他說。

「好啊,那你就站在那裡。」她說,然後她又開始來回行軍。他站在原地舉起標語牌。她一次又一次經過他,從左邊,然後從右邊,鞋跟咔嗒敲擊人行道,雙手貼在身側,肩膀收緊。他考慮把標語牌的棍子捅進她體內,讓她背挺得更直一點!他壓根兒不去看她。他站在「屠宰場」門階前方自己的崗位,舉著標語牌。上帝是他的見證。

德菈瓦坐在非常乾淨的綠色隔間內,決定就哭出來吧,趁母親在別處忙的時候,偷偷把鼻涕眼淚抹掉,但它們當然還是出不來;她只是弄得自己的喉嚨很痛而已。她解開上衣鈕釦,翻下來察看右肩,看脖子和肩頭之間的部位,她感覺到男人的標語牌打痛那裡。看起來沒怎樣,只有一點紅,大概是因為她用沒被榭莉牽住的那隻手不停揉捏的關係。

回到候診室的沙發上,她拿起雜誌好躲在後頭。她讀了一些講

---

11 譯註:改寫自聖經《哥林多前書》第十三章第一節,原版是:「我若能說萬人的方言,並天使的話語,卻沒有愛,我就成了鳴的鑼,響的鈸一般。」

述某些事的文字,從頭到尾眼前卻清楚浮現那個喊著要禱告的女人的腿和腳。她穿著棕褐色褲襪和深藍色皮鞋,鞋跟很細很短。她的裙子是深藍色和白色相間,深藍底配白點,打了一些褶。再上去的樣貌德菈瓦就沒看見了,她只能聽到尖喊聲:「媽媽,媽媽。」那男人穿著便褲,棕色便褲配棕色皮鞋,還有條紋襯衫。他有個鬆垮的肚腩,因為他很老,但他沒有臉,因為他把負鼠標語牌舉在臉前面搖晃,還做出劈砍動作,好像它是斧頭,先是上下晃,然後離榭莉和德菈瓦愈來愈近,因為她們愈走愈近,直到打到人。

她畏縮了一下。

「德菈瓦這名字挺好聽的。」凱絲琳在櫃台後頭說,德菈瓦慢了半拍才反應過來。「這名字是怎麼取的?」

「我媽只是喜歡它的發音。」

「挺少見的。」

「不就跟印第安納・瓊斯很像。[12]」

凱絲琳笑著點點頭。她在整理資料夾裡的文件。「只有妳和她一起住嗎?」

德菈瓦不介意,因為凱絲琳的語氣很隨和,或是因為她黑糖色的臉現在充滿倦態,而不剩任何怒氣。「對啊。」她說。

「妳在讀高中?」

「對啊。」

「有工作嗎?」

「暑期兼差。她在冰凍T人(Frost-T-Man)工作。她一直都在工作。」

「那很好。」凱絲琳柔聲說。她又整理了一會兒,然後說:「妳

---

12 譯註:德菈瓦(Delaware)和印第安納(Indiana)都是美國州名。

在高中表現得不錯。」這不是問句,倒好像她知道似的。

「對啊。」

「我想也是。要繼續念大學?」

「應該吧。」

「那很好。」凱絲琳又說,「妳會的。」

眼淚來得突然且安靜,湧出來之後就收乾了。德菈瓦讀著電影評論,有部電影是一個男人殺了二十個女人,另一部電影是一群孩子被惡魔附身。護理師到走廊盡頭說:「甜心,妳朋友在恢復室了。」

德菈瓦跟著她穿過走廊。護理師頭也不回地對她說話。「她有點緊張,所以醫師給了她一針鎮靜劑。她可能在半小時內會有點暈暈的,然後就可以換衣服了。」她帶德菈瓦進入一個沒有窗戶的乾淨綠色房間,裡頭有三張病床,另外兩張都是空的。榭莉躺在床上,濃密的卷髮向後撥,臉上沒有化妝,所以看起來像個孩子。她的目光聚焦在德菈瓦身上,露出睡意朦朧的微笑。「嗨,寶貝!」她說。

情感

一顆藍莓大小的，親愛的小輓歌
Katy Day

我有告訴過你我曾多麼害怕將西瓜籽吞下肚[13]嗎？

即使還只是個孩子，我已經知道我的坑地裡無生根發芽之所，沒有陽光能穿進我的牆，我又怎麼忍心讓任何人如我一樣長成帶刺荊棘？你從未超過一顆藍莓大小。

親愛的小輓歌，你永遠都會是這樣。我看著你的妹妹看著你的妹妹看著你的妹妹。她為我們對這個星球幹的一切好事感到羞愧難當。電視螢幕裡，浮冰上的海豹幼崽成了某人的晚餐。

我看著你的妹妹望著那隻小海豹被活活吃掉。她哭得多傷心。

這是真的嗎？這些都是真的嗎？我不會撒謊。我們沒辦法留住你。親愛的小輓歌，如果可以，我會不會將你重新變回藍莓大小呢？親愛的小輓歌，親愛的，親愛的，即使是掠食者也需要進食。你妹妹兩歲的時候，她稱它們為藍色寶寶。

我把它們裝在小盤子裡餵她。在吞下它們之前，她會把每一顆藍色寶寶放在脣邊，給它們一個吻，用小小的手指溫柔地撫慰它們，告訴它們她很抱歉。

我從前不知道凋落的櫻花花瓣也很美。

---

13 譯註：將西瓜籽吞下肚（swallow a watermelon seed）在英文中也有懷孕之意。

我希望可以帶你去看四月的雪，小輓歌，如同我想帶你去看再度飛來的鸕鶿，重新給春天一次機會。

再見，我的愛人
選自《墮胎聖禮》

GINETTE PARIS

　　那天早晨醒來時，我的乳尖傳來了一股刺痛，下腹部也隱隱有種沉甸甸的感覺，我當下就知道我懷孕了。這是第一次發生在我不想要的情況下。兩個禮拜以來，我整天都在想這件事。我希望能夠細細權衡一切利弊得失，把所有可能性、事情的方方面面都掂量一番，將現有的（或可能會有的）精神力氣、支持與資源都納入考量。無論從哪個角度看，我都得出了一樣的結論：在缺乏孩子父親後援的情況下獨自一人撫養孩子，對我而言，只有借助一種我自己都不太相信且代價高昂的英雄主義，我才能夠接受第三個孩子的到來。我將獻上我的人生，賠盡工作之餘所剩無幾的精力。獻上人生，然後給其他兩個仍然非常需要我的小孩帶來傷害。最後，我將失去我投注於工作之中的創造動力，我熱愛這份工作，它滋養了我，它當時是、現在也還是我對世界的一種貢獻。因此，結論已一目瞭然，我也預約好了門診，但我仍然感到悲痛欲絕。一天有好幾次，我會在最意想不到的時刻被淚水淹沒，我愈來愈難向我兩個年幼、仍未能理解這一切的孩子隱藏或解釋我的悲傷。我的心都碎了。

　　矛盾的是，在我反覆酌量、盤算的同時，我的心仍按照跟對待其他兩個孩子並無二致的方式運作，愛著這個蜷縮在我腹中某處的

小小生物。我與它進行了許多無聲的長談。你為什麼這時候來到？為什麼會發生這種荒誕可笑的避孕失誤？最重要的是，為什麼我對它的愛如此洶湧澎湃，就在我準備要拒絕它的存在、終止其生命的時候？愛的波濤是如此強烈、有感，完全超出我的控制，日日以一種疼痛且滲透進每一寸肌膚的方式將我淹沒，彷彿陣陣湧入胸脯的乳汁。我只能任自己順著浪潮滑行，感受它的狂熱多情，它的飽實但未臻圓滿，像每段戀情開始時的微醺忘情。那為什麼要將這一切拒之門外？人工流產所要經歷的那毫無道理的撕扯綻裂看起來是如此痛苦難耐。我必須從我生命的最深處尋找答案。

在那些無法解釋的、愛意洋溢的對話中，其中有一次，我感覺自己身體裡面裝的，好像是某個從前在一處遠離摯愛親朋之所無聲無息死去且澈底被遺忘的人。而此次的降生是為了重建它離開人世的形式。只是為了離去而來。但這次將是帶著完整而深情滿懷的意識離去。我可以給予這些。我不知道這個想法是從哪裡來的，也不重要；它讓我所經歷的一切有了意義，並使我能夠毫無懸念地貫徹自己的選擇且投身去愛。

我做到了，直到預約看診的前一天晚上為止。分離的時刻逐步逼近，讓我心痛如絞。那天晚上我哭得好慘，宛若大壩潰決。我問自己：「我在哭什麼？為了胎兒將死？為我自己的殘忍？為了一個我永遠不會有機會認識的孩子？」讓我依偎在其肩膀上哭泣的朋友向我保證，答案是什麼並不重要，我只需要允許自己去感受傷痛。但我覺得我或許可以從這個答案中理出一絲線索。

隔著淚水，我突然意識到，我是在害怕成為這孩子的壞母親。但，壞母親——如果她們真的存在的話——是不會擔心傷害到自己的孩子的。不，我不是一個壞母親。相反地，我將最好的我獻給了

這個小傢伙，就像我對其他兩個孩子一般。這一切向我湧來，如此毋庸置疑如此清晰，一股極致的平靜流淌我全身，我僅僅啜泣了幾聲就睡去了。

我帶著同樣的心情醒來，平靜，悲傷，祥和。

輪到我的時候，我躺上手術台，雙腳跨上腳鐙，準備放手讓我的小寶貝離去。但當第一副金屬器械觸碰到我的子宮頸時，我立刻感到反胃至極，渾身都被汗水浸濕；所有事物向後翻倒，整個房間陷入了黑暗。他們開始往我臉上潑灑冷水，檢查我的血壓，喊我的名字，同一時間我為了不要失去意識，竭盡全力保持呼吸。我當時陷入休克狀態，我的身體向被它辨識為致命威脅的東西做出激烈的反應。之後有很長一段時間，我都在想，為什麼我已經如此坦然地接受自己的決定，這樣的事還是發生了。我後來才意識到，即使我在理智和情感上都接受了即將失去孩子的事實，但我的子宮仍然將此視為一種致命威脅，為了保護它的小小房客竭力反抗。我為我的子宮如此恪守職責感到無比自豪！

當一切歸於平靜，手術又開始緩緩推進。這把金屬器械，然後下一把。呼吸，呼吸，呼吸。說「是的」，「是的」。當機器傳出那令人毛骨悚然的怪誕噪音時，我跟它說：「別了。再見，我美麗的小愛人。」我哭了。接著機器停了。一切結束了。我的寶寶真的離開了。手術後剩餘的時間，我過得非常安穩平順，我將雙手放在腹部取暖，感受那股隱約、柔和的痛楚，或者說懷想那股痛楚的記憶。我偶爾會流下幾滴悲傷的淚水。只有悲傷而已。

第二天，我的生活便恢復正常了。但奇妙的是，我遇到好幾個朋友都問我：「妳怎麼了？妳今天看來容光煥發，簡直閃閃發亮。」事情是這樣的，我剛做完人工流產手術，經歷了一場不可思議的愛

情,並與自己達成了一次偉大的和解。但這是我的祕密,也是我的禮物。

今天,七年後,我在寫這篇文章時流下了眼淚。不是因為遺憾、悔恨或愧疚。只是出於悲傷。我的寶貝還活著,但他在一個很遙遠的地方。而我是他的母親。

由 Joanna Mott 英譯

來生

JOAN LARKIN

我比父親渾身呈現明亮的金黃色
在牙買加平原上的福克納醫院
離開他的肉身和裡頭衰竭的肝臟而去時還要更老了。我不
相信來生,我不知道他現在人在何處
他的肉身已經在猶太公墓中腐爛殆盡
只剩下累累長骨——他可能是
一排排墓碑下唯一的皈依者。
有一次,我在狹小的廚房裡洗碗
聽到他在我身後吹起口哨。我的頸背瞬間凍結。
在那之後沒再發生過類似的事。但今天早晨
我們一起搭機要去維吉尼亞。那時候我十七歲,
懷了孕且惶惶不安。人工流產手術正等著我,
我阿姨家客房的床上滿是鮮血,我的媽媽
在尖叫——而他卻說孩子們就是會惹上麻煩——
我現在懂了:這是種寬恕。
我想如果他還活著他肯定會有所改變跟成長
但面對我洪水般湧出的傾訴他又會作何感想
畢竟當飛機在豁亮的日光中於里奇蒙降落時

──空服員在座位間穿梭
穿著潔淨的裙裝,襯衫紮得整整齊齊──
他曾壓低聲音說了句
「永遠別告訴任何人」。

意志
WILL

經由血液

BUSISIWE MAHLANGU

夜裡，我擁抱著自己的身體入睡
只是為了感覺它屬於我。

它被拖過詆毀的泥淖
有數萬隻手趁火打劫都想分一杯羹
它被貶至深淵
千張嘴各咬一口。
身體千方百計為我所有已力盡筋疲。

我有各種方式向它耳語我很愛妳。
有時這耳語聽起來像一聲抗議的巨響。
其他時候，這耳語只是沉默。
在這個醜陋的世界，
任何竊竊低語的黑人女性都會為自己帶來危險。

妳應該吞下雷霆暴雨。
妳應該嚥下風。
盡妳所能將聲音鎖進喉嚨深處。

意志

某處，有條法律與我的身體為敵。
這裡，我將所有的愛獻給身體。
我能吃多少炸薯條我就吃多少。
我通宵熬夜看一整晚的電影。
我走進醫院，終止了我不需要的懷孕。

我不向任何人解釋為什麼我要這樣做。
我只有一句話，我這麼做是為了生命。
我不向任何人解釋為什麼我要這樣做。

他們沒有足夠的時間去理解
我說的「生命」是屬於我的。

墮胎前我活著
現在我仍然活著——
那也是一種對生命的祝福。

當世界再次因他們的羞侮崩塌
我低聲對我子宮內的空洞說
這就是愛
這就是愛
這也是愛。

出自《薩米：我的新名字》
AUDRE LORDE

　　兩個禮拜後，我發現自己懷孕了。

　　我努力回想一些從其他「陷入麻煩」的朋友那裡得到的資訊，儘管印象已經有點模糊。賓州的一個醫生以低廉的價格提供品質優越、乾淨俐索的人工流產手術，因為他的女兒在他拒絕為她施行流產手術後死在廚房餐桌上。但有時候警察抓得比較緊，所以他並不是每天開業。我透過小道消息得知他現在休業中。

　　沒轍了。我得做點什麼——什麼都好。沒有其他人可以幫我。我該怎麼辦？

　　告訴我驗孕結果是陽性的醫生是琴的阿姨的朋友，琴的阿姨曾說，他或許能「幫忙」。但他的「幫忙」指的是他可以把我弄進一間他朋友開在市郊的未婚媽媽之家。「除此之外，」他心虔意誠地說道，「其他行為都是違法的。」

　　我從學校的朋友那邊聽到《每日新聞》上登的「劊子手」與「墮胎工廠」的故事，被嚇得半死。他們在粗製濫造的廉價餐桌上動墮胎手術。琴的朋友法蘭絲去年就死在去醫院的路上，她用一號油漆刷的把柄想幫自己墮胎。

　　這些駭人的故事並不是空穴來風，也時有所聞。我在急診室外頭走廊兩側那些血淋淋的推床上看過太多墮胎失敗的例子。

而且,我也沒有真正可以聯繫的人。

我走出醫生的診間,穿過冬日黯淡的街道走向地鐵站,我心裡非常清楚我不能把孩子生下來,這股強烈的確信讓我比起從前任何時刻都還要堅定地知道應該怎麼做。

那個把我介紹給彼得的勞工青年聯盟的女孩之前墮過一次胎,花了三百美元。是那個男的出的錢。我沒有三百美元,也沒辦法弄到三百美元,我告訴她這個孩子不是彼得的,要她發誓她會保密。該做什麼就得去做什麼。而且要快。

蓖麻油跟一堆溴奎寧藥丸都沒有用。

芥末熱水浴同樣一點用也沒有,還讓我起疹子。

我在亨特的空教室裡選了一張桌子跳下來,結果也是一場徒勞,還差點弄壞眼鏡。

安是一名擁有執業證照的執業護理師,我是在貝斯大衛醫院上夜班的時候認識她的。我們以前時不時就會在晚上十二點過後跑去護理師的茶水間裡調情,那個時段護理長通常都在某個閒置的單人病房裡打地鋪偷偷小憩。安的丈夫是駐韓美軍。安當時三十一歲──用她自己的話來說,已是匹識途老馬──她美麗、友善、嬌小、結實、黝黑。某天晚上,我們為了夜間照護要幫病患擦背,在加熱酒精和爽身粉時,她露出右乳,向我展示那顆剛好長在她的深紫色乳暈與棕褐色皮膚交界處的痣,她笑著對我說:「這顆痣可是讓所有醫生都為之瘋狂。」

在那些漫長睏倦的夜班時光中,安帶我認識了安非他命,下班後我們會回到她位於教堂大道上那個附有簡易廚房、通明透亮的公寓,一邊喝著黑咖啡,一邊八卦護理長們的怪毛病直到天亮。

有一天晚上,我從醫院打電話給安,約她下班後碰面。我告訴

她我懷孕了。

「我還以為妳是女同志！」

我聽出安的聲音中那股透著失望的半信半疑，冷不防想起了我們在茶水間的那一幕。但我跟試圖往我身上貼標籤的人交手的經驗是，他們這麼做通常要麼為了打發我，要麼是想利用我。我甚至還在摸索自己的性傾向，遑論做出任何選擇了。我假裝沒聽到那句話。

我請安從藥劑部幫我拿一些麥角新鹼，我曾經聽護理師提到這種藥可以促進子宮收縮。

「妳瘋了嗎？」她震驚萬分地說。「妳可別亂來，姑娘；那東西可能會害死妳。那藥會造成大出血。我來幫妳打聽看看。」

「一定有認識的人可以幫上忙」，安說。她指的是另一個外科護理師的媽媽。非常安全、乾淨、失敗機率極低而且便宜。她用佛利導管來引產。土法墮胎。這種口徑狹小的硬質橡膠管消毒後會軟化，一般被運用來幫助患者在手術後維持身體各管道的暢通。這條全長十五英吋的導管在柔軟的狀態下通過子宮頸到達子宮，整齊地盤繞在子宮腔內。一旦變硬，導管壁的拐角會劃破充血的子宮內膜，引發子宮收縮，最終將著床的胎兒連同胎膜一起排出。如果導管沒有過早被排出。如果導管沒有連子宮也一起刺破。

整個過程大概需要十五個小時，費用是四十美元，也就是我一週半的薪水。

那天下午，我從薩特醫生的診間下班後，就去了穆諾茲夫人的公寓。一月的融雪期已經過去，雖然才下午一點，卻感覺不到一絲陽光帶來的暖意。二月中旬的冬日灰沉沉的，上東城的地上是片片骯髒的積雪。我穿著羊毛大衣，頂著寒風，背著裡頭裝了一副新的橡膠手套、安從醫院幫我拿的全新鮮紅色導管和一片衛生棉的袋

子。我帶了上一次發的薪資袋——大部分的錢都還在——加上安借給我的五美元。

「親愛的，妳可以趁我煮導管的時候把裙子和內褲脫了。」穆諾茲夫人從袋子中取出導管，然後用水壺中的沸水沖洗導管，下面放了一個淺盆接著流下來的水。我縮成一團坐在她家那張大床的床沿，為自己在這個陌生人面前半裸著身軀感到困窘不已。她戴上薄薄一層橡膠手套，將淺盆放在桌上，望向我所在的角落，那個整潔但是略顯寒酸的房間的其中一角。

「躺好，躺好。妳害怕了是嗎？」她注視著我，頭上圍著一條潔白的方巾，這條方巾完全包覆住了她的小腦袋。我看不到她的頭髮，從她那張稜角分明、雙目炯炯有神的臉上，我也分辨不出她的年紀，但她看起來是如此年輕，我很訝異她竟然有一個大到可以當護理師的女兒。

「妳害怕了嗎？別怕，親愛的。」她說，一邊就著毛巾邊緣拿起淺盆，把它移到床的另一邊。

「現在躺回床上，把腿抬起來。沒什麼好害怕的。這沒什麼大不了的——如果我女兒需要，我也會幫我女兒做。如果妳現在已經懷孕三、四個月，就會更辛苦，因為它會花上更久的時間，妳懂嗎？但妳還不算太晚。別擔心。今晚，或者明天，妳會感覺有點疼，像比較嚴重的經痛。妳平常會經痛嗎？」

我點點頭，沒多說什麼，咬緊牙關忍住疼痛。但她正聚精會神地幹著自己的活，雙手在我雙腿之間忙得不可開交。

「妳等會兒吃點阿斯匹靈，喝點酒。不過也別喝太多。等到好了，管子會下降，出血也會跟著開始。然後寶寶就不在了。下次要更愛惜自己一點，親愛的。」

穆諾茲太太一說完話,就嫻熟地將那條又細又長的導管穿過我的子宮頸插進我的子宮。一陣劇烈但短暫的疼痛襲來。導管盤繞在我體內,即將劃破那嬌嫩脆弱的內膜,用鮮血洗淨我的煩憂,像殘忍無情的救命恩人。

對我來說所有疼痛都難以忍受,因此即使只是這短暫的陣痛也感覺永無止盡。

「看,就是這樣而已。沒那麼糟對吧?」她邊安慰我,邊拍了拍我那打顫的大腿。「都結束了。現在把衣服穿回去。記得墊衛生棉。」她脫下橡膠手套時叮嚀道。「妳幾個小時後會開始出血,那之後就躺著休息。喏,妳還要這副手套嗎?」

我搖搖頭,把錢遞給她。她向我道謝。「這次是優惠價,因為妳是安娜的朋友,」她微笑著幫我穿上外套,「明天這個時候妳就解脫了。如果妳有任何問題,打電話給我。但不會有什麼事,只會有點輕微的腹痛而已。」

我經過西四街的時候,順手買了一瓶杏桃白蘭地,花了八十九美分。那是我十八歲生日前夕,我決定為心中大石終於落下慶祝一下。現在我唯一要做的事就是感受疼痛。

搭著慢悠悠的週六區間車,返回我位於布萊頓海灘那個配備完善的套房的路上,腹部的絞痛開始了,而且愈發劇烈。我俯身稍稍靠在地鐵座椅上,不斷對自己說「一切都會沒事的」,只要能熬過第二天就沒問題了。我可以的。她說這個方法很安全。最艱難的時期已經過去,如果出了任何問題,我隨時都可以去醫院。我會跟他們說,我不知道她叫什麼名字,當時我被蒙上雙眼,完全不知道自己人在哪裡。

我不知道究竟會痛到什麼地步,這比什麼都讓我恐懼。當時我

壓根沒有考慮過自己可能會死於出血或子宮穿孔的事。讓我恐懼的只有疼痛。

地鐵車廂裡幾乎空無一人。

就在去年春天大概同一個時間，一個星期六早晨，我在母親家被廚房裡煎培根的味道喚醒，睜開眼睛的那一刻，我猛然意識到，自己生下一名小女嬰的場景，真的只是我的一場夢。我倏地坐起身來，面對著通風井上的小窗戶，在床上沮喪地不斷哭泣，一直到母親走進房裡察看才停下。

電車駛出隧道，切過布魯克林蕭索荒涼的南緣。康尼島的跳傘塔和一座灰色的巨型儲氣槽是鉛灰色天際線上唯二的破口。

我鼓起勇氣去感受每一絲懊悔。

那天晚上八點左右，我在床上蜷縮成小小一球，腦中盤算著要不要把頭髮染成深黑色，企圖轉移自己對鼠蹊部那股刺痛的注意力。

我根本無法去細想自己正面臨著什麼樣的風險。但另一部分的我也驚異於自己的膽大。我做到了。這個行動——它撕裂我的五臟六腑，我可能因此而死，但我知道我不會——比起我先前脫離原生家庭，還更有一種從安全保障走往自我保全的轉向。我選擇了疼痛。這就是活著的真諦。我堅持如此相信，只想為自己感到驕傲。

我沒有屈服。我沒有坐以待斃。我沒有被擊倒。

通往後巷的門傳來了敲門聲，我向窗外望去。我的同窗好友布洛森請以前的高中老師開車載她來看看我是否「安然無恙」，還準備了一瓶蜜桃白蘭地，當成我的生日禮物。我之前也問過她的意見，但她不想跟墮胎扯上關係，勸我應該把孩子生下來。我懶得花時間跟她解釋黑人寶寶通常不會被收養。他們只會被寄養家庭收容，被遺棄或「被放棄」。但不會被收養。儘管如此，我知道她是因為擔

心我,才一路從皇后區大老遠跑來曼哈頓,再到布萊頓海灘。

我很感動。

我們只聊了些無關痛癢的事。關於我體內發生的事一個字都沒提起。這成了我的祕密;我只有辦法一個人面對這件事。我感覺到她們兩人對於我這麼做都心懷感激。

「妳確定妳沒問題?」布洛森問道。我點了點頭。

伯曼小姐提議我們可以趁二月清冽的夜色沿著木棧道散個步。那天晚上沒有月亮。散步讓我感覺好了些,白蘭地也是。但當我們回到房裡時,我再也無法專心聽她們說話。腹部那陣蝕骨的劇痛讓我完全無暇顧及其他。

「妳想要自己一個人待著嗎?」布洛森以一種非常布洛森的方式直截了當地問道。伯曼小姐神情肅穆但透露著憐憫,靜靜地站在門邊,定定看著我的海報們。我感激地朝布洛森點了點頭。伯曼小姐在離開前借了我五美元。

那整個晚上,我苦苦掙扎著在臥室與廁所之間的走廊上往復挪蹭,疼得直不起腰來。我一面看著血塊從我體內掉落滑下馬桶,一面懷疑自己是否真的沒事。我從沒看過身上掉出這麼巨大的紅色團塊。我被嚇壞了。我很害怕自己會在十八歲生日當天半夜,就因為失血過多死在布萊頓海灘那間公用廁所裡,走廊盡頭還有個瘋老太婆在睡夢中不住地喃喃低語。但我會沒事的。這一切很快就會結束,我會安然無恙。

我看著一坨灰白色黏液狀的物體消失在馬桶裡,心想那是不是就是胚胎。

接近破曉時分,當時我正要吞下更多阿斯匹靈,導管已經從我體內排了出來。我流了很多血,非常非常多的血。但在婦產科病房

的經驗告訴我，我並沒有大出血。

我清洗了那條又長又硬的導管，小心翼翼地檢查之後，將它收進抽屜。我的救命稻草外觀呈現一種邪惡的鮮紅色，但除此之外看來是人畜無害。

我在清晨稀薄的日光中吞了顆安非他命，思忖著要不要再花二十五美分買個咖啡跟丹麥麵包。我記得那天下午我要去亨特學院的一場音樂會當接待，活動結束後我可以拿到十美元，以一個下午的工作量來說算一筆不小的數目，這筆收入也足以償還我欠安跟伯曼小姐的錢。

儘管血還在流，我還是幫自己煮了甜滋滋的咖啡牛奶，洗了場熱水澡。疼痛在那之後逐漸減弱，變成一陣陣隱約、沉悶的鈍痛。

突然一個念頭，我披上了衣服，起身就往外頭走去，踏進清晨的寒氣裡。我搭著公車到康尼島，在內森熱狗附近的早餐店吃了一頓──配餐有薯條跟英式瑪芬──豐盛的生日早餐。我已經很久沒好好在餐廳裡吃一頓飯。伯曼小姐借我的五美元幾乎有一半都花在這頓早餐上，因為那是猶太潔食食品，很貴。也很好吃。吃完我就回家了。我躺在床上休息，心中洋溢著某種幸福感，以及剛從疼痛和恐懼中解脫出來的近乎狂喜的感受。我真的沒事了。

當時間從清晨逐漸轉入午後，我才意識到自己已經疲憊不堪。但想到只要工作一個下午就可以賺十美元，還是讓我撐起疲倦的身體，跳上週末的區間車，準備前往迢迢千里之外的亨特學院。

到了下午兩、三點左右，我的雙腿開始打起顫來。我木然地在走道上來回走動，幾乎聽不見台上的弦樂四重奏。音樂會快結束時，我跑去女廁更換棉條跟護墊。在洗手間裡，一陣強烈的噁心感突然向我襲來，我不得不彎下了腰，一瞬間就把我早上在康尼島吃的那

頓含小費要價二點五美元的早餐——甚至根本還沒消化——狠狠地吐了出來。我虛弱地坐在馬桶上，頭倚著牆，瑟瑟發抖。新一波劇烈的痙攣再度鋪天蓋地而來，痛得我不住低聲呻吟起來。

我讀亨特高中時就認識的女廁管理員路易斯小姐，當時人正好在洗手間後方屬於她的小隔間裡，她看著我走進空無一人的洗手間裡。

「是妳在哀嚎嗎，奧特蕾？妳還好嗎？」我看到她穿著低跟鞋的腳停在我的門外。

「是的，女士。」我隔著門喘著氣說道，一面暗中埋怨自己的壞運氣——竟然好死不死走進了路易斯小姐在的那個洗手間。「我只是月經來了。」

我強打精神，整理了一下衣服。當我終於鼓起勇氣，昂首走出門外，路易斯小姐仍然站在門前，雙臂環胸。

她對亨特高中裡為數不多的幾個黑人女孩，一直保持著一種穩定但不涉及個人情感的關心，當我在入秋後的大學洗手間裡再次碰到這張熟面孔時，我著實感到開心。我告訴她我要升上大學部了，也搬離了老家。路易斯小姐抬起眉頭，撇著嘴，搖了搖她兩鬢斑白的頭。「妳們這些女孩真有妳的！」她說。

迎著冷酷刺目的日光燈，路易斯小姐透過那副彷彿為她量身打造的金絲眼鏡打量著我，那副眼鏡像對圓形的觸角挺立在她寬大的棕色鼻梁上。

「女孩，妳確定妳沒事嗎？妳聽起來不太好。」她仰著頭直盯著我的臉看。「過來坐一會兒。妳月經剛來嗎？妳蒼白得像別人家的孩子。」

我滿懷感激地坐上她的位子。「我沒事，路易斯小姐，」我爭辯

道,「我只是經痛得很厲害而已。」

「只是經痛?痛成那樣?痛成那樣妳今天怎麼還來這裡?看看妳的樣子,妳應該在家休息。妳想來點咖啡嗎,親愛的?」她將她的杯子遞了過來。

「因為我需要錢,路易斯小姐。我等等就會沒事,真的。」我拒絕了那杯咖啡,站了起來。又一陣痙攣襲上我緊繃的大腿,竄進我的後背,但我僅能無力地將頭靠在洗手間的隔板上。我從面前的玻璃層架上抽出一張紙巾沾濕,拭去額頭上的冷汗,再擦了擦臉上其他部分,接著小心翼翼地抹去掉色的唇膏。我朝著鏡子裡的自己跟路易斯小姐咧嘴笑了笑,她站在我身後側邊,雙臂仍舊環抱著她那寬闊、厚實的胸脯。她深深倒吸一口氣,發出一聲長嘆。

「孩子,妳怎麼不趕緊回家找妳媽媽呢?回到妳該去的地方?」

我幾乎要哭出來。我想尖叫,想用尖叫聲蓋過那個老婦人憂愁的、仁慈的、試圖假裝一切都很簡單的聲音。

「妳不覺得她可能在為妳擔心嗎?她知道妳遇到了麻煩嗎?」

「我沒有遇到什麼麻煩,路易斯小姐。我只是因為月經來,人不太舒服。」我轉過身去,把用過的紙巾揉成一團扔進籃子裡,再一屁股癱坐回位子上。我的雙腿孱弱無力到連我自己都吃驚的地步。

「是嗎?好吧。」路易斯小姐又深吸了一口氣,把手探進圍裙口袋。

「這給妳,」她從錢包裡掏出四美元,「拿這些錢搭計程車回家吧。」她知道我住布魯克林。「妳現在就回家。我會幫妳去樓下簽退。妳拿到錢的時候再還給我。」

我從她黝黑、布滿勞動痕跡的手中接過幾張皺巴巴的鈔票。「非常謝謝妳,路易斯小姐。」我滿懷感激地說道。我重新站起身來,

這次有站得更穩一些。「但請不用擔心我,我很快就會沒事的。」我搖搖晃晃地走向門口。

「記得把腳抬高,冰敷妳的小腹,在床上休息幾天。」她在我走向通往一樓的電梯的路上,在我身後喊道。

我沒有在布萊頓海灘大道下車,而是請司機繞到後巷的入口處。我怕我沒辦法一個人走到要去的地方。我懷疑自己是不是差點就昏倒了。

一進門我便吞了三顆阿斯匹靈,然後昏睡了一整天。

我在禮拜一下午醒來的時候,床單上沾滿了血漬,但出血已經減緩到正常的速度,腹痛也消失了。

我在想自己是不是禮拜日早上在那家早餐店吃壞了肚子。我沒有腸胃不適過,也一直以自己的銅腸鐵胃為傲。我隔天就回到學校上課。

禮拜五下課後,我趁上班前去領了當接待的錢。我在禮堂的洗手間找到路易斯小姐,把四美元還給了她。

「噢,謝謝妳,奧特蕾。」她看上去有些驚訝。

她把鈔票摺得整整齊齊,塞進她放在制服圍裙口袋裡的綠色零錢包。「妳感覺如何?」

「我很好,路易斯小姐。」我一派輕鬆地回答道。「我跟妳說過我會沒事的。」

「妳才沒有沒事!妳之前說妳很好,但我知道妳並不好,所以別跟我扯那些,我不想聽。」路易斯小姐惡狠狠地看著我。

「妳到底回家找妳媽媽了沒?」

生命之泉
ANN TOWNSEND

蠑螈在瓶子裡躁動不安地游動
他雙手托住瓶身,遞向
岸上的三個女孩,
我蹲伏在飯店浴室
冰冷的磁磚地板上,膽汁湧上舌尖。
多麼可怕的一幅畫呀,我心裡想,
然後朝著洗手台嘔吐起來。
蠑螈們沿著玻璃推搡
直到水打濕並浸透
他袖口的蕾絲花邊。
從我在地板上的視角望去
那幅畫散發著滿滿的壓迫感。
從某個角度看,畫的標題是:
「生命之泉。」
他的鞋子沾滿泥濘,
泉水在他腳下奔淌。
這些女孩,她們的連身裙
在胸口處打著皺褶──

一個滿面愁容。
一個欣喜若狂。
一個看起來不是很聰明但有可能是
浴室的燈光沒能好好襯托她。
那天超音波檢查中看到的蠑螈
比一顆胡椒還小。
已經五週了，超音波檢查師拿著
探頭在我肚皮上滑動
掃描裡頭竄遊的東西時這麼說。
它好小，我說。
我的聲音裡帶著愛意。
但在一點五十分，我仍然吞下了藥片。
我可以把它們吐掉——我可以——
幾分鐘前我閃過這個念頭。
最後子宮中的內容物會被排出，
醫生隔著桌子
遙遙地說。
這花了四天的時間，
然後你游進我的手心，
沒有臉孔蜷縮在一灘水窪之中，
滑落在胎盤血跡旁，
臍帶是一段微微顫抖的線。
黏膜抹片像塊葡萄皮我將它
捧在手心。看，他說，

朝著瓶子裡那些
在自己的軌道上輕快游動的蠑螈。
一個女孩雙手緊握著裙襬。

一個女孩伸手去接。
看，他說。水流隨著
他手腕的律動
盤繞形成漩渦。你在自己的血中赤身裸體地
蜷縮，問著那不可能回答的問題。
我用手掂量著你，
將你裝進柔軟的包裝中，
親吻它，
然後把你藏在某棵樹的樹根下。
我不會說出是哪一棵樹——
讓他們找遍山陬海澨也找不到你。
我用力地踩
將你的門關上。
我當然愛過你，
即使我將腳跟牢牢抵在了塵土之上。

節錄自〈「概念」引言及「概念」〉

HILDE WEISERT

「哈囉花兒。」是我的阿姨,她在深夜打來了電話,喝了酒,準備開講。上個禮拜是關於她住賴伊的妹妹不小心把一隻老鼠關在烤箱裡活活烤死。這禮拜的故事則是關於我。或者不是。她決定,在她死之前,在記憶消逝之前,她要告訴我我母親當年——那時妻子們(姊妹與妯娌)全住在芝加哥北區的大公寓裡,丈夫們都在戰場上——跟她說了什麼。我一直覺得那個地方就像屬於她們的某種樂園,她們自立自主,無拘無束,出門工作,品嘗馬丁尼,一起照料彼此的孩子。

我聽過許多關於那段黃金歲月的故事。現在是另一個新故事。「妳知道嗎,妳一開始並不是那麼無可取代。老實說,她那時候甚至沒想留下妳。妳應該要知道這件事。我敢保證妳媽媽一定從來沒跟妳提過。關於她那時候哭得多慘。她告訴過我她真的不知道能不能繼續走下去。跟妳爸爸。他離家以後,是她這十年來第一次感覺自己能夠自由呼吸。她不希望他回來。」

「她有一份相當不錯的工作,也確實富有魅力,她下班回家的時候都會跟我們說些,妳知道,像戴夫·加洛威或是休·唐斯之類電台裡那些男人的事。妳媽喜歡跟男人們廝混。她是那裡唯一的女人,是眾人矚目的『嬌點』。她說:『怎麼可能再有這麼好的事?』

妳肯定對這些一無所知。」

「嗯，我不知道。」我聽到的時候有些半信半疑。我聽過的版本都是關於我是個多麼可人、多麼受眾人寵愛的孩子。我爺爺都叫我「天使寶寶」。但聽我醉醺醺的阿姨喋喋不休地瞎扯時，我心想搞不好真有其事。也許她真的想過要放棄這一切，想過就此抽身而去，與我父親各度餘生。她跟我提過另一次懷孕的事情——我的哥哥——在懷我之前還要早幾年，她那時候曾經站在沃巴什大道橋上想著要投河自盡。我也想問問她，但沒辦法，因為她死了。

「沒錯，妳完全不曉得，對吧？在大家眼裡她是如此完美。妳肯定想像不到她跟我說了什麼。」

我感覺我阿姨在電話那頭悄悄哭了起來，這暗示著談話差不多要結束了。「對，我真的一無所知。別擔心，不管事實真相是什麼，都沒關係。妳應該去睡了。」對面傳來幾陣吸鼻子的聲音，和更多花兒如何如何的叨念，電話就斷了。真有趣，我心想。「如果⋯⋯妳會有什麼感覺？」——這是每個右翼分子在打墮胎議題時使用的終極王牌。嗯，這就是我的感覺。

概念

為什麼這會是最糟糕的事？
就是妳把我當成一個概念，可以隨意
塑造、設想？媽媽，
我幾乎可以想像那一切。

不是你的
Angelique Imani Rodriguez

> 沒有哪個女人墮胎是墮好玩的。
> ——伊莉莎白・瓊・史密斯

我在馬桶上坐了太久,腳都麻了。用過的三根驗孕棒橫躺在白色磁磚地板上,它們都來自同一盒驗孕棒,第三根是贈品,彷彿驗孕棒廠商知道雖然我已經覺察到自己體內發生的事,但仍然需要用掉足足三根來確認。我的月經沒來,儘管我之前也有過幾次不規律的生理期,但這次感覺不太一樣。從下腹部傳來的陣陣悶痛,從清晨我的胃如何上下翻騰,從每一次頭暈目眩,我都能感覺到這跟以往有所不同。

我他媽的知道是怎麼一回事。但我還是整整驗了三次。

驗完之後,我坐在原處,盯著那六條藍色的線,它們一字排開,告訴我「妳懷孕了」。

我他媽怎麼會讓這種事發生?

跟我發生關係的那個男人,我家每個人都希望我離他遠一點,但我對他那股不可自拔的迷戀——每次分手後,只要滾完床單又會死灰復燃——讓我一次又一次地回到他身邊。在其中某次「他又讓我感覺好多了」的回溫時光後,保險套破了,我因此懷上了身孕。

我們面面相覷，彷彿世界末日就要來臨。

「我立刻拔出來了。妳應該不會有事。」他的聲音如此輕柔，如此令人安心。我以為我會沒事。我錯了。

我沒告訴他我懷孕了。我拿來說服自己的理由是：「他沒來找我」，或者「他跟另一個小妞玩得正開心呢，誰管妳？」但事實的真相是，我不敢告訴他，因為我不敢面對他的真實反應。我不想聽到他說「妳確定那是我的孩子嗎？」我不想聽到他說，我應該留下這個孩子。

因為我知道我會墮胎。

我並不以此為榮，完全沒有。當時應該讓他知道的。

多年之後，他在點著蠟燭的桌邊向我表白愛意。我看得見他眼底的愛戀，他的睫毛間閃爍著對美好未來的嚮往。我可以聽見他的聲音因緊張而顫抖。

「當我親吻妳的時候，我感覺我的胃在翻攪。我已經愛妳愛了很久。我無法想像其他人成為我孩子的母親，安琪。」

我將手疊放在他手上，說道：「我有事要告訴你。」

我們的關係從此改變，回溫時光不再復返，儘管誠摯的友誼仍然長存。他現在有一個兒子。他的兒子跟他像是一個模子印出來的。

我決定要墮胎，因為我知道我正讓自己陷入了一個我所不欲置身的境地。我當時二十二歲，不管是心智上還是情感上都尚未準備好要迎接一個孩子，更遑論養活這個新生命所需的經濟餘裕。我才剛開始一份新工作，沒有亮眼的學歷，沒有明確的人生規劃，沒有夢想。我不想跟一個除了我的陰道跟我在床上能帶給他什麼感覺以外，對我一無所知的男人組織家庭。我不想要有小孩，因為我很清楚我無法提供它它理應享有的生活跟資源。

那尚未來到的生活令我驚惶失措。我甚至還沒開始處理那些我應該拋卻、屏棄的狗屎毛病，因為我又在給自己捅更多他媽的爛婁子。

我還沒準備好當一個媽媽，也不想。

那就是我的理由，而我為此被身邊的人視為罪人、橫加指責。

包括我自己。

• • •

我媽媽在我發現自己懷孕的同一個夏天，被診斷出罹患乳癌。我得知這個消息的時候哭了起來，因為我曉得在這個她如此脆弱的時刻，我的坦白會成為她的負擔。她不需要承受這些。

然而也是我選擇這麼做。

當時我在通訊行工作，趁著休息時間，我打電話告訴她我懷孕了。我走進一家唱片行，一面翻看成堆的唱片，一面撥給她。在我說出口之前，我們閒聊了幾分鐘。

「媽咪，我的月經還沒來。」

「妳想說什麼？」

「我……我驗了一次孕，然後……」

「伊瑪妮，妳懷孕了嗎？」

我任由這些話語砸向我，宛若一記重錘落下。在她還沒來得及開口前，我就心急地辯解，迫切地想要粉飾太平，想解決這個燙手山芋。

「對。但別擔心，我會預約人工流產手術。這是我現在唯一能做的。我最近工作表現都不太好，因為我已經不舒服了好一陣子。我沒有學位。我對未來毫無準備。媽咪，我沒辦法要這個孩子……

而且現在妳又生病了,我……」

「別把這件事當成妳做這個決定的藉口。妳應該要更謹慎些的,伊瑪妮。」她說。

那一刻時間彷彿凍結,一聲評價和譴責,就這樣懸浮在空氣中。

媽媽在我人工流產那天,下班回家後探頭進我房間。我哭的時候,她坐在床邊。我不記得她說了什麼。我不記得我伏在她腿上哭,或是她把手放在我身上的事。

我記得她坐在床邊,發出一聲沉重的嘆息。我記得我心裡想,好希望她別露出那種表情,那種她對我的冀望已然破滅的表情。我記得我想跟她道歉。

但我沒有。

我等到她離開,剩我一個人的時候,才在我的日記寫下:「我想就這樣永眠於被單的皺褶裡。」

・・・

我的一個朋友懷了第二個孩子,但她沒有告訴我。那是我墮胎後一年左右的事。有一天我們通電話的時候,她要我跟她談談這件事。她跟我說她想知道所有具體細節。

所以我這麼做了。我一五一十地跟她說了,從入口處的那個男人遞給我一張紙,上面寫著我是一個殺人兇手,到在那些放有鋪著褪色酒紅色布料、坐起來一點也不舒服的椅子的房間裡等待好幾個小時,到做超音波檢查時我完全不敢直視螢幕上那腰果大小的胎兒,到我背負的那些恐懼跟羞恥。所有這一切。我毫無保留據實以告,過去被壓抑的各種情緒噴湧而出。我不想再被迫做出那樣的選擇,但我告訴她,那對當時的我而言是最明智的決定。

當我得知她懷孕的消息時，甚至根本不是她親口告訴我，而是從另一個朋友那裡聽說的。那個朋友在一次通話中隨口提起。

　　「等一下，她懷孕了？她會把孩子留下來嗎？」

　　「喔，對啊。她跟我說，妳做的事她永遠都辦不到。」

　　在我們談起這件事以前，我一直為此感到羞愧。

　　她漂亮的女兒現在已經十一歲了，是個精力充沛、閃亮耀眼的小精靈。我很高興可以認識她。她媽媽跟我還是朋友，我們從彼此身上學習到每個女人都有自己的路要走，以及每個女人都有權利做出自己的選擇。

做一個女人

JENNIFER GOLDWASSER

一個女人必須
選擇
當她遇到
她的戰士自我的
男性副本
她要奪去生命還是賦予生命。
她必須記住
死神也是一個
耕田的女人

她們的選擇：關於人工流產，作家們想說

墮胎日的雙人和聲咒語 [1]

ANNIE FINCH

當我將你的鮮血返還大地，
我是生命，你是死亡，接著我們越過火焰親吻
這就是我的自由之誕生。

在孕育我倆愛之永恆性的子宮旁，
當你將我的鮮血返還大地，
我是死亡，而你是生命。然後我們親吻

當我們穿越深邃處，交付
予為愛所編織的幸福網羅，
伴以那火焰這就是我倆的自由之誕生。

---

1 原註：對儀式治療感興趣的讀者，可能會對我寫到的、那讓我在墮胎後順利康復的儀式感興趣。這可以在我的網站上以及我的書《與女神同行：七個夢境中的史詩歌劇腳本》(*Among the Goddesses: An Epic Libretto in Seven Dreams*, Red Hen Press, 2010) 的附錄中找到。

我想她是女孩
Leyla Josephine

我想她是個女孩。
不。
我知道她是女孩,我想她看起來會像我:
飽滿的臉頰、淺褐色的眼睛和濃密的棕色頭髮——我本來會在夜裡
　　將它們編成夢境。
我本來會把發光的星點黏在她的天花板上
告訴她這些都是螢火蟲,保護她免受黑暗的侵襲。
我本來會告訴她關於她祖父的故事。
我們本來會在公園裡餵天鵝。
她本來也會像你一樣,長手長腳
帶著揶揄的微笑,穿著最新款式的球鞋。
她本來會是個強悍的女孩,勝過從前的我,
我本來會教給她我母親教我的一切,
我本來會帶她去所有的博物館
在那裡她會看到那些恐龍化石,
她會看著它們,對她出生之前發生的一切感到好奇。
她本來會出生。
我本來會確保我們牆上留有一塊空白,在她成長過程中為她量測記

錄身高。
我會確保我是一個值得她尊敬的好母親。
但我也會支持她的選擇權。
為她自己選擇一種生活，選擇一條屬於自己的道路。
我會誓死捍衛她的選擇權，就像她為我的選擇權而死。
我很抱歉，但妳來的時間不對。
我並不感到羞愧。我並不感到羞愧。我並不感到羞愧。
我厭倦了把這些話憋在心裡。
我並不感到羞愧。
那時我還是個十幾歲的少女，深愛的男孩在我大腿之間，卻令我感
　　　覺遙不可及。
偷閒假和失業救濟金都對家庭計畫沒有幫助。
我是那三分之一。我是那三分之一。我是那三分之一。
我必須砍倒那棵在我的血液中扎根
並在我的大腦中開花的小櫻桃樹。
我沒有足夠的精力也太過年輕去維繫這份責任。
櫻桃樹的枝椏投下的陰影籠罩整座花園。
它的樹皮使我的思想、我的心變得堅硬。
我不感到羞愧。我不感到羞愧。我不感到羞愧。
是種空洞？但這空洞卻感覺飽滿，是種沉重的麻木。
別再試圖把這種感覺寫進保健署的喪親手冊裡了。
我有權感受這一切，我有權感受這一切。
我現在是個女人了，我是用鋼鐵鑄成的，
她不是女孩，也不是男孩。
那只是為了讓妳進不了國會，讓妳困在產假裡的鬼扯。

別對我喋喋不休謀殺之類的廢話。
每年有七萬人。每年有七萬人。每年有七萬人。
死了。
每天有一百九十二個人
死於衣架、止痛藥，死於後巷的非法手段。
別對我喋喋不休謀殺之類的廢話。
世界各地像做家庭作業一樣做流產手術，
從我們手掌的紋路，我們腹部的隆起，
我們耳邊的竊竊私語中尋找答案，
卻只迎來一個個問號。
在史書中女性始終被隱藏。
畢竟那是歷史（history）：
是「他」的故事。
但聽著，這是她的故事，我們的故事，該死的。
這是我的故事，
它不會被用鉛筆寫下，然後被愧疚地抹去。
它將被用鋼筆寫下，並懷著勇氣被說出。
你會在上班路上從收音機裡聽到，你會在英語課上學到。
你會在咖啡店的布告欄讀到，就在嬰兒瑜伽的傳單旁。
因為我不感到羞愧，我不感到羞愧，我不感到羞愧。
我現在是個女人了。
我不會被馴服。
我有決心，這個終止仍將孕育出某種形式的創造。
它不會被白費。
這是我的身體。這是我的身體。這是我的身體。

我不在乎你們無知的觀點。
當我成為母親,那將是我自己的選擇。

關於選擇

ALEXIS QUINLAN

盡妳所能 [2] 成為
妳能成為的妳
可以成為
妳能成為的
妳（那個）妳
可以妳可以
妳可以可以
成為妳能
成為的
妳
可以

2　原註：「盡你所能」(Be All You Can Be)是美軍自1980年至2001年的招募標語。

我們女人
EDITH SÖDERGRAN

我們女人,我們離褐色的大地如此之近。
我們問杜鵑鳥對春天有何期待,我們
環抱寒松,
在夕陽中尋找徵兆與忠告。
我曾愛過一個男人,他什麼也不相信⋯⋯
他在一個寒冷的日子雙眼無神地來到,
在一個沉重的日子,帶著忘卻的神情離開。
如果我的寶寶沒活下來,那就是他的⋯⋯

由 Samuel Charters 英譯自瑞典文

美國人工流產十四行詩第七首

Ellen Stone

獻給聖路易的蕾貝卡

密蘇里[3]，我本以為你是個女人。
必定是因為你的名字念起來圓滑繞身。
正如同一條送旅人返鄉的河流，
你的雙臂也該保障人民的安全——以及自由。

密蘇里，你不能把持我的女兒。
她並非被上帝用圍裙拴住，
睜著清醒的目光望向這嚴酷的世界，
不論生活要她承受什麼，她都會做出選擇。

密蘇里，你知道女人的身體
有如土壤。當男人強迫她開花
她的沃土便遭受詛咒。那麼現在是，假如她

3　譯註：密蘇里州於2019年通過俗稱的「心跳法案」（Heartbeat Bill），嚴格禁止針對可測得心跳的胚胎（約為懷孕六至八週）施行人工流產，即使是因強暴或亂倫而受孕也不例外。

決定不結果,你要喝令她屈從?

密蘇里,她愛你,她會悲泣,
但是就像那條河,她也一樣會離去。

做完人工流產，
有個計畫生育聯盟的白人志工大嬸
問我丈夫有沒有來，還捏了一把我的大腿，
說「妳做了對的決定，」
又說，「要是川普當上總統就慘了，
我是說，妳可能根本不會在這個地方。」

CAMONGHNE FELIX

我還能　　說什麼　除了我　　　贊同妳　　真的被悲傷夷平了
　　　　　我的力量咻地一聲畫出冷冷拋物線　　所有東西都是死
　　敵　我的全副自我裝進一個盆
　　　然而我說　　　對　他在這裡我是指我的　未婚夫　我知道
我做了對的決定　　當然
他沒問題　我們已經　　就此計畫達成共識　　我是說想想可
　　能發生　　什麼　　她說希拉蕊是
我們唯一的選項　　我說我知道　　　聽著　　我沒跟別人說過這件
　　事　　我要把工作辭了　　她說　　　我的
天啊　　我想我　　　能理解妳的　　　處境不　　　其實妳不懂
　　我是說我要　　擺脫我天
殺的公職身分　　　　我為　　　州長　　工作　　她說妳要參選嗎

　　　　我說　　算是吧我
是說　　　　我要　　去幫希拉蕊　　　　幫　　　　美國　　　　工作
　　　因為　　　不這麼做　　　我們就鑄下了
大錯
　　　　　　　　　他們需要
　　　　我的口語　殺傷力我　化零為整的　　　違常我的　　　複合物
以及軌跡的建構
我只知道可以這麼做　　　我屬於　　　人民但不是妳的　　人民我是
　　說
　　　　我指的是　　　我的人民　　　　　妳不會理解的　　　　我鬼
祟又苗條　　我能
對抗　　　任何浪潮　　我　　已　　　準備好了　　她握住我的
　　　手　　　說謝謝妳
妳一定知道這　　　很重要全部都　　　很重要
　　　　我隔壁床有個　　　女人因為　　痛苦和熟睡而僵直　　失血
的洗滌讓她呈現　　寶石紅
卻　　　沒有人在　　　照料　　我低頭看自己，撒了
　　　　同樣的暗粉色咖哩粉　　　意識到我也沒有人在　　照料在計
程車上　　　我丈夫我是說未婚夫
握住我的手他的手指　　　重如鉛條　　　被投擲的利劍哽住的垂死
　　　溪流　　他說我很好　　　只要
妳很好　　妳一定要很好　　別忘了他們在等著　　　妳　　我已如
　　此入睡多日
　　　　我坦然臣服於　　　　時光無限的曖昧難解　　　我的身體
蛻除它剛造好的

意志

嘴巴　　　他清醒地躺著　　　我們之間相隔　　　數公尺
　　穩定地　　　　記錄著一場衰敗　　　　我的黑人研究
教授說　　　　妳在這裡有何用
　　如果　妳並不　願意　為它死　　我　　懂　　好　嗎
我　　輸就輸在　畏懼　我
願意為它殺死什麼　我要把這細微的區別存放在何處　我要對誰
　　放下這　　　　控訴

　　　我醒來時　　　　他已被餵飽　　　喝過水　　　　索
　求過　醒悟到他
不需要我的猶豫不決　　　或　　　他的無能為力回到　過去　或
　那　　深不見底的　　　征服未知的
吸引力　　　　我現在知道我們人生在世　　　　　應盡義務中
　　最大的錯誤
就是從無到有以及正式　　　從有到無被冠上特定名稱之間的拉鋸
　　戰而他們說他們　需要我　　他們
確實需要所以我去了　　我們爬過困境　　　　我滿足了母親的
　　要求　　跨入她那
　　　像沉重百衲被一樣胡亂拼湊的人生　　　我做了　　我該死
的　　工作我做了　　　我被吩咐的事最後我所有
化學作用都成了感激的表現　　我的五臟六腑都因風暴　　變成紫
　　色　　　　　　大選
　　　　夜我不停切換
頻道　　　精神官能症發作　　因為　　　　　加權後的預
　　測票數將　　　打成

平手我心想　　不噢拜託　　不要
你知道我為這個　　　流了多少血遠方有個孤單的　　　女高音在
　　　歡呼然後靜默
隨之而來　然後是　　　　　毫不掩飾的陳腔濫調
我發誓我親愛的　　　　　我已盡我所能　我努力貢獻
　　　所知我耕耘　　我鋪路我
採摘整理荒地

為我們　　安頓好　　　　某些作物　　我的水流[4]　　讓
　　　我們所有人

渾身是血又飢腸轆轆　　　迫不及待想要　　　開戰。

4　原註：我不記得是怎麼回事了，總之我離開了水池。

新世界秩序

Lisa Alvarado

他們站在診所外頭
稱我們為罪犯。
他們在國會山莊說長道短
稱我們為罪犯。
他們稱我們為罪犯
是因為我們做了禁忌之事。
我們說女人不是容器。
我們說女人不是種母。
在他們的世界裡,
他們會給我們宣判刑期。
在他們的世界裡,
我們會插著衣架跪在地上,
全身籠罩黑暗;
深色的生命之流
沿著張開的雙腿淌下來。
在他們的世界裡,
我們會爬上狹窄的樓梯
與可疑的男人會面。

拿著手術刀的男人
刀上吟唱著恐懼與舊血的歌聲；
他會收下我們的錢
保證三緘其口。
在他們的世界裡，
我做了禁忌之事。
我是個罪犯。
我的罪是我選擇自己而非孩子。
我的惡是我並不抱歉。
我的刑是我知道我並不安全。

出自《大地的女兒》
AGNES SMEDLEY

　　這時我就知道出狀況了——有什麼事打亂了「工作、賺錢、上學」的節奏。我向房東太太抱怨每天早上都想吐的事,她發出粗啞的笑聲。性愛和生育對她而言都是很好笑的下流笑話。

　　「妳要生寶寶囉!」

　　她這麼說的時候,我轉身離開房間。恐懼、怨懟、憎恨等情緒,原本已遠離我好幾週,現在又像颶風再度席卷我。本來充滿希望的一切都消失無蹤——我看見自己一頭栽回掙扎逃離的地獄——地獄中滿是嘮叨哭泣的女人,食衣都要向我丈夫伸手,讀書只是夢想。我用濃烈的恨意看待我的寶寶。

　　「我才不要生小孩!」我對房東太太宣布,好像這都是她的錯。「我不要。我寧可去死⋯⋯教教我該怎麼辦。」

　　我沿著沙漠中的馬路拚命踩腳踏車,然後下車,再奔跑到筋疲力盡為止。又是哭又是恨,又是哭又是恨。但每天早上還是吐。我不再吃東西,無知地以為我體內的敵人就不會再成長了。診所開在撞球場樓上的醫生告訴我,他幫不了我——那是違法的;我可以去藥局買點什麼東西。他只是口頭上指導我。他說要是事情出了什麼差錯,我可以打給他,那時他就有權利合法完成手術了。

　　「那要多少錢?」

「我算妳個優惠價,一百元就好。」

那是我的全部積蓄!不過這樣還是比較便宜。我付了十元的諮詢費給他,然後去了一趟藥局。但我甚至不了解自己的身體構造。我在盲目的恐懼中試著偷偷搞懂。我搞不懂——我的頭腦不清楚,嚇傻了。我完全不知道自己身體的運作機制,不知道懷孕或生命成長的本質。

「這都是你的錯,」最後我終於寫信給克努特,「過來幫我解決這麻煩,不然我要自殺了。」

日子一天天過去,沒有任何回應。有一天晚上我臉朝下趴在浴缸裡,卻無法逼自己待在水面下。房東太太聽到打水聲和嗆咳聲,衝進房把我拖出來。

不過克努特還是來了——他趕路趕了好多天。他去找醫生。「你給我動手術,不然我們就去城裡做手術。」他告訴他,「如果什麼也不做,我太太一星期內就會自殺。」

醫生面色凝重地診察我的心肺狀況,說果然如他所料——我有肺結核,這手術是非做不可了!生孩子對我來說太危險了。

我恢復清醒後,克努特面帶微笑坐在我床邊。我躺在那兒看他,好恨那個笑容——恨它,恨它,恨它!他怎麼敢笑,當我的身體是個開放性傷口,當我曾面對永恆……他怎麼敢笑,當有個孩子從我的身體裡取出,而現在我的身體和心靈都需要它……他怎麼敢笑,當我感覺孤身在太空中……他怎麼敢……他這個什麼都不懂、不懂、不懂的男人!

我的錢全都用光了,克努特也回到沙漠中。我不肯讓他付手術費……這是我的身體,我不要任何男人為它付錢,我說。聽了這話,他臉色變得很蒼白。

後來我得知山脈另一側有一所師範學校,便寫信去問我能否半工半讀。一個月後對方回信了,說可以是可以,但我的薪水會所剩無幾。我寫了封信給克努特,說:「我要走了,我不會回來了⋯⋯如果哪天你想見我,你得來找我。」

告解第一首
Yesenia Montilla

要是當時我知道有一天我會是詩人，
有一天我的文字會有分量，
有一天我對別人可能有影響力，
或許九三年我不會做人工流產。也或者
我會做，但會用別的名字。安・塞克斯頓[5]
讓我學會情欲與羞恥的一切
但完全未涉及懊悔。沒關係，當他們問起
我這麼做的原因，我會說是因為我年輕
且迫切希望破除親子
的連結，也就是說，我母親的表面
是紅色石頭，而我想當鑽石——

5　譯註：安・塞克斯頓（Anne Sexton, 1928-1974）為美國詩人，曾榮獲普立茲獎。

惹麻煩
Jacqueline Saphra

賈爾斯先生說他不樂見學校被當作政治競技場，所以叫我撕下支持人工流產的海報，雖然我已很有耐心地解釋說，古羅馬人並不介意墮胎，十三世紀的教會也不介意，只要在有胎動前進行就好（他們說有胎動表示靈魂進到身體裡了），法令也都容許這件事。

蜜雪兒是個重生得救基督徒（Born Again），她堅信生命早在受孕前就被灌注靈魂；克萊兒認為一旦胎兒能順利活下去，它就有權利存在；我媽說她不覺得沒出生的胎兒有什麼至高無上的地位；而我在生物課時坐著發呆，懷疑我有沒有靈魂，如果有，它在哪裡。我幻想著棒針、衣架和過錳酸鉀。

我媽從醫院回來後──毫髮無傷、滿懷感激，且充滿政治思想，卻發現我繼父把她應急用的錢花在拉票以及嘉士伯啤酒上，還有跟那個波多貝羅路的女人共進晚餐──於是她馬上叫我去看醫生，幫我自己拿個子宮帽來用。

我男友雖然愚蠢但有用，他告訴他所有朋友說我還是處女，還逼我看了三遍《第三類接觸》(*Close Encounters of the Third Kind*)，只能聽「創

世紀樂團」(Genesis)的歌;我倒是喜歡「創世紀樂團」更甚於「性手槍樂團」(Sex Pistols),因為我從不認為「沒有未來」,因為我媽(至少暫時)子宮空空、靈魂滿滿,攪拌著一鍋她著名的扁豆湯,尚未與她所愛的男人因血緣而綁在一起。

孩子的聖戰
Ana Blandiana

1966年,羅馬尼亞社會主義共和國總書記尼古萊·希奧塞斯古(Nicolae Ceaușescu)頒布了「770法令」,規定任何節育措施都屬犯罪行為,強制施行每月一次的婦科檢查,並要求婦女至少要生下四個小孩。下面這首傳奇性的詩作,最初於1984年發表在學生雜誌《競技場》(*Amfiteatru*)上,剛開始人們只敢用抄寫的方式暗中流傳。

一整群人民,
尚未出世,
卻被宣判必須出世,
整軍列隊準備出世,
一個又一個胎兒,
一整群目不能視,
耳不能聽,心不能明的人民,
卻踏著正步
踩過女人疼痛的身軀,
踩過母親的鮮血
沒人徵詢過她們的意見。

由 Crisula Stefanescu 英譯自羅馬尼亞文

許諾
GLORIA STEINEM

我讀高中時，同儕間最大的恥辱就是懷孕。那是我們所能遇到最糟的事。我們極可能因此被逐出家門、遭鄰里唾棄，淪為顯然不是個「好女孩」的人。在我從小住到大的那個社區——位於西班牙托雷多（Toledo），一個居民絕大多數都是工廠勞工的地方——女孩顯然就只分兩種：好女孩和不好的女孩。大家對可靠避孕措施的常識也很有限，所以我認識的大部分人都在高中畢業前或是高中一畢業就結婚了——她們大多是迫於情勢而結婚，至少這是部分原因。

我讀大四時，與一個很棒的男人訂了婚，但他不是我應該結婚的對象。要是真的結婚，對我們兩人都是一場災難。因此我和他解除婚約，這構成我申請獎學金前往印度的部分動機。就在我出發前，他和我又溫存了一番，不久後我算是知道——或該說擔心——我懷孕了。當時我住在倫敦，等著去印度的簽證發下來，那道手續花了很長的時間；而我就做著服務生的工作，沒錢，沒朋友，生活在陰暗的冬日裡，努力思考該怎麼辦。

你知道嗎，就某方面而言，對人工流產的矛盾情緒，其實是人工流產合法化所引發的。但我並無任何猶疑。我急得像熱鍋上的螞蟻。我不願意考慮任何選項，讓我有可能生下別人，並同時生下我自己[6]。那完全不可能。所以我沒有任何一刻，沒有一毫秒的時間，

覺得生下孩子是個好主意。

在當年（1950年代中期）的倫敦，如果妳能找到兩位醫生說生孩子會危及妳的生理或心理健康，妳就可能合法做人工流產——不容易，但有機會。經過數週的恐懼、混亂和痴心妄想我能莫名地自然流產，我終於找到一位很出色的醫生，他的患者包括多位作家和詩人，他說：「好吧，我幫妳。但妳要承諾我兩件事。妳永遠不能告訴任何人我的名字，而且妳要向我保證會過妳真正想過的人生。」

所以他就簽了必要的文件，然後要我去找一位女性外科醫生，那醫生給我打了麻醉劑，所以實際手術過程中我是沒有意識的。事後，她給了我一些藥丸，要我留意出血量，不過我發現出血量並不多。所以我就回家了，週末都臥床休養，之後繼續當服務生——但滿懷輕鬆、自由和感激的心情。

我以為每個人都應該有罪惡感，所以那時候我經常會坐在那裡不停地想啊想；但我連瞬間的罪惡感都擠不出來。非但沒有罪惡感，這還是我頭一回為自己的人生負起責任。這是我頭一回化被動為主動。我終於說：不，我要為自己的人生負責，我要做決定。而你知道嗎，直到今天，我都想在所有公共建築頂樓升起旗幟，慶祝我能有機會做出那個決定。

---

6 譯註：典故出自「身為女人不是錯劇團」（It's All Right To Be Woman Theater）劇目中，愛倫（Ellen）篇的分娩口號，原文曾被引申製作成爭取生育自由的海報，在圖像下方寫著：I AM A WOMAN GIVING BIRTH TO MYSELF。

靈魂
SPIRIT

她們的選擇：關於人工流產，作家們想說

一個好女人永遠不會這麼做
SYLVIA BEATO

這麼多年來妳都沒有告訴過任何人
妳是如何哭著入睡的
在醫生握住妳的手說
「妳確定嗎？」之後

妳是如何哭著入睡的
當血沿著妳的雙腿流下
「妳確定嗎？」
而示威者在診所外噓聲不斷

當血沿著妳的雙腿流下
妳不再相信上帝
而示威者在診所外噓聲不斷
因為一個好女人永遠不會這麼做

妳不再相信上帝
「妳確定嗎？」
因為一個好女人永遠不會這麼做
這麼多年來妳都沒有告訴過任何人

• 354 •

墮胎並不美

NICOLE WALKER

要寫出有關墮胎的美是很困難的。折斷幾朵黃色小花，只為了讓番茄盆栽獲得更多養分，我可以從這之中看見美。我可以從摘除天竺葵枯萎的花瓣中看見美。我可以在切斷一根從蘋果樹主幹吸取過多水分的樹枝上看見美，但我很難從吸出胎兒組織這件事之中感受到美。也許一開始這畫面就顯得太像什麼醫學影像了。要為它寫一個故事嗎？候診室裡存在美嗎？腳鐙上找得到美嗎？超音波裡會出現美嗎？

我曾經墮過兩次胎。一次在我十一歲的時候，一次在我二十一歲的時候。二十一歲那次的經驗比我第一次墮胎的時候要來得美好許多。奧勒岡州的波特蘭對於墮胎有著一些更為前衛的想像。當地的醫生會在妳的子宮頸內插入海藻棒，使子宮頸口自然擴張。那裡的光線昏暗，雖然氣氛稱不上美好，但已經不讓人感覺像是一種懲罰。

也許因為墮胎是非自然的，所以很難從中感受到美，但折斷花朵、摘除花瓣、砍斷樹枝也是非自然的，而花瓣與樹枝本應是自然的。一條裙子可以很美。一件毯子。一只碗。

如果我們稱墮胎為「流產」，或「選擇性流產」，它會顯得比較美好嗎？如果妳必須主動選擇要進入懷孕狀態，否則妳就會被自動排除在外，像是申請某些妳也許並不享有的醫療福利——妳可能會

因此就直接選擇不懷孕——這會讓選擇變得更容易還是更困難？如果大自然中止了懷孕的「進程」，直到妳勾選「繼續懷孕」以前都不會再向前推進，這種選擇會顯得同樣邪惡嗎？為什麼選擇「結束」比起選擇「開始」，在道德上更令人不安？

我不認為是死亡褫奪了墮胎的美。許多死亡都有其深切動人之處與意義。妳坐在母親身畔，握著她的手，看著她的氣息從漸緩到消失，這很美。這很美，因為妳能陪在她身邊。這很美，因為那一刻充滿了意義。但胚胎並不知道自己活著。它的手無法被握住。

「我要」永遠比「我不要」更美嗎？是我選擇生下我現在的孩子的嗎？我是說，「這些」孩子？我選擇了試圖讓自己懷孕，或者至少沒有極力避免。我當時不知道那個胚胎會成為柔伊。我不知道那個胚胎會是麥克斯。他們無庸置疑很美，但「選擇」自身是美的嗎？我無法精確指出做出選擇的那個瞬間，所以也很難講。懷孕有很多美好的瞬間，但我想我可能只是從一部我看過的電視劇借用了那些美好時刻代入我的想像之中，柔伊跟麥克斯是怎樣的孩子，其實跟我在懷孕期間所幻想的那些美好沒什麼關係。

即使我想到我的孩子們——那些如果我先前沒有墮胎就不會擁有的孩子，也無法讓墮胎這件事變美。即使我上了大學，讀了博士，或者寫了這篇文章，墮胎仍然不是一件美好的事。在我十一歲時，墮胎並不美好。那一點都不美，當醫生告訴我妳現在還太小，不應該發生性行為，我當時的感覺是：「對，沒錯，妳應該跟那個猥褻我的人說。」但她是對的。我當時太小了。也許那之中真的存在著某種美？

如果大自然是美的，那麼雨和雪和滑溜的蛇也是美的。還有雜草、氣體、水熊蟲、吸蟲、扁蟲和蛔蟲。如果吸蟲很美，墮胎怎

麼就不美了？那不是因為它象徵著空缺——真空和睡眠和無聲，空間、時間和免費午餐，都是美的。不是因為那個未成為嬰兒的生命（non-baby）才讓墮胎不美。

也許是腳鐙和血跡讓墮胎變得不美，但這是屬於女人的事物，有些女人就算腳跨腳鐙或鮮血直流，看上去也是美的。也許這裡的美只代表著她們是可幹的（fuckable），而每一次墮胎確實都標誌著某種程度的可幹性（fuckability）。無論這裡的「幹」是出於自願還是被強暴，「性」本身仍然起了作用。

強暴和墮胎這兩件不美麗的事經常在許多句子中成對出現。有些人甚至不允許移民拘留所中遭到強暴的難民墮胎。這些人往後可能會成為最高法院的法官。我想知道那些人對美的看法。

也許墮胎無法是美的，是因為美不是某種「行動」。妳能夠擁有美的特質，從而成為美麗的存在。妳可以追尋美，並稱真理為美，但妳不能光靠美就度過一天。選擇關乎各種動詞，而美是靜止不變的名詞。美是永恆的，受到紀念的，被固定住的。而選擇，它蜿蜒曲折穿過峽谷，穿過搖曳顫動的林木，切開群山，為明年的芽蕾製作護根物。這是多麼大的恩賜呀，能像風一樣自由移動。

抹大拉的馬利亞

Amy Levy

我能忍受一切,唯獨不能忍受一件事。
沒有陽光的空蕩房間;
被分割的時間;過硬的床墊;
裡頭的陰鬱面孔;

外頭那些女人的冷眼;
牧師反覆重述的「罪」;——
這些我都可以忍受,也不認為
這一切有失衡,或是不公平之處;

我不認為為了這般天賜極樂自己有付出過多的代價——
沒錯,一切都尚堪忍受,只有此事除外:
就是你明知道事情會變成什麼模樣,
還是對我作這樣的惡。

現在想想仍然感覺萬分不可思議——
居然是你對我做了這等壞事!
你並不無知,也不盲目,

靈魂

你心中一清二楚

事情肯定會變成現在這般局面，
你對所見毫不驚詫。
現在故事已經說出來了也說完了，
想起來還真是奇怪。

你也曾對我那般溫柔！
某個夏夜，一陣寒風拂來，
你將那條半滑落的深藍色披肩
拉近我的頸間。

還有一次，某個夏日清晨，
我伸手去摘一朵玫瑰；一根刺
扎破皮肉，鮮血沁出
（真的只有一小滴血！）

你的臉變得蒼白，俯身
用手帕裹住我的傷口；
你的聲音斷續而破碎；
你的胸膛伴隨著深呼吸劇烈地起伏；
我在想，上帝那時是否在天國暗笑？

多麼不可置信，竟然是你給我帶來苦痛！
好不可思議！你難道不知道

我多麼甘願,甘願去死
(而當時的生活是如此甜蜜)

只為讓你免受一絲苦痛?
我是多麼情願去承擔你的痛楚。
我們的脈搏似乎合而為一地顫動──
不是的,但我們是一對脈搏同時在顫動。

假使有人告訴我,
「妳的吻中蘊藏著毒藥,
那苦澀必會將他的白晝化為黑夜。」
我便會徑直轉身而去──
是的,儘管我的心因疼痛而碎裂──
我也絕不再親吻你的嘴脣。

夜晚,亦或是破曉前,
我總聽見其他女人在哭泣;
我心中的苦楚埋藏太深
輕柔的雨滴和傷痛的淚水都無法寬慰。

我想我的心已石化,
麻木的重負壓迫著我的胸脯;
在這裡,獨自在我簡陋的小床上,
與世隔絕。

睜著雙眼我躺在自己的床上,
我經常一夜未眠;
未來與過去都已死絕,
沒有任何念頭能帶給我喜悅。

我躺在床上,整個晚上不停地想;
假如我的心不是石頭做的,
而是以血肉長成,它必然會
在這些念頭前畏怯退縮。世上真的存在
心如磐石的女人嗎?

醫生說我將會死去。
也許真是如此,但我又有何懼?
從衝突苦鬥中脫身進入永恆的長眠?
我不相信死亡如同我不相信生命。

因為一切事物皆如整體陣列的局部,
沒有絕對的真偽;
但在醜惡不堪的化妝舞會上
萬物翩然起舞,貫穿古今。

善即是惡,惡即是善;
沒有任何事物是已知的或被理解的
除了痛苦之外。上帝、惡魔,生或死
我全都不相信。

醫生說我將會死去。
你,我過去所認識的你,
我真想再見你一面,
仔細端詳你的容顏一次又一次;

觸摸你的手,感受你的吻,
看進你雙眼深處告訴你:
一切都結束了,我自由了;
而你再也與我無關,
直至永恆。

法令更改的那一年 [1]
Carol Muske-Dukes

等待的時候，我們都在各自的布簾隔間裡。
兩個男人在外頭拖地、打掃走廊，
衝著我們大聲叫嚷著「殺人兇手！」他們是這裡的工友嗎？
還是看過我們的病歷＆負責診斷的醫生？
葛洛莉雅說，如果男人能懷孕，
那將會是件神聖的事。西蒙說，我們要知道
沒有一個女人會對此等閒視之。
她們兩個人都可能是對的。在舊金山的課堂上
老師談到他的妻子，她失去了一個孩子
——她的孩子因白血病而死——並日日被她的鬼魂
糾纏，她的精神科醫師建議她寫些東西，關於血的。
她寫了本關於吸血鬼的書，她的書
一炮而紅，也許她已經忘記了那個
從未長大成人的孩子。當他們叫到我的名字，
我就去把手術給做了，然後知道

1　"The Year the Law Changed" from BLUE ROSE by Carol Muske-Dukes, copyright © 2018 by Carol Muske-Dukes. Used by permission of Penguin Books, an imprint of Penguin Publishing Group, a division of Penguin Random House LLC. All rights reserved.

我奪回了自己的人生,但我身上沾滿鮮血──
我的血和一些別人的──但還是我的。當我說「是我的」的時候
我也不知道那是什麼意思,這句話沒有明確的定義&連那些
大呼小叫的控訴者都不會跨越這條界線。我還得發誓說
我當時是因為精神失常才會做這手術。對這些穿著白衣的男人來說
瘋狂是:他們清理著世界上的殘留物
像是我和我們倆的血跡。

我盛開了

Angie Masters

我的子宮裡
自由已經盛開，
沉浸在鮮血中
陶醉於月光的照耀。

我的血管燃燒著，
我的心疾速怦動
千根手指對準我的額頭。

我的翅膀並非雪白，
從體內深處
我將自己重新生了出來。

我憎惡為我而設的一切，
我撕裂大地，重獲新生。

讓玫瑰成為紫羅蘭，
讓柔弱得到力量。

我重獲豐饒
我是我的思想之母，
是我的創作之母。

我拒絕將其視為
必須履行的義務
那只會違背我意願使我受苦
而非為我添加翅膀。

我承擔我的天性
接受我的排卵
我將其收回
我奪回我的決定。

節錄自〈日冕與告解〉
ELLEN MCGRATH SMITH

三
我十六歲的時候被選中,負責傳揚上帝的話語,
成為那一小群城市間諜的一員向位於郊區的
人類生命小組回報所見所聞。
有些學生玩音樂,有些人參加體育活動——

但我們做得更多:我們關心
那未出世的孩子。在開例會的晚上,
我都會請他們在彎進我住的街區前
放我下車,然後飛快遁入

黑暗之中,不想讓他們知道
我住在什麼地方(不是錯層式房屋,
草坪參差不齊。)他們一併帶走了我的精神能量
開著他們豪華的智慧汽車,前往貝瑟爾
公園,一個為健全家庭而生的健全環境。
我是他們的一員,但不是這其中的一部分。

四
我是他們的一員,不屬於這些
不聽話的女孩們,她們把頭髮噴得硬挺,
隨身攜帶巨齒梳,任憑雙腳凍僵
等著男人們開車經過。如果

她們曾引起我的注意,那完全是由於
我們之間巨大的對比。我班上有個女孩,
我聽說她墮過兩次胎,
得知那件事之後我的雙眼
在她來參加早點名時止不住
在她身上徘徊流連。某次聚會,
我們用投影片展示那活像獵人燉雞、
被五馬分屍的胚胎時,
我殘忍而精確地想到了D,
醉心於她靈魂的苦痛。

五
十年之後,他們仍醉心於
那些快步走進診所
的靈魂之苦痛。以惡意填鴨、餵養的孩童
在她們經過時咒罵她們,

模仿著自己的父母和牧師。
我離開他們的方式並非什麼富有深意的改宗行動。

我上了大學，不再受父親支配，
不再懾服於教會，當D的輪廓逐漸清晰

聚焦成像為一個有血有肉、有其喜怒哀樂的女人時
（最羞於啟齒的是當時的我未能看見這些）：
昏暗的禮堂，她穿著厚底鞋的長腿，
修女自通道退後一小步讓她通過；
接著幾分鐘後，從女廁傳來了抽泣聲，
她的朋友悄聲說道，拜託，振作點。

六
在一群朋友的環繞下哭泣──女人的身體多麼常
在經歷分娩、悲傷、哀痛時
如此沒入其中。但聖母瑪利亞已從其鄰人
身邊和自然的週期中被召去，

與同性別的夥伴隔絕開來。
在一場古老的父權競賽中
我的奮勉努力與無意間的共謀，
曾讓我受到教區牧師的讚許。

在美術課上，我畫了一尊豐滿身軀
跪著禱告──向上帝，向月亮──
祈求月經到來，她身穿藍色連帽運動衫
遮住臃腫的腹部。

那個驚惶的年輕女子就是我,
我知道自己做了什麼。

靈魂

那個承諾
Tara Betts

我們進行了一場孕涵滿滿停頓的對話
關於在我尚能祈禱與呼吸時
我所不能書寫的。
我認同這種短暫的沉默,因為
她希望幫我爭取片刻免於他人的指手畫腳
免於關於成為一名母親的流言蜚語。
我身上穿著天主教學校的制服裙
聖餐禮服被深深地拖入所有夢境的底層,
我向她保證我一個字都不會說。

她們的選擇：關於人工流產，作家們想說

節錄自〈一場墮胎的療癒儀式〉
Jane Hardwicke Collings & Melody Bee

子宮的**所有**旅程都值得照看，
每一種每一段每一個。
當我們感覺被迫與自己身為女人的生命故事分離，
無論那些故事是喜悅的或痛苦的，
是愛或恐懼，希望或絕望，那意味著我們將從自身力量、
美與智慧的完整狀態中分離出來。

因此，願全天下的女性，
無論她身在何方，都能得到支持，活進自身的完滿敘事。
願世界各地的我們都能得到支持
保有身體與精神的安好與完整，
願我們都能得到支持讓我們的聲音得以被聆聽，
且永遠被尊為鍛造自身神聖生命的
睿智的造物主與匠師。

讓我們圍成一個大圓
手拉著手
深呼吸，然後長嘆一口氣

一起發一個音
感覺姐妹的手在妳的手心
感謝所有姐妹們的手在妳的手心
傳遞愛,傳遞療癒能量,傳遞希望
現在讓我們將手覆蓋大地
並傳遞療癒之愛給世上所有那些
無從獲得安全合法的墮胎的女人⋯⋯願她們平安且得其手足相撐。
擁抱妳身邊每個女人,

謝謝妳來
願妳蒙福。

向死而生生產計畫書

HANNA NEUSCHWANDER

在女兒出生的前一週,我打好了她的生產計畫書。現在回頭重看一遍,感覺它讀起來奇怪又不自然。「如果寶寶活著出生,我們希望能同時取得她的出生證明和死亡證明。我擔心生產過程會很痛苦,因為少了那份確定我們將生下一個健康的寶寶並會把她帶回家一起生活的喜悅。我擔心自己在生產過程中,或是寶寶出生那一刻,會感到非常悲傷,而非雀躍地迎接女兒的到來。」

妳要如何組織痛苦?妳要如何統一悲傷與恐懼的格式並逐項條列?

芮芙的分娩日訂在九月二十六日。她會在我兩年前生下我們另一個女兒——我以M來代稱——的醫院出生。醫療團隊已經準備就緒。一位和善的護理師在中午替我們辦好了入院手續,領著我們到分娩室去,分娩室的門上有個小小的標誌,是一片葉子掛著幾滴眼淚似的水珠。這是個祕密暗號。它提醒每個進入房間裡的人,妳的寶寶將會死去,如此一來人們就不會不小心出言祝賀。

我不太知道在這樣的情境下要如何待產。在等待催產素生效,啟動分娩過程的這段期間,妳會找本書來讀嗎?妳會跟妳的丈夫閒聊嗎?妳能令自己消失嗎?我沒辦法就這樣坐著不動。我走進明媚的午後陽光裡,沿著庭院中的迷宮步道散步。當我在迷宮中繞行,

朝著中心走去,我感覺自己就即將與她相遇。隨著心緒逐漸平復,我準備好向她告別。

催產素引發的宮縮一開始就是陣陣凶險的劇痛,間歇僅有二、三十秒左右的空檔,與我記憶中第一次生產時那種漫長而連綿的疼痛浪潮非常不同。這一切令人筋疲力盡。我在分娩室裡來回踱步,試著躺下,不久又起身走動。黃昏時分,我們出外再散了一次步。暮光在天際劃出一道暗色虹霓,不知道是火星、木星還是哪顆行星正高掛上方明滅閃動。若不是我們剛才經過的那個醜停車場,一切看起來是如此美麗。我記得看到人行道盡頭那被我誤認為是尊駿馬雕像的巨大剪影時,我先是疑惑,緊接著感到萬分雀躍——我心想,在這醜陋的停車場怎麼會有尊如此迷人的雕像——等我走近時才意識到原來那只是個垃圾箱。

• • •

在我懷孕大約二十週左右,一次異常的超音波檢查顯示出情況有些不對勁,但我們還不太確定具體是哪些問題,其後,我正式展開了與語言的苦戰。首先她的診斷結果——意思相當於她的大腦中有個巨大深邃的空洞,四周圍繞著一堆不規則的異常組織——本身就是重重迷霧。當遺傳諮詢師第一次打來告知我們診斷結果——一顆「巨大的中線囊腫」;些許「結節」;「發育不全」(未成形)的,一種被稱為胼胝體、橋接左右大腦半球的組織——她口中的每個字詞都碎成毫無關聯的片段,我完全無從連結與理解。

我們約了一次超音波追蹤回診,周產期的專科醫師當場翻閱起一本診斷學教科書,試圖從中找尋線索幫助她判斷自己看到的究竟是什麼。她毫無頭緒。同時,背景中播放著芮芙起伏不定的水中胎

• 375 •

心音。我和放射科醫生來回討論了幾次。我做了羊膜穿刺。他們幫我緊急安排了胎兒核磁共振。那些不可解的破碎斷片持續增加。我們跟不同專科醫生進行各種瘋狂、不盡人意的討論，在 PubMed[2] 上無止境地搜尋可能可以提供相關線索的科學文獻（我們一無所獲），和遺傳諮詢師通了無數次電話。芮芙沒有一個人們叫得出口、像13三體症那種可怕得直截了當的病名，她只有大腦中不斷增生的異常組織。

這一切是如此模糊而不確定，以至於我有好幾天都在全然的樂觀——也許她只是會閱讀能力低於同年級水平——跟深沉的絕望——她的人生將會是一連串一發不可收拾的苦痛，我對她的愛也不足以逐一克服——之間瘋狂徘徊。

所有人都無法提供一個確切的預後評估，甚至連她能不能活下來、能活多久，或可能的生活品質將是如何，都沒有一個學者專家給得出任何有理有據的推測。許多人皆對我們報以嚴峻陰沉的神情。到了某天，我們很清楚我們得做一個決定。沒有人明確說出這個決定。我的醫生打電話來告知我們核磁共振的報告結果時，她說的第一句話是：「情況比我們想像的還要糟糕。」

・・・

午夜時分，我從分娩室裡打電話請求使用硬脊膜外麻醉。我蜷著背坐著，好讓他們將針頭滑進我的脊椎側邊，我不停搓揉手中的一塊小石頭，試圖穿透那層冰冷的恐懼保持呼吸。很快地，我的

2　譯註：PubMed 是一個免費的搜尋引擎，主要用於檢索 MEDLINE 資料庫（由美國國家醫學圖書館維護的全球最大生醫學術文獻資料庫）中的生命科學與生物醫學文獻，並提供文獻的參考資訊與索引。

雙腿感覺化作兩株龐大、笨重的樹樁——像補完蛀牙一個小時後的嘴脣一樣。疼痛馬上就緩解了，但沒辦法去走一走、消化一下緊張不安的情緒，令我十分鬱悶。我感覺自己被困在那張小小的鐵床上——床上只有我以及我之所以會來到此處的那個殘酷現實。於是我盡我所能地睡，能睡多深睡多深，能睡多久就睡多久。一場沉酣，空白，鴉片一般的睡眠。

分娩室裡冷寂無聲。沒有運作中的監護儀，也沒有在醫院產房裡通常會出現的瘋狂蜂鳴音。我過了好一陣子才意識到原因。胎兒監護儀讓醫療團隊得以追索事情出現差錯的信號。他們為了拯救生命而追索，為了在出錯時介入而追索。我們去那裡是為了芮芙的誕生和她的死亡。出錯的正是她的生命本身。監護儀用在我們身上根本毫無意義。我記得那天晚上我從沉睡狀態滑昇至意識的水面，聽到的只有自己粗嘎的呼吸，床邊長椅上約翰在毯子底下的窸窣作響，以及門外有人沿著走廊悄悄走動的聲音。我彷彿可以聽見芮芙在我體內靜靜悠游。

・・・

我們被告知核磁共振報告結果的那天，距離奧勒岡州法律規定的終止妊娠截止期限還有十四天。孕期的音景變成陰森作響的倒數計時器。

看著自己的寶寶在新生兒加護病房中因為施行心肺復甦術反覆骨折，或是經歷無數次的手術失敗之後，決定撤除他的維生系統，這是一件事。被告知自己的寶寶罹患了像愛德華氏症候群那種致命的疾病，並且知道他難逃一死，這是一件事。知道懷孕可能會讓妳賠上性命，這也是一件事。

醫生告訴妳「情況比我想像的還糟糕」，但完全沒有提供任何預後評估，這是另一件事。拚命地查找醫學文獻，拼湊出一個結論，就是以下幾種結果的發生機率幾乎相等：你的孩子可能會四肢健全但伴隨功能性障礙；可能會飽受嚴重且不受控制的癲癇發作之苦，身體與心智功能部分或全部喪失；或者，可能一生下來就沒有呼吸能力，無論如何都會馬上死亡。天秤看起來向災難那方傾倒，但確定性是一絲虛無縹緲的水蒸氣。

隔天晚上，我正對著約翰坐在臥室的地板上，猛然意識到這件事的嚴重性。我們有責任將這毫無道理的恐怖轉化為某種醫療決策。

妳必須做出的第一個選擇是，妳是否要進行選擇。我反覆思量了無數次。放棄選擇是所有選項之中最誘人的那個。簡單來說就是：我無法了結我孩子的性命，而我願意接受其所帶來的全部後果。但每當我試著將自己代入這個想法之中，就會感覺自己像是被一件馬甲緊緊包裹住一般。我的心會先猛然一揪，緊接著跳得飛快；我一直喘不過氣來。

我們列了一份清單。哪些後果是我們覺得已經準備好要面對的？身體功能喪失？現在有機械輔具可以解決這個問題。學習障礙，甚至是比較嚴重的類別？我們懂得怎麼跟制度、系統交手。癲癇發作，唯一一個我們確定必然會產生的後果？它們成了問題。有些類型的癲癇是可控制的。有些類型則不。我們和一位兒童神經外科醫生談過——我們無從預先得知發作的嚴重程度。我們也和一個朋友談過，朋友的兒子從三歲便開始出現癲癇大發作的症狀，現在已經長大成人，期間歷經數十次手術，有三次險些命喪手術台，他無法說話，生活無法自理，連微笑都做不到。

我接受某種程度的受苦是不可避免的，甚至具有在情感上、道

德上、精神上和政治上教會我們更富有同情心的重要功用。最讓我害怕的結果,不是芮芙會受苦,而是她永遠感受不到那股讓苦難變得尚堪忍受的救贖之樂。

當我們列完清單,我們開始意識到這一切是多麼徒勞無功。這整個計畫從頭到尾的前提都建立在,我們對於最終將發生在芮芙身上的事有一定程度的了解之上。我將那張清單撕得粉碎,碎得不能再碎。

・・・

滴答、滴答、滴答。

・・・

芮芙出生的那天中午,有些事情發生了變化。左半身一陣激劇的疼痛將我從藥物作用下的昏沉霧靄中驚醒。我打電話到護理站,告訴護理師我的麻醉正在消退;她叫人來加了劑量。疼痛並沒有消失。心中一股不安持續攀升。我吃了一根冰棒。約翰試著讀一些詩給我聽。我感到迷茫、不知所措、惴惴難安。大概過了一個小時,我們逐漸意識到是她要來了。

值班醫師——一位叫吉兒的住院醫師——來確認我的狀況。她帶著直至今日仍讓我感佩不已的溫柔替我檢查,然後告訴我芮芙已經準備好了。因為我懷孕不到六個月,她還非常小,可能只需要用力一到兩次就可以了。我點了點頭。我的不安頃刻間退去,如滑入冰冷湖水中的一瞬,我感到清晰又明朗。緊接而來的那陣宮縮感覺不太一樣。我望向醫生。我望向約翰。望向我們的朋友艾莉安,她當時也在場。「她來了」,我說。再下一次宮縮,我輕輕用了一下力,

比較像是種鼓勵，她就像條小魚一樣溜了出來。

・・・

　　試圖窺伺芮芙的未來就像站在大洋邊際，凝視一個毫無特徵的駭人深淵。這感覺就像是有人給了我一顆石頭跟一塊玻璃碎片，要我用它們定位另一座星系中的某顆恆星。

　　直到今日我才真正認識到，在我體內藏著某種鷹架般，以不同信念、規範、價值與想法經年累月東拼西湊而成的無章結構，我以之建構自我概念以及指引決策。

　　但面對這場災難，它應聲崩解，只留下一地碎磚破瓦。看著這個我愛了十五年的男人──跟他在一起的時候，或是與他相互對峙的過程，都是我定義自身的參照──我說：「我不確定自己是不是還存在。」

　　「妳存在。」他向我再次保證。

・・・

　　在沒有時間權衡不同論據、計算各種結果出現之概率的危機時刻──或者是像我們的狀況一樣，根本無從預判概率──人們當下通常會依據本能做出決策。根據本能做出的決策都發生在因無前例可循，從而缺乏相關實證的情況下。

・・・

　　在我們收到核磁共振檢查結果兩天之後，艾莉安打電話來。靜靜聽了很長一段時間後，她試探性地問道：「妳有問過芮芙她想要怎麼樣嗎？」我肚裡那二十二週大的胎兒嗎？我那尚未出生、沒有

意識的孩子嗎？我沒有。又一次，沒人知道答案。

我掛上電話，躺回我婆婆作為新婚禮物送給我們的那條被子上。我試著全然地安靜下來。我的意識進入到芮芙的羊水之中。我感受著她的身體輪廓，問她對這一切有什麼想法。妳想活下去嗎？我問。我等了很久，等待一個答覆。我跟她說，外面的世界存在許多苦難，但我們還是會擁有很多美好的時光。我問她，妳願意嗎？

我又等了一會。

. . .

啟蒙運動出現三百年後，「身體」仍然飽受質疑——特別是女性的身體。我們普遍認為，受過醫學訓練的專業人士所給予的資訊，或甚至是網路訊息，都比一個女人對自己身體經驗的第一手敘述更為可信。諷刺地，現在有愈來愈多研究顯示，女性對疼痛的陳述經常被她們的醫生忽視；這種情況在貧民以及有色人種身上更為明顯。每當我糾結著試圖統合自己的感受，使之符合他人會怎麼理解我的感受，或我因為這些感受所採取的行為，我經常都會告訴自己「我今天真的太情緒化了」，然後就把自己打發了。

. . .

當然，芮芙從來沒有回答我。她做不到。她的小腦袋瓜裡有個巨大的洞。但她的沉默是我能得到的所有答案裡頭最完整的一個。

. . .

當我們決定放手讓芮芙離開的那一刻，我的不安如潮水般消退。離奧勒岡的法定截止期限還有十一天。我的引產手術安排在七

天之後。我們毅然拋下日常瑣事，想要一家人共度最後一個禮拜的時光。我們去看了一場足球賽，站在緊鄰鼓跟小號的球迷區，如此芮芙就可以好好感覺那低頻的震動。我們去觀賞黑背刺尾雨燕過境。我們去了太平洋，我涉水走向一塊岩石，讓冰冷的海水包圍我。我們和我們那兩歲大的孩子談論什麼是死亡。每天早晨吃早餐的時候我們都會開一場跳舞派對。每一分每一秒，我們都不斷意識到我們正在失去芮芙，但同時也正擁有著她。那是我一生中最快樂的一個禮拜。

即使如此，每天早晨我做的第一件事仍是按部就班把所有這些都再確認過一遍——核磁共振的檢查結果、那些醫學文獻、我內心的直覺感受——每天早晨我都會重新再做一次決定。我一直在等待結果會有所不同，但從來沒有過。我並不是一次就決定要結束芮芙的生命；我決定了一千次。

「這就是所謂的為人父母，」我的助產士和藹地跟我說，「就是在有限的資訊下，做出極其困難的決定，並盡力讓它們都是最好的選擇。妳是芮芙的母親，而現在，妳正是在盡一個母親的職責。」

我想見她。

・・・

她出生的那一刻，他們將芮芙纖小、滑溜、泛著淡粉紅色的身軀遞給了我，我將她緊抱在胸前。她還活著，如同我所希冀的那樣。她就像條小河。她的眼瞼密合，雙耳仍然緊貼著頭顱，皮膚像層半透明的薄膜，手指如幽靈的手指般纖細輕盈。她看起來不像是個理應被生下來的嬰兒。在其他大多數人眼裡，我想她看起來應該十分駭人。但在我看來，她很美。我有股奇異的渴望，我想摟著她，讓

她依偎在我雙乳之間。這樣，我們便依然如同一體。

　　她出生後不久，護理師帶她去量了體重：一磅又三盎司。他們將她裹進我母親為她編織的黃色小毯子中，然後送回我懷裡。她紋絲不動，非常安靜。大概每隔五分鐘，她就會張開那纖巧、蒼白、起皺的雙脣輕輕地喘一口氣。有兩次，她伸長她泥偶般的小手，最終又恢復了平靜。我們用來包裹她的那張毯子緊貼著她的肌膚，我很擔心這質地對她來說會過於粗糙。我讀了我能找到的每一篇關於胎兒痛覺感知的醫學文獻，我非常確信在二十三週又四天的時候，她應該是還感覺不到疼痛的。儘管如此，我還是怕她會覺得毯子弄疼了她。這是在我腦海中反覆出現的幾件事之一，我想知道我是否做出了正確的選擇。

　　另一件事是我們決定拍攝她的照片。哀悼文學溫柔地推薦人們這麼做。哀悼文學裡頭有許多這樣的故事：父母親因承受不了擁抱或注視死去的孩子的痛苦，而無法好好道別——並從此帶著難以彌補的遺憾生活。我們下定決心絕不迴避自己的哀傷，便邀請了我們的朋友摩根來拍照。他莊重肅穆地在我們身邊悄然移動，一面按下快門。他在她出生二十分鐘後到達，停留了半個小時。有一段時間，我們把燈都打開，好讓他拍照。我們做了那些事先計劃好要做的事：約翰和我輪流抱著她，為她唱專屬於她的歌曲；我們翻看著家庭相冊，大聲唸出所有親戚的名字；我們讀了一本她姊姊為她挑選的童書給她聽。我母親到了之後便抱著她走到窗前，想讓她看看陽光，儘管她的眼睛根本睜不開。

　　所有人，包括醫護人員，都在同一個時間離開了，只剩下我們三個人——約翰、芮芙和我。我們又把燈關了，一起躺在床上，輕擁著彼此，就這樣看著對方，呼吸，看著。這就是我想帶給她的：

寧靜、平和，一個讓我們得以相見的機會。

那樣的領悟激起了一股強烈的悔恨。我們浪費了她寶貴生命的一半——四十五分鐘——開著燈，將她傳來遞去，替她拍照。現在只要回想起這件事，我的內心都會充滿一種苦澀的哀傷。有時候我翻著那些照片，我眼裡看到的是我沒有好好抱著她、讓她暴露在寒冷中的時刻。有時候，我還是很高興能有一些實體物證證明她真的存在過。如果有任何人試圖告訴我她不曾存在過——出於某種原因，我仍然對此心懷擔憂——我可以證明他們是錯的。

・・・

懷孕的過程中有兩個主要人物——母親和寶寶。我們希望他們兩人的經歷——他們的需求、苦難和喜悅——都是一致的。但現實情況很少是如此。

我必須把芮芙生下來，向她打聲招呼，我才能揮手告別。但我經常在想，我是不是為了某些我需要的東西而犧牲了她需要的。在有些醫院裡，芮芙根本就不可能活著出生。顧慮到要求醫護人員強制介入挽救兒童性命的政策所可能引發的法律糾紛，大多數的醫院會替選擇透過分娩終止妊娠的婦女施打氯化鉀（KCL），以便在引產手術二十四小時前讓寶寶的心臟停止跳動。

確定要結束芮芙的生命之後，這是最讓我感到痛苦的那個選擇：注射氯化鉀可能是對芮芙來說最為慈悲的選項，但對我來說卻是既暴力又悲慘的。最終，想到體內會裝著芮芙的屍骸，還是令我感到恐怖不已。

真正的問題在於，孩子的死並沒有所謂的正確死法。

・・・

某個瞬間，我發現她的小嘴垮了下來。一位護理師將冰冷的聽診器貼上她的身體，檢查她的心律，我哭了起來，不是因為她離開了，而是因為她所承受的那股寒冷。這件事讓我心神不安了好幾個禮拜。當我們接到她的遺體已經被送去加州交由法醫進行解剖的通知時，我焦慮到近乎發狂的程度，擔心她孤身一人躺在飛機貨艙中，沒有自己的小毯子可以保暖。當他們打電話來告訴我們火化已經完成，我被一種無聲的恐懼捕獲——我怕她是不是也感覺到自己在燃燒——久久不能自已。

• • •

我就這樣抱著她，又抱了兩個小時，我側躺著讓她靠在我的胸前，我將臉頰貼在她的頭頂。她的頭頂就像太陽下山後，失去白天時那種熱度的石頭一般，冰涼而光滑。我躺在她身邊，她並沒有離開。我感覺她好似還在我的身體裡。即使她已經開始微微發紫，看著她彷彿就像是看著我自己身上的一塊瘀傷一樣。

我真想和她一起永遠待在這河床上。我想要萬事萬物都伴潮汐浮起，只留我倆隨深藍色河水沉入底部，跟河裡的岩石相互撞擊然後安身其間，感覺冰涼的水流從我們身邊急湧而過奔向他方。

當我從河底往上看，我感受到一股隨著水光搖曳的陰鬱視線，從一隻棲息在我們上方河岸的鳥兒身上傳來。我冷冷地望著牠。我閉上眼睛，又再次睜開。牠依然在那。

這是我一生中最難受的時刻：我完完全全和她融為一體，但心裡知道我必須離開，必須將臉頰從她頭頂挪開，必須將她交給護理師，必須轉身走出醫院的大門，走向一個從來沒有認識過她的世界。

我不知道我是如何把沉重得像袋石塊的身體從床上撐起。我坐

在床邊,將芮芙抱在胸前。約翰去找護理師來。那位仁慈的醫生換上便裝返回,捧著我的臉輕柔地吻了吻我的額頭,然後像是在親吻一個剛出世的新生兒一般溫柔又充滿讚嘆地也吻了芮芙的額頭。她的慈悲使我哭出聲來。護理師來了。我把芮芙交到她手中。黃色的毯子滑落下來,我將它塞回芮芙的下巴底下避免她受寒。

是時候轉身離開走出那扇門。但我的身體不聽使喚。約翰抱著我,帶著我走出房門,穿過走廊。大門一開,夜晚的空氣向我襲來,我的雙腿一軟癱倒在地。一個聲音從我的體內傳出,聽起來有些遙遠,我想那是她的身體自我身上鬆脫開來時的真正的聲音。

等我終於不再哭泣,約翰像抱一個孩子一般將我抱上了車。

• • •

三個禮拜後,我才意識到我進行了一次晚期墮胎。醫生們從來沒有在我們面前使用過這個詞。

我打電話給艾莉安,我說:「我想,我做了一場墮胎手術。」她先是沉默不語,然後試圖幫我找一個理由——如果我願意接受的話——「但這不是同一回事。妳是想要這個孩子的。」我想了一下接受她提出的這個理由會意味著什麼。

• • •

隔天晚上,我在電視上看到唐納・川普(Donald Trump)在與希拉蕊・柯林頓(Hillary Clinton)的總統辯論會中,沒頭沒腦地批了晚期墮胎一頓:「到了第九個月,妳還是可以在寶寶出生前一刻把寶寶從母親的子宮裡拽出來⋯⋯妳可以在第九個月的最後一天將寶寶從子宮裡拽出來。」

我跑進浴室嘔吐。

・・・

如果說，話語形構了一幅關於可能性的地圖——關於可以如何思考、感受跟實踐——那麼可以說，我的地圖上出現了許多我從前根本無法想像的新疆域：名為「我抱著我死去的孩子」的島嶼。名為「我殺了我女兒」的大海（在地圖的許多其他版本裡頭，「殺」字變成了「愛」）。名為「我答應自己絕不為此後悔」的火山。一塊新的超大陸，條條不斷低聲呢喃自身姓名的河流交織其上。

而地圖上的某些部分我再也無法進入——像是那些詞義已經開始具有傷害性的話語疆域，它們宛若礦坑釋放五彩斑斕的有毒物質，汙染著周遭的一切。例如「選擇」和「生命」等詞彙。

最糟的是：如果妳向任何人展示這張地圖，試圖描繪妳曾做過最偉大、最艱難的愛的實踐，人們還會將妳稱為殺人兇手。將自己如何實踐愛的故事毫不保留據實相告，等於使自己和家人暴露在難以想像的暴力之中。

我不是在尋求同情，但看到自己最深的私人苦痛成為公眾生活中最為惡毒、有害的對話發生的場域，感覺非常悲慘。每天都是。

・・・

芮芙出生三個月之後，某天，我坐在搖椅上，看著雨從籠罩於哥倫比亞河上方無邊無際的灰色雲團中傾瀉而下。那片天空浩瀚而窒悶。當時的河水看起來像……可能是藍色的白雪、冰冷的金屬，或是霧化的玻璃。當我們替她取名為芮芙（River）的那一刻起，就已經將她擺進了那片風景之中。

一邊搖著搖椅，我一邊想著我的生活會是什麼模樣，如果她還活著的話。我的左手臂會因為哺乳和抱著她走來走去變得痠痛而強壯。我的大腦會像是呈現水洗灰色的天空，只是個搖搖欲墜、水淋淋的鐘形罩，捕捉著她的聲音、她的氣味。她的需求就是我的需求。但她也會學習——我與他者，自我和世界。就像隔著一扇布滿雨珠的玻璃窗，她在一邊，我在另外一邊。但我們也都將是那扇窗。我們依然可以穿越窗戶的孔隙然後成為彼此。

我想像如果她還活著，有需要的時候，我們永遠都可以這麼做。如果有天她長大了然後病得很重，我會溜上她的病床，再次變成她。如果她需要變成我，我會像脫下一件絲綢長袍般將自己褪去，好讓她進入。

・・・

這實在很難說出口，但結束芮芙的生命是我做過最合乎道德的決定。道德的字面解釋是：「對錯善惡的準則。」我與自己內心最深處——我的精神自我、智性自我與生物自我——激烈搏鬥。我做出了我的決定，然後又重複做了無數次決定。我害怕自己讓她失望，讓我的家人失望，讓我的文化失望。但對我來說，道德已經不再是一個抽象問題。我的道德權衡與道德憧憬已經超出「對與錯」的涵蓋範圍。什麼程度的受苦是可接受的？誰的痛苦比較重要？由誰來決定？沒有人能提出一個令我們社會滿意的答案，即使是一些最富有天賦的哲學家也無法。但不知為何，我們喜歡羞辱及貶低那些最真心實意與這些問題搏戰的人們。

・・・

芮芙離開了。芮芙沒有離開。她存在於我的細胞裡。當她死去，她是我的身體化成的搖籃，而不是那逸脫的核心。

我搖著搖椅，心底懷藏著一個尚未告訴任何人的祕密：我又懷孕了。受孕的那天晚上，我就知道了。它的力量像口鐘敲響我的身體。當然，沒有任何醫學文獻可以支持我的說法。

每一天我都會進入自己的意識內，進入到體內的那條河流之中，然後問它：你想要活下去嗎？

沒人聽見我的孩子的喃喃低語，除了我之外。

那一天
Arisa White

穿制服的男人叫我們跟他們走。
我忙著幫卡雅娜收拾出門要帶的東西,沒注意到
我還穿著睡衣,妳前幾天幫我弄的髮型
也需要重新梳理。

妳從麻醉中清醒,半醒半昏沉地坐上了火車。
那一天,賈瑪、我和伊伯特坐在裝有冷氣的警察局裡,
喝著蘋果汁。白人警察說,最好不要讓我們再看到你們。
他們縱聲大笑。我們想像著卡雅娜在醫院孤零零地發抖。

妳在火車上睡著了,到站前
才睜開眼睛。我們一邊用力地搓揉雞皮疙瘩,一邊看著淡綠色的
油漆剝落,一邊傾聽飢餓感來襲的聲音,
一邊在想妳去了哪裡。

那一天的公寓對活著的孩子來說是個太過安靜的地方,
妳哭了,我們任由自己分心。

妳的腦袋懇求床鋪。那天妳打給
妳最好的朋友，要她來接我們。
妳拖著雙疲萎的雙腿走到
五個街區外的醫院去找卡雅娜。

晚些在安琪家門口，伊伯特抱著妳的大腿，
將頭枕在妳的雙腿之間。妳去哪裡了？
我們大聲叫道。那一天，妳沒有回答，
我們讓自己從激動的情緒中平復下來以順應妳的沉默。

新興宗教
Mary Morris

將妳牆上那些血淋淋的
聖像移去。
用白紗包裹他們。
舉行一場像樣的葬禮。
吟誦福音,
播放妮娜・西蒙的歌曲。
如有必要,就去墮胎吧。
做出天鵝的手勢。
讓自己沐浴在日光下,
像山頂的一座廟宇。
宣誓吧。
宣誓就任吧。

萬福瑪利亞
Deborah Hauser

置身在不具名的女性之間,我們等待,共享著一份共同的哀痛。
出於心照不宣的默契,我們只是偷偷交換眼神,拒絕
直接的目光交會帶來的安慰。

一位毫無生氣的護理師宣讀我的姓名。我跟著她走過
一條空盪盪的走廊來到一個簡陋的房間。我脫下衣物,赤裸裸地
躺上祭壇。

這件薄薄的長袍無法抵禦寒冷的
不鏽鋼手術台。我腳踩腳鐙,雙眼盯著天花板,
一灘水漬扭曲變形看起來像聖母瑪利亞的臉。

我數著我的第一串玫瑰念珠上那些被冷落已久的珠子
數得手指都疼了。這是我初領聖餐時得到的禮物,一個小小的金色
　　十字架
懸吊在一串燦爛奪目的珍珠上。

撫摸著它們,我感覺自己優越不凡。當它們應聲斷裂,

我趴在地板上撿拾。廉價的塑膠珠子
在藥局急救用品區的油氈地板上

飛掠而過,但我母親一把將我從地上拽起。「別再管
那些垃圾了」,她咬牙切齒嘶聲說道,揪著我去結帳。
我試著回想那些我曾經背誦過的祈禱文,我跪在床邊,

雙手緊緊合十,後頸
在他灼熱的注視之下發燙。萬福瑪利亞,聖母
瑪利亞來到我的身邊。她消失在天花板的磁磚中。

蜥蜴
ULRICA HUME

　　她為雙胞胎買了輛嬰兒車,是從一本滿是她負擔不起的高級商品型錄中挑選出來的。它是北歐製造的,全黑,符合人體工學,雙人座。她自己組裝,當嬰兒車像是浮誇的靈車般出現在她眼前,她澈底改變心意。於是在接下來那個下著雨的星期二,她來到一間人工流產診所。

　　雙胞胎的父親是芬恩,她跟他並不熟。他是個水管工,那天到她家來修理漏水的浴室排水管。他有一頭濃密的紅髮、閃亮的綠眼、男童般的酒窩。她看著他小心翼翼地挪到洗手台下方,默默檢視狀況。接著他滔滔不絕地發表了一串接頭和立布等五金名詞的相關預言。我的專長是瞎扯淡,他打趣地說,而她跟著笑,沒有維持雇主的架子,同時又不禁感覺自己很漂亮。他在工作時,她擦拭著一盆多肉植物厚實的葉片。後來他呼喚她,親愛的蘿拉,他說,可以幫我拿我工具箱裡的扳手嗎?她在油汙的布塊和橡膠墊圈間翻找,心想有人從另一個房間呼喚她的感覺真好。

　　她將扳手遞給他,他眨眨眼道謝。妳瞧,出問題的地方就在這裡,他說。但是當她好奇地湊上前看,他突然回過身來,接著她已被按在地上,而他手中的扳手成了武器。於是事情發生了:一地漫開的水,而她是發抖的獵物。

到了人工流產診所，她盯著候診室牆上的三流畫作。然後開始下雨了，很歡快的斷音。她知道世界上所有的漏水都會讓她聯想到他——揮之不去的陰影。她送走雙胞胎時，體內有一股共謀之下的無聲尖叫在節節升高。事後，她憂傷而如釋重負。她的腳步變得輕快。

診所外聚集了一群抗議者，手中的標語牌畫著胎兒。不可殺人[3]。他們也拿著傘。她懷疑他們的第六誡是否也適用於戰爭，抑或專指尚未出生便死去的人。

她回家時心情亂紛紛的，泡了杯洋甘菊茶來喝。

幾星期過去了。有一天她察看信箱，發現人行道上有個平常沒有的東西。有人丟了個紙箱在那，裡頭還塞了毛毯。她小心翼翼地打開箱蓋。

骨碌碌的眼睛——直視著，無所不知，帶著懇求——對上她的藍眼睛。分岔的舌尖探觸著空氣。

是一隻蜥蜴。或許因為長得太大而被棄養。她知道自己必須救牠。

她將蜥蜴帶進屋，哄牠走出箱子。牠氣宇軒昂地跨出來，甩著尾巴在她厚厚的地毯上到處遊逛。

蜥蜴的皮膚是由黑色、綠色、白色、玫瑰紅和米色構成的粗糙花紋。她輕輕撫摸牠。在這輕盈如羽毛的片刻間，有好多事物在交流：一種隱祕的美好，她不能信任卻必須信任它，否則她會崩潰。

她餵牠吃葡萄和小塊麵包，對牠吹肥皂泡泡，牠會以一種如仙似幻的動作伸手去抓泡泡。然而牠是多麼黏人啊，跟著她到處走，

---

3 譯註：為「十誡」中的第六誡。

總是在她的腳邊轉。她花了點時間才適應牠會夜遊的習性,她聽得到牠在黑暗中唰唰移動,辦著爬蟲動物神祕的待辦事項。牠會蹲伏在一些東西的邊緣,想起自己內心深處再清楚不過的目標。

她頭一回用嬰兒車帶蜥蜴出門蹓躂時,感到一陣強烈的自豪。如果蜥蜴橫躺,這台雙座椅推車剛好適用,完全沒問題。由於陽光滿刺眼的,她拿一頂小帽子蓋住牠的頭。

他們出發了。

異樣眼光。出言不遜。例如:妳從哪弄來這麼醜的寶寶?很多人驚訝得合不攏嘴。是小紅帽耶!有個孩子驚呼。

他們一路散步到鐵軌邊,再折回來。從現在起這就是常態了吧,她猜想,就只有他們對抗其他所有人。他們的關係多麼和諧甜蜜!蜥蜴喜歡繞在她肩上,跟她相依偎。牠會維持這姿勢好幾小時,像是充滿感情的摔角手施展鎖喉功。布滿鱗片的皮膚貼在她脖子上,能有效遮掩甜茅草和月亮水[4]的氣味。讓她能趁這段時間想想雙胞胎,想他們原本可能成為怎樣的人。蜥蜴打呼時,嘴脣彎成一抹神祕的微笑。就連冷血動物都有心。

---

4 譯註:甜茅草(sweetgrass)和月亮水(moonwater)都是魔法藥水的材料。

靈禱文
STARHAWK

此為釋放靈以期尋求進入生命的新入口 [5]

靈啊，靈啊，
我已遣你回到
大門另一邊。
我是何其抱歉
對你緊鎖子宮之門，
但我並不是
使你降生之人。
我為你點起這支蠟燭
照亮你的前路
讓你能仔細尋覓
注定孕育你的子宮。
以下子宮均敞開門扉，
以下這些女人的懷抱
都渴望著寶寶。

5　原註：在這篇禱文中提到的女性不需要親自在場，但應該事先徵求其同意。每個女性準備好迎接孩子來到時，應該點起一支蠟燭作為表示。

〔說出妳所知道所有
想要懷孕的女人的名字。〕
每人都會為你點起一支蠟燭。
願你聰明地選擇。
願你歡欣地降生。

她們的選擇：關於人工流產，作家們想說

失去的嬰兒之詩
Lucille Clifton

那時候我將你近乎成形的身軀拋落
落入城市底下的水流
隨著汙水一同送進大海
我哪裡懂水波還會往回沖刷
我哪裡懂溺水
與被溺死的區別

你原本會在煤氣被停掉的
那年冬天裡出生
而沒車可開的我們就得迎著寒風
艱辛地穿過傑納西丘
看你像冰一樣滑入陌生人的雙手
你會像雪一般裸身落入冬季
若是你在這裡我就能告訴你這些事
還有些別的

倘若我無法為了你絕對會有的弟弟妹妹
成為一座堅強的山

就讓河川將我滅頂吧
讓大海恣意地將我
淹沒　　讓黑人同胞永遠視我為
陌客　　為了沒有名字的你

火篇
出自《人工流產：療癒儀式》
Minerva Earthschild & Vibra Willow

▎說明

　　這個儀式的目的是為進行過一至數次人工流產的女性創造一個療癒空間，並且認可及處理人工流產此一經歷中的靈性面向。我們透過自身的人工流產經驗，無意中拒斥了人工流產政治的二分法，這種二分法要求女性在兩種想法中擇其一：懷孕有如奇蹟，胎兒生命很神聖，因此人工流產是錯的；或是，懷孕純粹是生理現象，胎兒只是一團組織，因此人工流產微不足道。身為女性主義者和異教徒，我們相信女人真的是不同世界之間的門戶，而人工流產是我們很負責任地在行使神聖的選擇權。我們運用威卡教（Wicca）的做法和女性主義進程設計出這個儀式，女性可藉此療癒人工流產經驗帶來的創傷，以及在生育選擇中重新取得神聖力量⋯⋯。

▎⋯⋯火篇

　　故事全都說完之後，便到了釋放氣惱、憤怒、羞愧和批判等深層感受的時刻了，它們使我們受到約束、失去力量，也妨礙我們療

癒。這個階段的儀式內容不是固定的，取決於群體中女性的需求以及她們的故事有什麼樣的共通點。若是許多位女性都提到她們做過數次人工流產，或許這就是需要破除的模式或連結。若是好幾位女性對她們故事裡的男性表達出強烈的氣惱或憤怒，這種情緒可以被釋放。

將未點火燃燒的大釜放在中央。請那些女人往釜裡說出或喊出她們想要釋放或是轉化的事物，大家同時出聲，而不是輪流。往往很有幫助的是，講出別人對我們說過的那些與我們墮胎相關的傷人言詞：「妳怎麼能這麼粗心、這麼蠢笨、這麼不負責任、這麼自私？」「妳說妳做過幾次人工流產？三次？四次？」「墮胎可不是一種避孕方法，妳知道嗎！」「凶手！寶寶殺手！」等等。正如同我們每個人都有自己的故事，我們也都為我們的人工流產各自經歷了不同（卻又相似）形式的譴責。

等所有女人都說完後，她們的嗓音會升上去，交融成慟哭、哀號、呻吟或是怒氣沖沖的聲音。讓這股聲浪蓄積並消退。一定要將這股能量接地，跪下去觸摸地板或土地。接著拿一、兩條絲線貼身綑住每個女人的雙腕。當妳在綑綁每個女人的手腕時，說明束縛的正面和負面意義。束縛可能害我們困在無益於我們的思考或行為模式裡，因而抑制了我們的創造能量。束縛也能將我們與其他擁有相同經驗的女人連結在一起，她們有助於我們療癒。我們許多人都感覺在某方面有所連結，因為我們都「選擇」做人工流產。

等所有女人都被綑住後，在大釜下點火。而每個女人在自己準備好的時候，可以弄斷綑線，將它丟進大釜，或許同時喊出她想釋放的事物。圍著大釜開始唱誦和狂野地跳舞，將那些負面的訊息、思想和模式都轉化為力量。在大釜上方聚集一座能量錐（cone of power），然後再把能量接地。那些女人可能會發現她們對自己的人工流產經歷有了不同的感受，所以應該留一些時間讓她們分享這些變化。

一場人工流產

FRANK O'HARA

莫讓她浸浴血中，
那個生錯性別的
小傢伙，她像落葉般
撒在黑色天空的
肚腹而她的深淵
不若春風一樣的
香甜。懷上她，近似
童謠的怪誕，
她是西鯡是
蛇是麻雀是女孩
閉上的眼睛。晚餐時，他們
哭著說我們留下她吧然後
到了早餐時：算了。

莫讓
她浸在淚中，坦坦蕩蕩，陶醉在
她周圍的暖意裡，成為
巨獸而非被謀殺，在寂靜中
安然無恙。願她這顆由我們的

枝頭落下的果實,不會枯萎在
我們吹出的可怕秋風裡。

節錄自〈接生婆守則〉
出自《我惡名昭彰的人生》

KATE MANNING

　　現在艾文斯太太心情好的日子，都會帶我一起出門，前往城裡各間臥室幫她的忙，那些女人不分日夜地在臥室裡生孩子，比兔子還會生。聖經說女人生產兒女必多受苦楚，但苦楚是一種安靜的情緒，而我在當助手時耳根可一點都不清淨。我聽到女孩們發出像貓被宰殺的聲音。應該說比那更難聽。男孩們被劍刺穿、被砲彈擊倒的蓋茨堡戰役，其現場的痛苦聲響勢必與這些產房難分軒輊，濕滑的鮮血也同樣血腥，讓人覺得戰爭精靈摩莉甘（Morrígan）都會拍著黑色的烏鴉翅膀，降落在每個正在分娩的女人身旁。在我未滿十七歲時，光是觀看、聽講和遵照艾文斯太太的指示擺放我的手，我已掌握這一行的基礎原理。我把手伸進去，協助一個呈現臀位的男嬰出世，他紅彤彤的小腳先出來，下巴還卡在煙囪上方的某處，因此我擔心他的頭會斷掉。我見過爛醉如泥的母親分娩，也看過她們像喝蘋果酒一樣牛飲藥水。我見過雙胞胎出生，還有一個出生時帶著胎膜的嬰兒，它就像蒸牛奶表面那層薄薄的膜，包住嬰兒的臉。嬰兒的母親將那層膜收進菸草罐，說要賣給水手。

　　──胎膜能保護你不溺死，艾文斯太太說。

　　她隨時都在教我東西。儘管我幫忙她接生，我還未獲准協助

她為「阻塞」病例執行早期流產，不過她要我觀察和聽她的說明，同時她為一個名叫托林頓太太、已經生了八個孩子的阻塞婦女刮子宮，後來我又再觀察了一次，是她為另一個生了七個兒子的崩潰長舌婦賽爾比太太清除阻塞。這兩人都養不起另一個啼哭的孩子了，而不管我的老師把她們弄得多痛，這兩位女士到最後都連聲感謝她。清空盆子的悲慘工作落在我頭上，其中一趟我在血汙中看到一具形體蒼白細緻的輪廓，就像在打破的蛋液裡看到一隻不比拇指指甲大的麻雀。

——妳這是怎麼了？艾文斯太太看到我哭喪著臉，忍不住驚呼。
——它被殺死了。
——它自始至終都沒有活過，她相當堅定地說，然後拉著我回家，拿出她的聖經指給我看所羅門王給予的教誨並說——仔細想想吧。

> 人若生一百個兒子，活許多歲數，以致他的年日甚多，心裡卻不得滿享福樂，又不得埋葬。據我說，那不到期而落的胎比他倒好。因為虛虛而來，暗暗而去，名字被黑暗遮蔽。並且沒有見過天日，也毫無知覺。這胎，比那人倒享安息。[6]

然後她命令我去街上看看那些裹著破布的小可憐，他們的童年就在彎道的巷弄裡度過，她要我自問「慈善」的真諦是什麼，還要我再讀一遍〈傳道書〉的經文，所以我讀了：

---

6 譯註：出自〈傳道書〉第六章第三至五節。

看哪，受欺壓的流淚，且無人安慰。欺壓他們的有勢力，也無人安慰他們。因此，我讚歎那早已死的死人，勝過那還活著的活人。並且我以為那未曾生的，就是未見過日光之下惡事的，比這兩等人更強。[7]

無論頂著陽光或月光，艾文斯太太都教導我善與惡以及行善和作惡的實例，還有介於善惡之間的各種療法。幾滴鴉片就能解除母親的疼痛；觸診腹部可以判斷胎兒屬於臀位的胎位不正；用一杯烈酒就能讓中止的分娩過程重新動起來；如果摸起來胎兒的頭轉到不順的方向，讓產婦緩緩改為側躺，然後用雙手調整胎兒；如果胎兒的臉先露出來，一手放進去，一手留在外頭，裡面的手把下巴往裡推，同時外面的手撫摩肚子將胎兒的頭往前壓出。有一雙小巧的手是恩賜，有一雙穩定的手是恩賜，有一雙強健的手是恩賜，有一顆溫暖的心是恩賜，溫柔的嗓音也是。這些艾文斯太太全都有，而我的心充滿防備，我的嗓音多半都沉默不語。我只是看和聽，還有依令行事。

——妳會看到母親們死於脫垂，意思是子×直接掉出來，艾文斯太太說。當孩子卡在通道裡，妳也會看到她們死去。母親們會死於高燒，死於出血。她們柔嫩的部位會撕裂破損。她們會純粹因為精疲力竭而死。——還有別忘了，她說，——在妳自己生過孩子之前，沒有女人會接受妳獨力替她們接生。

我參與了三十胎接生，十六個男嬰和十四個女嬰。那些母親呻吟苦撐，但是當她們熬過之後，大部分都微笑低頭看著赤條條的新

---

7 譯註：出自〈傳道書〉第四章第一至三節。

生兒,眼中閃著淚光。——那是上帝的美好贈禮,艾文斯太太說,她自己也讚嘆地瞇起雙眼。——太奇妙了。

確實如此。儘管這「恩賜之事」一開始在我看來實在極為噁心,但我很快就被女性機器的力量和運作機制給驚訝得五體投地,從此對各種戲劇性事件和奇蹟都百看不厭,即使是看到齊斯林太太死在丈夫的懷抱中,她的新生兒在一旁號啕大哭,或是當我看到一個蒙古症嬰兒。我看到女性生理構造所產生的各種排泄物,包括血、羊水、小×、大×、胎脂和嘔吐物。再加上形形色色的婦女疾病、疙瘩、腫瘤、撕裂傷、瘻管、瘀傷以及雪茄燙出的傷。但我見過最不忍卒睹的一幕,被人留在門階上。

妮可萊特
Colette Inez

妮可萊特，我的小胡蘿蔔，
我將妳從賓夕法尼亞的黑暗地面
拔出來
他們在那裡轟開我的大腿
刮去妳的種子。

妳十二歲了，我對應版的孩子
喘吁吁地奔入每個房間
拿著橡實和樹葉
妳想用它們排出
天底下最沒有邏輯的美麗。

我與妳父親結婚了。
我們已認命接受一次又一次的陰性符號。

妳給我的濕潤親吻
來自一段黑暗時期
的森林；

土地中有無煙煤，
來自星辰的古老信號
而我雙腿沾血
步離屠殺現場，這詞彙能填補
即將崩塌的牆壁裂隙，在這
遠離我們承諾已有數光年之遙的
宇宙裡。

妮可萊特，我們會在
我的詩中相會，當那光
呼喚妳的名字
妳會像一株羊齒草昂揚
蓬勃生長整個夏天，
是一首歌曲的純粹等式中
一個綠色的整數。

節錄自〈莉莉在雕像室進行人工流產〉
出自《與女神同行》
ANNIE FINCH

〔……〕因此那些雕像又與我為伴
兩夜三天,
我的飢餓和反胃讓我保持
虛弱但警醒。我能看見她們,

數十個,眼睛盯著我的,
蹲坐的女神,帶著孩子或獨自一人,
雪花石膏,或像燒過的黑色石材,
嘴巴有的張開,有的狀似痛苦,
鑿出來的空洞掩飾了漠然,
內嵌的綠松石眼珠由
漸細的高處盯視著。
而天之女王伊南娜[8],
始終不曾放鬆對我的監看;

---

8 譯註:伊南娜(Inanna)是蘇美神話中主掌性愛、繁殖和戰爭的女神。

她的目光讓我難受得伏下身
直到過完那一天,夜晚來臨,
進入獨處的第二夜時
又出現另一位可怕的女王。
她挾著凶手般的身高俯臨著我,
一手按在我肚皮上,嗓音鑽入我血液,
伊南娜則紋風不動地望著我。
直到黎明降臨,我感到那隻手
在燃燒,我知道火絲

是從她的額頭重重吐出的,
有如嶄新的智慧落在我眉間,
而我的身孕在變小和收縮。

伊南娜帶我去看幻象,
她逼我待在那裡,受到埃列什基伽勒[9]的掌控,
直到一切結束。她們都看到
死亡在我體內移動,而我奪取性命,
奪取無數性命,不帶任何憐憫或恐懼,
它們就睜大眼堆放在架子上。

到了第三天早上,我虛弱口渴,
不再噁心想吐,暈眩地躺著,

---

9 譯註:埃列什基伽勒(Ereshkigal)在神話中是掌管陰間的女神,為伊南娜的姊姊。

等待迦梨[10]。我一直等到傍晚，
伊南娜盯著我，穩定得就像
她所統御的太陽如何統御白晝，
並且在黃昏時收工。我想要的全在那兒了，
白晝與它的情人，夜晚與它的情人，
都是伊南娜帶來的。它們治癒了痛苦。
在灰白的天光中，我離開房間。

10 譯註：迦梨（Kali）是印度神話中象徵強大和新生的女神。

寬恕禮拜堂
Cathleen Calbert

在舊金山，我母親會去
唐人街買茶葉或人參，
絲質零錢包，黑色帆布鞋。

要是走累了她會到舊聖母主教座堂
禱告，因此她提議找我一起這麼做
也不令人意外。

等服務生點清我們那一疊
小盤子，而我們付了港式飲茶
的費用，我們吃掉的那些小小心臟

有些是用米做的白色麵皮
包住的蝦子，滑溜的
叉燒包，還有甜芝麻糕，

我們登上台階，在陰暗的入口
摸索著走向那兩座小禮拜堂：

「寬恕」,「懺悔」。

她將指尖浸入聖水
嘆口氣說她喜歡替大家
選擇「寬恕」。

「等一等,」我說,「需要被寬恕的人
不是我們才對嗎?」
我一直笑到她也笑了,我們跌坐在

水泥台階上,拋灑吃剩的
燒賣碎塊給城市鴿子,而牠們
有如祝福降臨在我們身上。

害喜／哀疾
T. THORN COYLE

失去某種東西的感覺
在黑暗中
天亮之前
睜開你的雙眼。
　　　　覆盆子。紫草。繡草。洋蓍草。
女人用來療癒
自己的方法。
女人哀悼的方法。
停止出血的方法。
有時候血是如此輕易湧現。
就像冬天的樹汁。
　　　　今天我犧牲了我的兒子。
肥沃的黑色泥土，
冰冷到無法種植
如此柔嫩的種子。
遷移到冥界。
準備埋葬之地
亦等於耕種新生之田。

被泥土染黑、滲血的指甲。
強而有力的雙手。
　　　揮鋤。拆解。搬運。掩蓋。
按照亡者的規矩來。
用綴滿星星的披風
寬鬆地裹住
螺旋狀肩膀。
我的腳踩著柔軟沃土，
不偏不倚地邁開步。
　　　朝向晨曦。

她們的選擇：關於人工流產，作家們想說

搖籃曲
Claressinka Anderson

我不確定淌下我大腿的
是墨水或血，
正如同我窗台上那隻鳥──
它逃離了我。

我怎會知道這單純的動作
把一支蠟燭拿到另一個房間
並嗅聞未點著的蠟
就會讓我突然間回到
那個我曾捧著自己肚子
以為回到家的地方？

有人把一隻棕色天鵝當成鮮花送給我，
牠修長優雅，連鳥喙都毛茸茸的。
牠的翅膀是綠色莖條，
雙腿是葉片
落在我周圍。

謝詞
Acknowledgments

　　編輯規模如此宏大，且歷時如此長久的一本文選集，自然需要許許多多人們的幫助。而在這過程中遇到的所有人都非常出色，為此我由衷感恩。

　　這個計畫耗費二十年工夫才完成一本書，在此期間，有無數熱心且知識淵博的人士協助我物色能夠收錄的作品。1999 年，「女性詩作電郵討論群組」（Discussion of Women's Poetry Listserv）的早期成員是最早聽見並回應我人工流產主題邀稿呼求的人，而其中幾項實用的推薦都已納入本書。Richard Peabody 慷慨地分享了一些研究，內容出自他 1995 年合編的人工流產主題文選集《漸》（Coming to Terms）。Joy Harjo、Barbara Hemming、Charlotte Mandel、Ellen Moody、Meg Reynolds 和 Susan Tichy 等詩人都推薦了本書採用的作者或作品。Ellen Bass、Moira Egan、Rusty Morrison、Smita Sahay 以及臉書社團「女性詩人交誼廳」（Binders of Women Poets）都幫忙分享公告，將消息傳出去。

　　Karen Weingarten 博士分享了一串豐富的人工流產文學作品名單。Kit Bonson 熱心地居中牽線，讓我認識由華盛頓特區的「劈開此石」（Split This Rock）藝文組織舉辦的墮胎權詩歌競賽得獎者。Rochelle Davis 博士針對 Saniyya Saleh 和 Leila Aboulela 為我上了一課。

謝詞

Adrienne Pine找到拉丁美洲一些極為有力的現代作品，Sarah Leister則在短時間內展現翻譯才華。Kristen Ghodsee博士、Agnieszka Mrozik博士和Ursula Phillips引領我讀懂Zofia Nałkowska的《邊界》（*Granica*）。聖方濟各學院圖書館（St. Francis College Library）的Mary Pradt運用她強大的研究功力找出隱藏在角落的文本。當草藥專家Susun Weed聽說這本書時，她送了我一本珍貴的Deborah Maia美妙著作《祈求釋放子宮內有靈生命的自我儀式：儀式性草藥人工流產法之個人論文》（*Self-Ritual for Invoking Release of Spirit Life in the Womb: A Personal Treatise on Ritual Herbal Abortion*）。

深深感謝Shikha Malaviya為我引介聯絡印度和巴基斯坦的作家──包括那些對她們而言，生育自主權指的是「不」做人工流產的自由，而不是「可」做人工流產的自由的女性。超級感謝Mo'afrika Mokgathi-Mvubu和她的組織「請聽聽我的聲音」（Hear My Voice），該組織致力於培養南非的青年口說藝術家，藉此促進南非的詩歌發展。感謝Georgia Saxelby和Glenys Livingston在搜尋澳洲文本方面提供無價的協助。感謝Julie Wark幫忙提供出色的譯文，以及介紹我與原住民作家認識。感謝Leyla Josephine慫恿我納入北愛爾蘭的作品，並指引我與該地作家聯絡的方向。感謝Sarah Clark、T. Thorn Coyle、Althea Finch-Brand、Josh Davis與Elliot Long、Mason Hickman、Joy Ladin以及Trace Peterson，他們幫助我一而再地努力找到跨性別作家。

Lauren Margaret MacIvor博士和Cornelia Dayton博士慷慨地幫忙找到並解讀美國早期文本：Martha Ballard的《接生婆日記》（*Midwife's Diary*）和「雷克斯對哈里森案」（Rex vs. Harrison）中Abigail Nightingale的證詞（最終礙於篇幅關係，必須忍痛捨去這些引人入勝的文章，但我將篇名列在這裡作為參考資料，對人工流產歷史有興趣的讀者

可查找）。

　　我也很感謝所有以其他方式支持這本書的人。我在主持「岩岸藝術碩士學程」（Stonecoast MFA Program）時，我的研究助理 Teal Gardella 為這本文選集做了一流的研究工作；若是沒有她幫忙，它根本就起不了頭。另一位岩岸學程的作家——詩人 Autumn Newman，則在進度短暫中斷後幫忙讓這本書的作業再度動起來，並且為我憑直覺設定的架構提供強力的精神後盾。

　　與一群女性主義英雌相識，是從事這計畫的一項美妙的額外好處。感謝 Gloria Steinem 從一開始就堅定相信本書的價值，在三更半夜寫電子郵件給我，還有介紹我認識這本書的潛在支持者。也要感謝 Jennifer Baumgardner、Alicia Ostriker 和 Robin Morgan 的善心，以及 Faye Wattleton 的暖語支持。

　　感謝詩人兼編輯 Mahogany L. Browne 為我引介美妙的「乾草市場出版社」（Haymarket Books）夥伴。我在該社合作的編輯 Nisha Bolsey、Julie Fain 和 Maya Marshall 個個洋溢著專業素養、卓越思想、精準判斷、無限耐性以及高度熱情。能與妳們共事，我真覺得太幸運了。另外也感謝 Fred Courtright 在授權方面提供強力和穩定的支援。

　　要對我摯愛的丈夫 Glen Brand 為這個計畫所做的貢獻表達心意，光說一句謝謝是絕對不夠的。Glen 不可思議的支持包括奉獻週末時光幫忙建立 Kickstarter 募資活動、留意相關文章和新聞、用優異的編輯回饋為我的文章增色、幫忙輸入資料、在廚房扛起侍從工作、當事情應接不暇時給我一個趴著哭的肩膀，以及提醒我公開徵求迫切需要的志工——然後在截稿日當天早晨我醒來後，才發現這本書需要製作年表，你又再一次救火成功。Glen，謝謝你有這麼多無與倫比的天賦。

謝詞

　　Kate Carey、Alicia Cole、Kai Karpman、Lauren Korn、Alexis Quinlan和Savannah Slone等無私的志工，在我為稿件公開求助時慨然挺身上前，你們真的太了不起了。我想特別向其中三位志工致敬，其歡快的熱情和寬厚的善念都持續提醒我，我們的目標有多麼重要，並讓我時時謹記這樣的計畫真正的精神在於社群。Kate Carey連續數週獻出她的午休時間，將作者資訊整理得井井有條。Savannah Slone結合她充沛的活力，將她優秀的設計、製作和社群媒體才能應用在計畫的許多方面；請讀者參閱《她們的選擇》的臉書、Instagram和推特（X）頁面，欣賞Savannah美麗且令人深思的「擁護選擇權」迷因圖。最後也同樣重要的是Alexis Quinlan，她陪我走過編排書稿艱困的最後階段，奉獻她的鷹眼來審校稿件內容，用仁慈的耐心處理一些令人惱火的排版問題，並提供若干巧妙至極又很有幫助的編輯建議。我想像不出還能有比妳們三位更得力的助手，本書每位讀者都蒙受妳們的恩澤。

　　若是沒有Kickstarter募資平台，這本書不會存在。非常感謝Margot Atwell提供極佳的建議和引導，還有Kickstarter平台的487位贊助者，你們用最實際的方式讓這本書誕生了。你們慷慨的捐款會用來補貼授權費用，讓這本書能夠出版，並實現延伸目標，亦即將《她們的選擇》捐給人工流產權受到攻擊的那些州的診所。我要特別向下列捐款者致上誠摯感謝，他們為本書付出額外心意：A. B.、Claressinka Anderson、Brautigam、Kate Baldwin、Pat Benson、Amelie Brown、Rebecca Burton、Desiree Cooper、Carolyn Dille、Jessica Epperson-Lusty、Luise Erdmann、Michael Herron、Paula Kamen、Erin Keogh、Jennifer MacKenna、Amanda Maystead、M. McDermott、Adele Ryan McDowell、Sue Jones McPhee（向Julia G. Kahrl博士致敬）、Alice

Liddington Moore、Carol Muske-Dukes、Anita Nalley、Patti Niehoff、Deborah O'Grady、Maria Carra Rose、Seth M. Rosen、Sharon Shula、F. Omar Telan、Joyce Tomlinson、Toni、Waffles、Kate Warren以及Elizabeth Wrigley-Field。

　　最後，我想要感謝《她們的選擇》的作者群，在編輯過程中，我很欣喜能認識這些非凡的人士。其中許多人分享了先前未曾出示給任何人看的作品；也有些人為了這本選集特地撰寫新作品，可能是述說苦候數年或數十年才終於有機會說出口的故事。有些人帶著修過的草稿回來，採納我的建議耐心琢磨，直到作品完成。能夠認識你們真好，我希望能在新書發表朗讀會上與你們見面。還有許多寄來稿件卻未獲收錄的作家，我也要感謝你們；你們的勇氣與創作能量亦成為本書的一部分。

重印文本出處
CREDITS FOR REPRINTED TEXTS

Leila Aboulela, excerpt from "Make Your Own Way Home" from *The Arkansas International* 3 (Fall 2017). Copyright © 2017 by Leila Aboulela. Reprinted with permission.
Lauren K. Alleyne, "Gretel: Unmothering." Reprinted with the permission of the author.
Lisa Alvarado, "New World Order" from *The Seattle Star* (March 8, 2017). Copyright © 2017 by Lisa Alvarado. Reprinted with the permission of the author.
Amy Alvarez, "Date of Last Period." Reprinted with the permission of the author.
Judith Arcana, "Women's Liberation" and "You Don't Know" from *What If Your Mother* (Goshen, CT.: Chicory Blue Press, 2005). Copyright © 2005 by Judith Arcana. Reprinted with the permission of the author.
Linda Ashok, "My Sister Grows Big and Small." Reprinted with the permission of the author.
Sylvia Beato, "A Good Woman Would Never." Reprinted with the permission of the author.
Ana Blandiana, "The Children's Crusade" from *The Iowa Review* 21.2 (Spring/Summer 1991). Copyright © 1991 by Ana Blandiana. Reprinted with permission.
Mahogany L. Browne, "Pelican." Reprinted with the permission of the author.
Debra Bruce, "(Amber)" from *Mezzo Cammin* 10.2. Reprinted with the permission of the author.
Sue D. Burton, "For My Great-Aunt Antoinette (Nettie) Bope, 1880–1902" from the heroic crown "Box Set" appeared in BOX, Two Sylvias Press, 2018. Reprinted by permission of the author and Two Sylvias Press.
Cathleen Calbert, "Chapel of Forgiveness." Reprinted with the permission of the author.
Emily Carr, "yolk (v.)" from *directions for flying: right side lower arms raise arms bend knees repeat on left. 36 fits: a young wife's almanac* (Furniture Press, 2010). Reprinted with the permission of the author.
Wendy Chin-Tanner, "Birth." Reprinted with the permission of the author.
Lucille Clifton, "the lost baby poem" from *The Collected Poems of Lucille Clifton*. Copyright © 1987 by Lucille Clifton. Reprinted with the permission of The Permissions Company, LLC on behalf of BOA Editions, Ltd., boaeditions.org.
Lisa Coffman, "Weather" from *Likely*. Copyright © 1997 by Lisa Coffman. Reprinted with the permission of The Kent State University Press.
Julia Conrad, "Cold Cuts and Conceptions." Reprinted with the permission of the author.
Desiree Cooper, "First Response." Reprinted with the permission of the author.
T. Thorn Coyle, "Mourning Sickness" from Starhawk and M. Macha Nightmare, *The Pagan Book of Living and Dying* (New York: HarperCollins, 1997). Copyright © 1997 by T. Thorn Coyle. Reprinted by permission.

她們的選擇：關於人工流產，作家們想說

Teri Cross Davis, "Haint" from *Haint: Poems* (Arlington, VA: Gival Press, 2016). Copyright © 2016 by Teri Cross Davis. Reprinted with the permission of the author.

Katy Day, "Dear Elegy the Size of a Blueberry." Reprinted with the permission of the author.

Emily DeDakis, "Oh Yeah, Because You Could Choose Not To." Reprinted with the permission of the author.

Lynne DeSilva-Johnson, "In Which I Am a Volcano" from *Terminations: One* from Wendy Angulo Productions' Lifting the Burden of Shame series, https://www.wendyanguloproductions.com/terminations-one-by-lynne-desilva-johnson/. Reprinted with the permission of the author.

Diane di Prima, "Brass Furnace Going Out: Song, After an Abortion" (Intrepid Press, 1975). Copyright © 1975 by Diane di Prima. Reprinted with the permission of the author.

Minerva Earthschild and Vibra Willow, Fire section from "Abortion, A Healing Ritual" from *The Pagan Book of Living and Dying* (New York: HarperCollins, 1997). Reprinted with permission.

Pat Falk, "On the Death and Hacking into a Hundred Pieces of Nineteen-Year-Old Barbara Lofrumento by an Illegal Abortionist" from *In the Shape of a Woman* (Sag Harbor, NY: Canios Editions, 1995). Reprinted with the permission of the author.

Camonghne Felix, "After the Abortion, an Older Planned Parenthood Volunteer Asks If My Husband Is Here and Squeezes My Thigh and Says, 'You Made the Right Decision' and Then 'Look What Could Happen If Trump Were President, I Mean, You Might Not Even Be Here'" from *Build Yourself a Boat* (Chicago: Haymarket Books, 2019). Copyright © 2019 by Camonghne Felix. Reprinted with the permission of the author.

Annie Finch, "Lily's Abortion in the Roomful of Statues" from *Among the Goddesses* (Pasadena, CA: Red Hen Press, 2010) and "An Abortion Day Spell for Two Voices." Reprinted with the permission of the author.

Sese Geddes, "Tugging." Originally published under the title "Abortion" in *The Sun* (February 2015). Reprinted with the permission of the author.

Shirley Geok-Lin Lim, "The Business of Machines" from *No Man's Grove*. Copyright © 1985 by Shirley Geok-Lin Lim. Reprinted with permission.

Kristen R. Ghodsee, "Sorry I'm Late." Reprinted with the permission of the author.

Jennifer Goldwasser, "Being a Woman." Reprinted with the permission of the author.

Valley Haggard, "Names of Exotic Gods and Children" from *Parhelion Literary Magazine* (2018). Copyright © 2018 by Valley Haggard. Reprinted with the permission of the author.

Jennifer Hanratty, "Tweets in Exile from Northern Ireland." Reprinted with the permission of the author.

Farideh Hassanzadeh-Mostfavi, "Nothing But the Wind." Reprinted with the permission of the author.

Deborah Hauser, "Hail Mary." Reprinted with the permission of the author.

Bobbie Louise Hawkins, "Abortion" from *My Own Alphabet*. Copyright © 1989 by Bobbie Louise Hawkins. Reprinted with the permission of The Permissions Company, LLC on behalf of Coffee House Press, coffeehousepress.org.

Ulrica Hume, "Lizard." Reprinted with the permission of the author.

Colette Inez, "Nicolette" from *Getting Under Way: New and Selected Poems* (Ashland, OR: Story Line Press, 1993). Copyright © 1993 by Colette Inez. Reprinted with permission.

Ruth Prawer Jhabvala, excerpt from *Heat and Dust*. Copyright © 1975 by Ruth Prawer Jhabvala. Reprinted by permission of Counterpoint Press.

Leyla Josephine, "I Think She Was a She." Reprinted with the permission of the author.

Soniah Kamal, "The Scarlet A." Reprinted with the permission of the author.

Paula Kamen, "Recruiting New Counselors" scenes from *Jane*. Reprinted with the permission of the author.

Pratibha Kelapure, "Interred." Appeared, in slightly different form, in *Plath Poetry Project* (October 2018).

重印文本出處

Reprinted with the permission of the author.
Myrna Lamb, *What Have You Done for Me Lately?* (Dickinson Publishing, 1974). Reprinted with the permission of the Estate of Myrna Lamb.
Joan Larkin, "Afterlife" from *My Body: New and Selected Poems*. Copyright © 2007 by Joan Larkin. Used by permission of Hanging Loose Press.
Jenna Le, "Ghazal." Reprinted with the permission of the author.
Dana Levin, "Moo and Thrall" from *Banana Palace*. Copyright © 2016 by Dana Levin. Reprinted with the permission of The Permissions Company, LLC on behalf of Copper Canyon Press, coppercanyonpress.org.
Busisiwe Mahlangu, "Through the Blood." Reprinted with the permission of the author.
Deborah Maia, "Days 14 and 15" from *Self Ritual for Invoking Release of Spirit Life in the Womb: A Personal Treatise on Ritual Herbal Abortion* (Mother Spirit Publishing, 1989). Reprinted with the permission of the author.
Shikha Malaviya, "Of the Missing 50 Million." Reprinted with the permission of the author.
Kate Manning, excerpts from "For the Relief of Obstruction" and "The Principles of Midwifery" from *My Notorious Life*. Copyright © 2014 by Kate Manning. Reprinted with the permission of Simon & Schuster, Inc.
Angie Masters, "I Bloomed," translated by Sarah Leister. Reprinted with the permission of the author.
Caitlin McDonnell, "The Abortion I Didn't Want" from *Salon* (March 2, 2015). Copyright © 2015 by Caitlin McDonnell. Reprinted with the permission of the author.
Leslie Monsour, "The Memory of Abortion Unexpectedly Returns" from *The Alarming Beauty of the Sky*. Copyright © 2005 by Leslie Monsour. Reprinted with the permission of The Permissions Company, LLC, on behalf of Red Hen Press, redhen.org.
Yesenia Montilla, "Confession #1" from *Black Girl Magic* (Chicago: Haymarket Books, 2018). Reprinted with the permission of the author.
Mary Morris, "New Religion." Reprinted with the permission of the author.
Thylias Moss, "The Virginity Thief." Reprinted with the permission of the author.
Burleigh Mutén, "Five Months Vulnerable." Copyright © 2018 by Burleigh Muten. Reprinted with the permission of the author.
Vi Khi Nao, "An Avocado Is Going to Have an Abortion." Reprinted with the permission of the author.
Hanna Neuschwander, "River." Reprinted with the permission of the author.
Ginette Paris, "Farewell My Love" from *The Sacrament of Abortion*, translated by Joanna Mott. Copyright © 1992 by Spring Publications, Inc. Reprinted with the permission of Spring Publications.
Dorothy Parker, "The Lady with a Lamp" from *Collected Stories of Dorothy Parker*. Copyright 1924, 1925, 1926, 1929, 1931, 1932, 1933, 1934, 1937, 1939, 1941, 1943, © 1955, 1958, 1995 by The National Association for the Advancement of Colored People. Used by permission of Penguin, an imprint of the Penguin Publishing Group, a division of Penguin Random House, LLC. All rights reserved.
Molly Peacock, "Merely by Wilderness" from *Cornucopia: New and Selected Poems 1975-2002*. Copyright © 1989 by Molly Peacock. Used by permission of W. W. Norton & Company, Inc.
Claressinka Anderson, "Lullaby." Reprinted with the permission of the author.
Alexis Quinlan, "Regarding Choice." Reprinted with the permission of the author.
Sylvia Ramos Cruz, "This Doctor Speaks: Abortion is Health Care." Reprinted with the permission of the author.
Jennifer Reeser, "Remembering How My Native American Grandfather Told Me a Pregnant Woman Had Swallowed Watermelon Seeds." Reprinted with the permission of the author.

• 429 •

她們的選擇：關於人工流產，作家們想說

Susan Rich, "Post-Abortion Questionnaire – Powered by Survey Monkey" from *wildness* (January 12, 2018). Reprinted with the permission of the author.

Ana Gabriela Rivera, "Free and Safe Abortion." Reprinted with the permission of the author.

Angelique Imani Rodriguez, "Not Yours." Reprinted with the permission of the author.

Alida Rol, "What Was, Still Is" from *Antima: A Journal of Narrative Verse* (Fall 2018). Reprinted with the permission of the author.

Cin Salach, "You Are Here." Reprinted with the permission of the author.

Saniyya Saleh, "A Million Women are Your Mother," translated by Issa J. Boullata, from *Women of the Fertile Crescent – Modern Poetry by Arab Women*, edited by Kamal Boullata (Three Continents Press, 1978). Reprinted with the permission of the Estate of Issa Boullata.

Jacqueline Saphra, "Getting into Trouble." Reprinted with the permission of the author.

Purvi Shah, "Saraswati Praises Your Name Even When You Have No Choice" from *Miracle Marks*. Copyright © 2017, 2019 by Purvi Shah. Published 2019 by Curbstone Press / Northwestern University Press. All rights reserved.

Manisha Sharma, "You Have No Name, No Grave, No Identity." Reprinted with the permission of the author.

Larissa Shmailo, "Abortion Hallucination" from *Exorcism* (Songcrew, 2008). Reprinted with the permission of the author.

Agnes Smedley, excerpt from *Daughter of Earth*. Reprinted with the permission of The Permissions Company, LLC on behalf of The Feminist Press, feministpress.org.

Ellen McGrath Smith, "Corona and Confession." An earlier version of this poem was published in *TPQ* online. Reprinted with the permission of the author.

Edith Södergran, "We Women" from *We Women: Selected Poems of Edith Sodergran*, translated by Samuel Charters. Translation copyright © 1977 by Sam Charters. Reprinted with the permission of The Permissions Company, LLC, on behalf of Tavern Books.

Starhawk, "Prayer to the Spirit" from *The Pagan Book of Living and Dying: Practical Rituals, Prayers, Blessings, and Meditations on Crossing Over* (HarperCollins, 1997). Reprinted with the permission of the author.

Alina Stefanescu, "Psalm" from *Stories to Read Aloud to Your Fetus*. Copyright © 2017 by Alina Stefanescu. Reprinted with the permission of The Permissions Company, LLC on behalf of Finishing Line Press, finishinglinepress.com.

Gloria Steinem, "A Promise." Reprinted with the permission of the author.

Ellen Stone, "American Abortion Sonnet #7." Reprinted with the permission of the author.

Ann Townsend, "The Spring of Life" from *Dear Delinquent*. Copyright © 2019 by Ann Townsend. Reprinted with the permission of The Permissions Company, LLC, on behalf of Sarabande Books, sarabandebooks.org.

Joanna Valente, "The Pill vs. the Springfield Mine Disaster." Reprinted with the permission of the author.

Nicole Walker, "Abortion Isn't Beautiful." Reprinted with the permission of the author.

Hilde Weisert, "The Idea." Reprinted with the permission of the author.

Laura Wetherington, "My Excuse: I Had an Abortion. What's Yours?" Reprinted with the permission of the author.

Lesley Wheeler, "Song of the Emmenagogues" from *Mezzo Cammin* 11.1. Reprinted with the permission of the author.

Arisa White, "On That Day" from *Hurrah's Nest* (Virtual Artists Collective, 2012). Reprinted with the permission of the author.

Sholeh Wolpé, "The Jewel of Tehran." Reprinted with the permission of the author.

重印文本出處

Galina Yudovich, "Cardboard Pope." Reprinted with the permission of the author.

Excerpt from THE WOMEN OF BREWSTER PLACE: A NOVEL IN SEVEN STORIES by Gloria Naylor, copyright © 1980, 1982 by Gloria Naylor. Used by permission of Viking Books, an imprint of Penguin Publishing Group, a division of Penguin Random House LLC. All rights reserved.

Excerpt from KITCHEN GOD'S WIFE by Amy Tan, copyright © 1991 by Amy Tan. Used by permission of G. P. Putnam's Sons, an imprint of Penguin Publishing Group, a division of Penguin Random House LLC. All rights reserved.

EXCERPT [2297 WORDS] FROM "WHEN LIFE GIVES YOU LEMONS" FROM "SHRILL: Notes from a Loud Woman" (New York: Hachette, 2016), pp. 55-63 by Lindy West
Published by arrangement with Lindy West c/o Black Inc.,
the David Black Literary Agency through Bardon-Chinese Media Agency
Complex Chinese translation copyright © 2025 by Guerrilla Publishing Co., Ltd.
ALL RIGHTS RESERVED

Copyright © 1992 by Ursula K. Le Guin
First appeared in Ms. Magazine in 1992,
then in UNLOCKING THE AIR, published by HarperCollins in 1996
Reprinted by permission of Ginger Clark Literary, LLC.

Copyright © 1982 by Audre Lorde
Published by arrangement Regula Noetzli – Affiliate of the Charlotte Sheedy Literary Agency, Inc., through The Grayhawk Agency.

"The Year the Law Changed" from BLUE ROSE by Carol Muske-Dukes, copyright © 2018 by Carol Muske-Dukes. Used by permission of Penguin Books, an imprint of Penguin Publishing Group, a division of Penguin Random House LLC. All rights reserved.

作者介紹
Contributors

Leila Aboulela 著有《The Kindness of Enemies》、《The Translator》(入選柑橘文學獎初選名單)、《Minaret》和《Lyrics Alley》(榮獲蘇格蘭聖安德烈十字文學獎小說獎)。她的作品已被譯為十五種語言,她是肯因非洲文學獎(Caine Prize for African Writing)首任得主。

Josette Akresh-Gonzales 打入 2017 年的 Split Lip 寫作比賽決賽,並獲手推車獎(Pushcart Prize)提名;她的詩作散見於《The Pinch》、《Breakwater》、《[PANK] Magazine》等刊物。她與丈夫和兩個兒子住在波士頓地區,騎自行車至一間非營利性質的醫學出版社工作。@Vivakresh

Lauren K. Alleyne 為詩人和教育者,著有《Honeyfish》及《Difficult Fruit》。她的得獎作品集中於《大西洋月刊》、《紐約時報》、《Tin House》雜誌和《Ms.》雜誌「Muse」專欄。她目前在詹姆斯麥迪遜大學(James Madison University)的憤怒花朵詩學中心(Furious Flower Poetry Center)擔任助理主任。

Lisa Alvarado 墨西哥裔美國籍。猶太人。詩人。內部煽動者。長女的長女。〈新世界秩序〉(New World Order)在創作之初是一則警世故事,現在卻成了時事。lisaalvarado.net

Amy Alvarez 的詩作散見於《Sugar House Review》、《Rattle》、《New Guard Review》等刊物。她的詩作〈Alternative Classroom Senryu〉獲手推車獎提名。她是南緬因大學岩岸(Stonecoast)藝術碩士學程的校友,目前在西維吉尼亞大學任教。

Claressinka Anderson 在洛杉磯居住和工作。她是倫敦人,創立了「海生計畫」(Marine Projects)藝術沙龍,呈現出一種與現代藝術互動的高度適應模式。在《Autre Magazine》、《Contemporary Art Review Los Angeles》、《Artillery Magazine》和《The Chiron Review》中可找到她的一些作品。

無名歌謠詩人(Anonymous balladeers)在蘇格蘭的邊疆地區活動,學者認為多

作者介紹

數為女性。數百年來他們用口語方式傳下民謠,因此歌詞有很多種版本。最早提到〈譚林〉(Tam Lin)的可考資料是1549年,不過這首民謠本身的歷史可能要古老得多。

Judith Arcana寫詩、故事、論說文和書籍——包括《Grace Paley's Life Stories, a Literary/Political Biography》;最新出版的詩集為《Announcements from the Planetarium》;而即將出版的《Hello. This Is Jane》是一本短篇小說集,每個故事互有關聯,靈感源自Judith在「羅訴韋德案」之前在芝加哥從事的地下人工流產工作經驗。juditharcana.com

Linda Ashok是來自印度的詩人。她著有《whorelight》(Hawakal, 2017),主辦每年一度的RL詩獎,負責RLFPA Editions出版社,並編有「印度詩歌精選」(Best Indian Poetry)系列。欲進一步了解她的出版作品、職務、新聞和影音資訊,請參訪:lindaashok.com。

Sylvia Beato是作家和教育者,詩作散見於《Split This Rock》、《Calyx Journal》、《Tupelo Quarterly》等刊物。她的小書《Allegiances》由Ghostbird Press出版。

Melody Bee為已有子宮和將有子宮者喉舌以及提供支援。對於一般民眾的生育知識和文化改造而言,她發揮了讓人重新思考主流典範的作用。她現在與家人住在澳洲新南威爾士州阿拉瓜爾地區(Arakwal Country)。

Tara Betts著有《Break the Habit》和《Arc & Hue》。她是《The Beiging of America: Personal Narratives about Being Mixed Race in the Twenty-First Century》的共同編輯,也是Philippa Duke Schuyler回憶錄《Adventures in Black and White》批注本的編輯。

Ana Blandiana已出版十四本詩集、兩本短篇小說集、九本散文集、一本長篇小說。迄今她的作品已被譯為二十四種語言,有五十八種詩文出版品。她的詩集《My Native Land A4》讓她榮獲歐洲自由詩人獎(European Poet of Freedom Prize)。

Mahogany L. Browne是作家、組織負責人和教育者。她著有《Woke Baby》、《Black Girl Magic》、《Kissing Caskets》、《Dear Twitter》,以及即將出版的《Woke: A Young Poet's Call to Justice》。Browne是青年文學營Urban Word NYC的藝術總監,同時也獲得Cave Canem、Poets House和Rauschenberg的獎助肯定。現居布魯克林。

Debra Bruce最新的著作為《Survivors' Picnic》。她在《Evansville Review》、《Salamander》、《Shenandoah》和《Women's Studies Quarterly》發表過數首以非自願懷孕和人工流產為主題的詩作。〈〈安柏〉〉((Amber))最初發表在《Mezzo Cammin: An Online Journal of Formal Poetry by Women》。debrabrucepoet.com

Sue D. Burton著有《BOX》(Two Sylvias Press Prize, 2018)和《Little Steel》(Fomite,

• 433 •

2018）。她了不起的瑰寶〈箱子組詩〉（Box Set）（本書收錄第一至三節）榮獲第四文類雜誌史坦伯格獎（Fourth Genre's Steinberg Prize）。她曾在佛蒙特婦女健康中心擔任醫師助手，並從事此職務超過二十五年。

Cathleen Calbert的作品可見於多種刊物，包括《Ms. Magazine》、《新共和》（*New Republic*）、《紐約時報》和《巴黎評論》（*Paris Review*）。她著有四本詩集：《Lessons in Space》、《Bad Judgment》、《Sleeping with a Famous Poet》、《The Afflicted Girls》。

Emily Carr的最新著作《Whosoever Has Let a Minotaur Enter Them, Or a Sonnet—》由McSweeney's出版。它促成一款同名啤酒上市，現在可在Ale Apothecary買到。Carr的塔羅牌情詩集《Name Your Bird Without a Gun》即將由Spork出版。

Wendy Chin-Tanner著有《Turn》，此書進入奧勒岡圖書獎決選名單；另著有《Anyone Will Tell You》。她在《The Nervous Breakdown》雜誌擔任詩歌編輯，也在美國詩人協會（Academy of American Poets）的「每日一詩」（Poem-a-Day）、《RHINO》、《Denver Quarterly》和《The Rumpus》等期刊發表作品。

Lucille Clifton（1936-2010），著有《Good Woman: Poems and a Memoir》（1987）、《Next》（1987）、《Two-Headed Woman》（1980）等，擔任馬里蘭州桂冠詩人，曾兩度進入普立茲獎決選名單，並榮獲包括國家圖書獎、露絲．里利獎（Ruth Lilly Prize）和佛洛斯特終身成就獎（Frost Medal）等無數詩歌獎項。

Lisa Coffman出版了兩本詩集：《Likely》和《Less Obvious Gods》。《Writer's Almanac》、《Oxford American》、BBC新聞台、《Village Voice》和許多文學期刊都曾以專題介紹她的詩文。Coffman獲得國家藝術基金會（National Endowment for the Arts）和皮尤慈善信託基金會（Pew Charitable Trusts）的獎助金。

Jane Hardwicke Collings是澳洲助產士、作家和教師。她創立了薩滿式女力學校（School of Shamanic Womancraft），在全球各地舉辦研討會，探討懷孕、生產和更年期的神性與薩滿面向。她的著作包括《Thirteen Moons: How to Chart Your Menstrual Cycle》和《Ten Moons: The Inner Journey of Pregnancy》。

Julia Conrad是出身布魯克林的作家。她擁有愛荷華大學非虛構文學類的藝術碩士學位，曾在《Massachusetts Review》、《Vol. 1 Brooklyn》和《Revista Nexos》等刊物發表文章。她崇尚用幽默、燻牛肉三明治以及堅定不移的愛對抗羞恥感。

Desiree Cooper是2015年克雷斯基藝術家獎助金（Kresge Artist Fellowship）得主、普立茲獎提名記者，並著有獲獎的極短篇小說集《Know the Mother》。她改編自〈The Choice〉的短片在「柏林極短片影展」（Berlin Flash Film Festival）以及「洛杉磯最佳短片影展」（Los Angeles Best Short Film Festival）中獲獎。現居維吉尼亞

作者介紹

州海邊。

T. Thorn Coyle 著有多本靈性類書籍,包括《Evolutionary Witchcraft》和《Kissing the Limitless》,以及兩部現代奇幻系列:「The Witches of Portland」和「The Panther Chronicles」。身為性別酷兒(genderqueer),Coyle 想要提醒我們,生育正義影響所有人──不論是順性別者(cis)、跨性別者(trans)或非二元性別者(non-binary)。

Teri Cross Davis 的詩集《Haint》(Gival Press)榮獲 2017 年俄亥俄州圖書詩歌獎 (Ohioana Book Award for Poetry)。她的作品散見於許多文選集和期刊,包括《Not Without Our Laughter: Poems of Joy, Humor, and Sexuality》、《Poetry Ireland Review》以及《Tin House》。現居馬里蘭州銀泉市(Silver Spring)。

Dymphna Cusack(1902-1981),著有十二本長篇小說、多本劇作以及童書,也是澳大利亞作家協會(Australian Society of Authors)的創始人之一。她是反核人士及和平運動家,立下遺囑將遺產留給共產黨。澳洲廣播公司(Australian Broadcasting Company)將《有請擲幣人》(Come in Spinner)改編為電視劇。

Katy Day 現居華盛頓特區,為藝文專案管理者,也是單親媽媽。她的詩作散見於《The Rumpus》、《[PANK] Magazine》、《Barrelhouse Magazine》、《Tinderbox Poetry Journal》等刊物。她曾進入布蕾特・伊莉莎白・詹金斯詩歌獎(Brett Elizabeth Jenkins Poetry Prize)的決選名單,並獲頒內華達山大學(Sierra Nevada College)的「絕佳手稿獎學金」(Exceptional Manuscript Scholarship)。

Emily DeDakis 是以北愛爾蘭貝爾法斯特為據點的作家、製作人和劇作家,與 Accidental(以藝術家為主的工作室兼劇場)和 Fighting Words Belfast(為年輕人設立的創意寫作中心)合作。她的作品散見於《Dead Housekeeping》、《Vacuum》、《Ulster Tatler》、《Yellow Nib》等刊物以及 BBC 電視台。

Lynne DeSilva-Johnson 是一位多模態(multimodal)的創作者兼學者,著力於人、語言、科技和體系變遷之間的交會點。近期可見其作品的刊物包括《Big Echo》、《Matters of Feminist Practice》和《The Exponential Festival》。其新作《Sweet and Low》即將由 Lark Books 出版。DeSilva-Johnson 在普瑞特藝術學院(Pratt Institute)任教,並身兼藝文組織「作業系統」(The Operating System)的創辦人和創意總監。

Diane di Prima 的四十本著作包括《Loba》、《Memoirs of a Beatnik》和《Recollections of My Life as a Woman: The New York Years》。她與 Amiri Baraka 合編《The Floating Bear》,為詩人出版社(Poets Press)、紐約詩人劇場(New York Poets Theatre)和

舊金山魔法與療癒藝術學院（San Francisco Institute of Magical and Healing Arts）的共同創辦人，且為舊金山桂冠詩人。

Minerva Earthschild 是以「收復」（Reclaiming）儀式開啟法力的女巫、正式受銜的禪師，也是律師、調解人和兒童權益提倡者。她為人工流產後正在療癒的女性主持研討會和儀式，她也教導魔法與瑜伽。她近來剛喪偶，目前也從事悲悼工作，包含療癒各種形式的失去。

Mariana Enriquez 是阿根廷作家。她的著作包括《Bajar es lo peor》和《Cómo desaparecer completamente》等長篇小說，還有一本中篇小說和兩本短篇小說集。西班牙、墨西哥、智利、玻利維亞和德國都出版了她的選集。

Pat Falk 是獲獎作家，著有五本詩文集，最新的作品為《A Common Violence》。她的作品散見於各大文學期刊，包括《New York Times Book Review》和《Creative Nonfiction》。她是紐約州立大學納蘇社區學院（Nassau Community College）的教授，個人網站為：atpatfalk.net。

Camonghne Felix 為詩人、政治策略家、媒體狂熱者、文化工作者。她的第一本未刪節版詩集《Build Yourself a Boat》（Haymarket Books, 2019）入選國家圖書獎初選名單。

Annie Finch 是詩人、作家、教師、表演者。她的著作包括《The Ghost of Meter》、《Calendars》、《A Poet's Craft》、《Spells: New and Selected Poems》，以及一首關於人工流產、長到自成一本書的詩，書名為《與女神同行：七個夢境中的史詩歌劇腳本》（Among the Goddesses: An Epic Libretto in Seven Dreams）。

Anne Finger 已出版數部長篇小說、短篇小說集，以及一本回憶錄，包括《Call Me Ahab》和《Past Due: A Story of Disability, Pregnancy, and Birth》。她曾罹患小兒麻痺症，現為身心障礙者爭取權益，曾為障礙研究學會（Society for Disability Studies）和 AXIS 舞蹈公司（AXIS Dance Company）負責人。

SeSe Geddes 現居加州聖塔克魯茲，在當地教授肚皮舞和創意新聞寫作課。她認為人工流產應該安全、合法且去汙名化。除此之外，她也認為應該創造一個為選擇生育的女性提供支持的社會。「擁護選擇權」和「擁護家庭權」是可以並行的。

Kristen R. Ghodsee 是獲獎作者、民族誌學者，以及賓州大學俄羅斯及東歐研究教授。她著有九本書，文章被譯為十幾種語言，發表在《Foreign Affairs》、《Dissent》、《新共和》、《華盛頓郵報》和《紐約時報》上。

Jennifer Goldwasser 1977 年出生於舊金山。她是藝術家和工藝家，運用纖維物質

作者介紹

和其他媒材自創各種作品,偶爾也寫詩、歌曲和信件。她對自然療法、靈性和環境生態學都充滿熱情。她單親撫養兩名幼兒。

Valley Haggard 是作家、教師和靈氣療法大師。Valley創立了小型出版社以及網路雜誌「Lifein10minutes.com」,並著有《The Halfway House for Writers》和《Surrender Your Weapons: Writing to Heal》。她目前與兩隻貓、一隻鬆獅蜥、一個丈夫、一個兒子和一隻獵犬同住在維吉尼亞州里奇蒙市。

Jennifer Hanratty 為現居北愛爾蘭貝爾法斯特的女人和母親。北愛爾蘭的婦女與醫療人員若是終止妊娠,將面臨最高終身監禁的刑期,即使是遭強暴懷孕或是胎兒有致命性異常狀況也不例外。

Farideh Hassanzadeh-Mostafavi 是伊朗詩人、譯者和自由文字記者。她曾翻譯幾個版本的名家詩選,包括 T．S．艾略特、菲德里科．賈西亞．羅卡（Federico García Lorca）、馬麗娜．茨維塔耶娃（Marina Tsvetaeva）、雅羅斯拉夫．塞佛特（Jaroslav Seifert）、紀伯倫（Khalil Gibran）和布拉佳．狄米特娃（Blaga Dimitrova）。她最新的著作為《The Anthology of Contemporary American Poetry》。

Deborah Hauser 是詩人、女性主義者、行動主義者、婦女保健診所伴護員、合格倦怠治療師、童話故事修正主義者,以及《Ennui: From the Diagnostic and Statistical Field Guide of Feminine Disorders》的作者。她在長島過著雙面人生,平日從事保險業。

Bobbie Louise Hawkins（1930-2018）,著有《One Small Saga》（1984）和《My Own Alphabet》（1989）,作品包括超過二十本虛構類、非虛構類、詩歌以及表演性獨白。她曾在紐約市和舊金山演出自己的作品,也曾到加拿大、英國、德國、日本和荷蘭演出。

Ulrica Hume 著有靈性懸疑小說《An Uncertain Age》,以及《House of Miracles》,後者收錄了數篇互有關聯的愛的故事,其中一篇被美國筆會（PEN）選中,並在全國公共廣播電台（NPR）播放。她感情豐富的極短篇散見於網路和文選集中。她是迷宮嚮導。ulricahume.com

Colette Inez（1931-2018）,著有《The Woman Who Loved Worms》等十本詩集、一本回憶錄、一齣關於瑪麗．雪萊（Mary Shelley）的歌劇劇本,以及獲獎聯篇歌曲（song cycle）《Miz Inez Sez》的歌詞。她榮獲古根漢獎（Guggenheim）和國家藝術基金會獎（NEA）,並在哥倫比亞大學等多處任教。

Florence James（1902-1993）,為出生於紐西蘭的作家、編輯、文學經紀人。她與Dymphna Cusack合著了一本童書以及獲獎之長篇小說《有請擲幣人》。她已因

• 437 •

工作而在倫敦待了二十年，為活躍的和平主義者，亦為澳洲貴格會成員。

Ruth Prawer Jhabvala（1927-2013），著有數部長篇小說與短篇小說集，並與James Ivory和Ismail Merchant合作，以《此情可問天》（*Howards End*）及《窗外有藍天》（*A Room with a View*）奪得兩座奧斯卡最佳改編劇本獎。她於1975年以《熱與塵》（*Heat and Dust*）贏得布克獎。

Georgia Douglas Johnson（1880-1966），為非裔美籍詩人和劇作家。她是某個報紙聯合專欄的作者，並出版了四本詩集：《The Heart of a Woman》、《Bronze》、《An Autumn Love Cycle》、《Share My World》。

Leyla Josephine是詩人、表演藝術家、編劇和劇場工作者，出身蘇格蘭格拉斯哥。《衛報》、BBC電視台、《Upworthy》和《BuzzFeed》都曾專門報導她。她在多場詩歌擂台（poetry slam）獲勝，包括英國全國詩歌擂台賽（UK National Poetry Slam）。她的出道作《Hopeless》由Speculative Books出版。

Soniah Kamal的長篇小說《Unmarriageable: Pride & Prejudice in Pakistan》獲選為2019年《金融時報》讀者票選最佳圖書。她的小說出道作《An Isolated Incident》入選湯森獎（Townsend Award）虛構文學類決選名單。她上TEDx Talk談了第二次機會的主題。她的作品散見於《紐約時報》、《衛報》、《大西洋月刊》等。

Paula Kamen以伊利諾州埃文斯頓（Evanston）為據點，為劇作家及四本非虛構類女性主義著作的作者，包括探討女性與慢性疼痛關聯的《All in My Head》。她的評論和賞析散見於《紐約時報》、《McSweeney's》、《華盛頓郵報》、《Salon》和《Ms.》。paulakamen.com

Pratibha Kelapure是真實人類，但藉由創立網路雜誌《The Literary Nest》，她生活在自己打造的幻想文字世界中。本書收錄的這首詩，靈感來自數個悲慘的人工流產故事，在那些文化中的婦女未擁有任何權利。

肯亞青少年　奈洛比有614名青少年，對研究者說出他們的朋友如何處理意外懷孕的狀況。他們的課本和試卷都灌輸他們「人工流產是錯誤且有害的行為」的觀念。其中有63%的人說自己每週都會出席基督教或穆斯林聚會。他們的平均年齡為十六歲。

Lauren R. Korn為新布倫瑞克大學（University of New Brunswick）專攻創意寫作的文學碩士生，也是《Adroit Journal》的內容總監。在本書所收錄的詩作〈而邊際出現了〉（And There Is This Edge）中，「邊際出現了」（there is this edge）這個句子出自Joy Harjo的〈Call It Fear〉。

Myrna Lamb（1935-2017），著有十六部劇本和五部電影腳本。她的短篇劇本，包

括《你最近有為我做過什麼嗎？》(*What Have You Done for Me Lately?*)，是在新女性主義劇場製作的，而Joseph Papp創立的公共劇院（Public Theater）則製作了她的女性主義音樂劇《Mod Donna》(1970)和《Apple Pie》。她曾榮獲國家藝術基金會獎和古根漢獎。

Joan Larkin的著作包括《Blue Hanuman》、《My Body: New and Selected Poems》、《Cold River》等。她亦編過數本選集，包括與Carl Morse合編的《Gay and Lesbian Poetry in Our Time》，且當了一輩子的老師，最近任教的單位是史密斯學院（Smith College）。她獲得的榮譽包括雪萊紀念獎（Shelley Memorial Award）和美國詩人學會獎助金（Academy of American Poets Fellowship）。

Jenna Le著有《Six Rivers》(NYQ Books, 2011)和《A History of the Cetacean American Diaspora》(Indolent Books, 2018)，後者榮獲埃爾金獎（Elgin Awards）第二名。她被詩人Marilyn Nelson選為「海邊的詩」(Poetry by the Sea)首屆十四行詩比賽的冠軍。她的詩作散見於《Los Angeles Review》、《Massachusetts Review》和《West Branch》。jennalewriting.com

Ursula K. Le Guin（1929-2018），著有《黑暗的左手》(1969)和《一無所有》(1974)等長篇小說、短篇小說集、散文集、童書、詩集和譯文，2014年榮獲國家圖書基金會（National Book Foundation）頒發的美國文學傑出貢獻獎章。

Dana Levin的第四本著作為《Banana Palace》。她的作品散見於《Best American Poetry》、《紐約時報》、《POETRY》和《American Poetry Review》。Levin滿懷感恩地領受羅娜・賈菲基金會（Rona Jaffe Foundation）、懷汀基金會（Whiting Foundation）和古根漢基金會給予的榮譽，並且在聖路易的馬利維爾大學（Maryville University）擔任傑出駐校作家。

Amy Levy（1861-1889），英國詩人、小說家、散文家。1879年，她成為史上第二個進入劍橋大學就讀的猶太女學生，更是史上第一個進入該校紐納姆學院（Newnham College）的猶太女學生，而她待了兩年就離開了，在離開前出版了第一本詩集《Xantippe and Other Verses》。她另著有兩本詩集和三本小說。

林玉玲的《跨越半島》(*Crossing the Peninsula*)榮獲大英國協詩歌獎（Commonwealth Poetry Prize）。她獲頒美國多種族文學研究協會（Multiethnic Literatures of the United States）終身成就獎，已出版十本詩集、六本小說，以及《The Shirley Lim Collection》。她的回憶錄《月白的臉》(*Among the White Moon Faces*)和文選集《The Forbidden Stitch》榮獲美國圖書獎（American Book Awards）。

Audre Lorde（1934-1992），黑人女同志女性主義詩人、作家、散文家、評論家、

行動主義者，為黑人與女同志女性主義和交織性理論的先驅。她的十八本著作包括《Coal》和《The Black Unicorn》、《Sister Outsider: Essays and Speeches》、《The Cancer Journals》等詩集，以及回憶錄《薩米：我的新名字》（Zami: A New Spelling of My Name）。

Busisiwe Mahlangu 著有《Surviving Loss》，該作曾在南非國家劇院（South African State Theatre）演出，她也是「博識計畫」（Lwazilubanzi Project）的創始人。她榮獲南非國家圖書館（National Library of South Africa）和南非詩歌學院（Mzansi Poetry Academy）頒發的詩歌和擂台獎。她透過 Busi Designs 從事珠寶設計，並在南非大學（University of South Africa）攻讀創意寫作。

Deborah Maia 原本是微生物全職研究員，後來轉換跑道關注草藥醫學與生產教育。她開發出一套「儀式性按摩」系統，結合儀式與身體動作，並著有《祈求釋放子宮內有靈生命的自我儀式》一書，1989年由 Mother Spirit Press 出版。

Shikha Malaviya 為南亞詩人和作家。她是「（大）印度詩社」（The (Great) Indian Poetry Collective）的共同創辦人，這是一間導師制的出版社，為本地和流居海外的印度人發表心聲。她曾上 TEDx 演講，也曾是作家與寫作計畫協會（AWP）的導師，並在2016年獲選為加州聖拉蒙（San Ramon）的桂冠詩人。

Kate Manning 著有長篇小說《Whitegirl》和《我惡名昭彰的人生》（My Notorious Life），後者改編自維多利亞時代一位惡名昭彰的接生婆的真實故事。她曾擔任電視紀錄片製作人，贏得兩座艾美獎，並為《紐約時報》、《華盛頓郵報》和《衛報》撰稿。

Angie Masters 為瓜地馬拉泛性戀（pansexual）女性主義教師、社會學學生、詩人。她創立了「蜂鳥行動圖書館社團」（Tz'unun Mobile Library Collective），為「湛藍牢籠社團」（Atrapados en Azul Collective）成員，也是人權運動者，致力於根除對女性施加的暴力，並運用藝術達成草根社會轉型。

Caitlin Grace McDonnell 是詩人／作家／教師／母親，現居布魯克林。她的詩作與散文廣泛發表於諸多刊物，已出版的作品有長篇《Looking for Small Animals》（nauset press 出版）和極短篇《Dreaming the Tree》（belladonna 出版）。目前她正在寫一本自傳性質的小說。

Leslie Monsour 著有兩本詩集，曾五度獲得手推車獎提名，並獲頒國家藝術基金會獎助金，在無數刊物中發表過詩作、散文和譯文。她熱切相信生育選擇權是女性最基本的權利。做出這樣的抉擇並不容易，但擁有抉擇的自由是必不可少的。

作者介紹

Yesenia Montilla 是非裔拉丁美洲詩人,為移民第二代。她的詩作散見於《Gulf Coast》、《Prairie Schooner》等刊物中。她在德魯大學(Drew University)取得藝術碩士學位,目前為 CantoMundo 組織的畢業會員。她的第一本詩集《The Pink Box》於 2016 年入選美國筆會獎初選名單。

Mary Morris 榮獲麗塔・朵芙獎(Rita Dove Award),著有詩集《Enter Water, Swimmer》。她的作品散見於《POETRY》、《Poetry Daily》、《Arts & Letters》、《Prairie Schooner》、《Massachusetts Review》,以及許多優質文學期刊。現居新墨西哥州聖塔菲。mary@water400.org

Thylias Moss 六十五歲時已出版了十四本書,榮獲麥克阿瑟天才獎(MacArthur Genius Grant),並獲美國國家書評人協會獎(National Book Critics Circle Award)提名,不過她最得意的一件事是與七十一歲的口語藝術家和協作者 Bob Holman 共譜戀曲。

Carol Muske-Dukes 的第九本詩集為《Blue Rose》(Penguin, 2018),此書進入普立茲獎初選名單。她是南加州大學的教授,在該校設立了創意寫作/文學的博士學程。她曾為加州的桂冠詩人,也是小說家、散文家、劇作家,曾榮獲許多獎項。

Burleigh Mutén 現居麻州西部的樹林中,那裡有老鷹翱翔、貓頭鷹滑翔,月光在森林中灑落滿地光點。她是以艾蜜莉・狄金生為主題的詩體小說(verse novel)《Miss Emily》的作者,另著有數本童書。

Vi Khi Nao 著有榮獲夜舟獎(Nightboat Prize)的《The Old Philosopher》、榮獲 2016 年 FC2 出版社羅納德・蘇肯尼克創新小說獎(Ronald Sukenick Innovative Fiction Prize)的短篇小說集《A Brief Alphabet of Torture》,以及長篇小說《Fish in Exile》。她擁有布朗大學(Brown University)藝術碩士學位。

Gloria Naylor(1950-2016),著有小說《布魯斯特街的女人們》(The Women of Brewster Place),該書榮獲美國圖書獎和國家圖書獎,並由歐普拉(Oprah Winfrey)改編為電視劇;其他著作包括《Linden Hills》、《Mama Day》、《Bailey's Cafe》、《The Men of Brewster Place》,以及小說體的回憶錄《1996》。

Hanna Neuschwander 是科學溝通師和散文作家。她目前與丈夫和兩名存活的女兒住在奧勒岡州波特蘭市。

Frank O'Hara(1926-1966),美國作家、詩人、藝術評論家。他被視為「紐約詩派」(New York School)的初始成員。他的第一本詩集為《A City Winter and Other Poems》,而在他身後出版的數本選集中,首部出版的《The Collected Poems of

Frank O'Hara》即榮獲1972年國家圖書獎詩歌獎。

Ginette Paris為加州聖塔芭芭拉帕西菲卡研究學院（Pacifica Graduate Institute）的榮譽教授，專攻榮格與原型心理學。她在美國、加拿大和歐洲教學與演講。她是心理學家、治療師，且著有多本作品，包括原名為《墮胎聖禮》(*The Sacrament of Abortion*) 的《墮胎心理學》(*The Psychology of Abortion*)。

Dorothy Parker（1893-1967），美國詩人、作家、評論家，以及知名的「阿爾岡昆圓桌會議」（Algonquin Round Table）創始成員之一。她的著作包括詩集《Enough Rope》和《Sunset Guns》，以及小說《Laments for the Living》和《Here Lies》。她於1959年獲選為美國藝術暨文學學會（American Academy of Arts and Letters）成員。

Molly Peacock著有《The Analyst》和另外六本詩集，與人共同創立了紐約市地鐵車廂中的「會動的詩」（Poetry in Motion）計畫。另著有《The Paper Garden: Mrs. Delany Begins Her Life's Work at 72》，Peacock亦出現在以未生育女性為主題的紀錄片《我所謂的自私人生》(*My So-Called Selfish Life*) 中。

Cristina Peri Rossi為烏拉圭小說家、詩人、譯者，著有短篇小說集等超過三十七本書，包括《La nave de los locos》(1984)。她於1972年自烏拉圭流亡至西班牙，以直言不諱地捍衛公民權和言論自由而聞名。

Katha Pollitt為美國詩人、散文家、評論家，作品主要以偏左派的觀點探討人工流產、種族歧視、女性主義和福利改革等主題。Pollitt的作品散見於《紐約時報》、《Mother Jones》、《哈潑雜誌》、《Nation》以及《London Review of Books》。她最新的著作為《Pro: Reclaiming Abortion Rights》。

Alexis Quinlan為現居紐約市的作家和教師。她最新的小書（chapbook）名為《an admission, as a warning against the value of our conclusions》（Operating System, 2014）。

Sylvia Ramos Cruz的作品植基於藝術、女性生活，以及日常生活中的不平等，均來自她在波多黎各、紐約和新墨西哥生活的親身觀察。她的獲獎作品可見於印刷和網路出版品。本書收錄的詩作靈感來自一篇報紙文章，它觸動了她身為外科醫師和女性主義者的心靈。

Susan Rich著有四本詩集，最新的一本為《Cloud Pharmacy》。她的詩作散見於《Antioch Review》、《Harvard Review》、《New England Review》和《O Magazine》。她曾榮獲美國筆會獎和泰晤士報文學增刊獎（Times Literary Supplement Award，倫敦）。現居西雅圖。

Ana Gabriela Rivera為宏都拉斯詩人、環境工程師、女性主義者，以及Colectiva

作者介紹

Matria 和 La Línea Segura Hn 的創辦人。她致力於研究與推廣多元交織性女性主義（intersectional feminism），包括爭取不受限制地進行人工流產的權利。

Angelique Imani Rodriguez 為出生在布朗克斯區的波多黎各裔（Bronx-Boricua），在《The James Franco Review》工作。她曾三度獲得「我們民族的藝術之聲」（VONA）會員資格，目前在編輯《Fried Eggs and Rice: An Anthology by Writers of Color on Food》並經營網路讀書俱樂部 Boricongo Book Gang。她希望〈不是你的〉（Not Yours）能鼓勵女性保持真實自我。

Alida Rol 擔任婦產科醫師將近三十年。在她執業期間始終深信，女性對自身的醫療決定應該有最大的發言權，包括安全地終止妊娠的權利。她現於奧勒岡州尤金市（Eugene）生活與寫作。

Cin Salach 曾與音樂家、畫家、攝影師合作超過三十年，最近還加上廚師和科學家。她相信詩能改變人生，這個信念引領她創立 poemgrown，協助客戶用詩為他們人生中最重要的場合留下印記。而最值得留下印記的重要場合，莫過於女性的選擇權了。

Saniyya Saleh（1935-1985），敘利亞詩人，著有《al-Ghobar》（沙塵）、《al Zaman al-Daiq》（時間緊迫）、《Hiber al-Idaam》（奪命墨水）、《Qasaed》（詩）、《Zacar al-Ward》（雄性玫瑰）。

Jacqueline Saphra 為詩人和劇作家。她第二本未刪節版詩集《All My Mad Mothers》（Nine Arches Press 出版）進入 2017 年艾略特獎的決選名單。她的詩集《Dad, Remember You Are Dead》亦由 Nine Arches 出版。

Purvi Shah 因其對抗女性承受的暴力所展現出的領導力，榮獲首屆 SONY 南亞社會服務卓越獎（SONY South Asian Social Service Excellence Award）。她著有《Terrain Tracks》和《Miracle Marks》。她最愛從事的藝術活動是畫閃亮的眼影、發出吵鬧的笑聲，以及尋求正義──包括生育正義。@PurviPoets, purvipoets.net

Manisha Sharma 是印度人，以各種文類撰寫社會議題。她的作品於 2019 年進入「美國（極）短篇小說競賽」（American Short(er) Fiction Contest）半決選名單。身為作家與寫作計畫協會（AWP）的詩歌導生，她曾在佛蒙特藝術中心（Vermont Studio Center）和布雷德洛夫作家創作營（Bread Loaf Writers' Conference）駐村。她在維吉尼亞州新河社區大學（New River Community College）擔任英文講師和瑜伽冥想老師。

Larissa Shmailo 為詩人、小說家、譯者、編輯、評論家。她最新的小說作品為《Sly Bang》，最新的詩集是《Medusa's Country》。她很慶幸自己能合法做人工流產，

也希望能讓所有女性永遠都能安全、自由、合法地進行人工流產。

Agnes Smedley（1892-1950），美國記者、作家，也是爭取女性權利、避孕措施和兒童福利的行動主義者。她被認為曾是印度、俄國和中國共產黨的間諜。她已出版的六本著作包括與中國共產主義相關的主題，以及極具影響力的小說《大地的女兒》（*Daughter of Earth*）。

Ellen McGrath Smith 於匹茲堡大學任教。她的著作包括《The Dog Makes His Rounds》、《Scatter, Feed》，以及《Nobody's Jackknife》（West End Press, 2015）。她的作品曾榮獲奧蘭多獎（Orlando）和造雨人獎（Rainmaker），散見於《紐約時報》、《American Poetry Review》等期刊。ellenmcgrathsmith.com

Edith Södergran（1892-1923），使用瑞典語的芬蘭詩人。她在世時出版了四冊詩集，《Landet som icke är》（非地之地）則是於她離世後出版的作品。

Starhawk 為作家、行動主義者、樸門（permaculture）設計師、教師，以及現代以地球為中心的靈性主義和生態女性主義中，一個有力的嗓音。她獨寫或合著了十三本書，包括《The Spiral Dance: A Rebirth of the Ancient Religion of the Great Goddess》以及生態烏托邦小說《The Fifth Sacred Thing》和《City of Refuge》。

Alina Stefanescu 出生於羅馬尼亞，現居阿拉巴馬州。她著有詩集《Stories to Read Aloud to Your Fetus》（Finishing Line Press, 2017）。她的小說集《Every Mask I Tried On》榮獲燦馬圖書獎（Brighthorse Books Prize）。她現為阿拉巴馬州詩歌協會（Alabama State Poetry Society）會長。

Gloria Steinem 為女性主義行動家，著有數本暢銷書，包括《內在革命》（*Revolution from Within*）和回憶錄《My Life on the Road》。她創立了全國女性政團（The National Women's Political Caucus）和女性媒體中心（The Women's Media Center），且為《Ms. Magazine》的創刊編輯，於 2013 年獲頒總統自由勳章（Presidential Medal of Freedom）。

Ellen Stone 著有《The Solid Living World》（Michigan Writers' Cooperative Press, 2013）。Stone 是為了年輕時的自己、三個女兒以及家族中的堅強女性而撰寫人工流產主題。

譚恩美（Amy Tan）著有長篇小說《喜福會》，此書長踞《紐約時報》暢銷榜達四十週；她另外還有五本《紐約時報》暢銷書。她也寫過一本回憶錄、劇本和兩本童書。她的文章和故事刊登在許多雜誌和選集中，作品被譯為三十五種語言。

Ann Townsend 著有三本詩集：《Dear Delinquent》（2019）、《The Coronary Garden》（2005）、《Dime Store Erotics》（1998），並與 David Baker 共同編輯《Radiant Lyre:

Essays on Lyric Poetry》(2007)。現為俄亥俄州格蘭維爾(Granville)丹尼森大學(Denison University)英文系教授,她也是「VIDA:文學中的女性」(VIDA: Women in Literary Arts)的共同創辦人。

Joanna C. Valente 為住在布魯克林的人類。這個人是《Sirs & Madams》、《The Gods Are Dead》、《Marys of the Sea》、《Sexting Ghosts》、《Xenos》、《No(body)》(即將由 Madhouse Press 出版,2019年)的作者,並編有《A Shadow Map: Writing by Survivors of Sexual Assault》。

Nicole Walker 著有《The After-Normal: Brief, Alphabetical Essays on a Changing Planet》(Rose Metal Press)和《Sustainability: A Love Story》(Mad Creek Books)。她的舊作包括《Where the Tiny Things Are》、《Egg》、《Micrograms》、《Quench Your Thirst with Salt》、《This Noisy Egg》。

Hilde Weisert 2015年的詩集《The Scheme of Things》由 David Robert Books 出版。她獲得的獎項包括2017年葛瑞琴・華倫獎(Gretchen Warren Award)、2016年特腓勒期刊詩歌獎(Tiferet Journal Poetry Award),以及2008年露意絲・克萊斯頓詩歌獎(Lois Cranston Poetry Award)。她是麻州西部桑迪斯菲德藝術中心(Sandisfield Arts Center)的共同負責人,現居北卡羅萊納州桑迪斯菲德和教堂山(Chapel Hill)。hildeweisert.com

Lindy West 為美國作家、喜劇演員、行動主義者,曾在《Jezebel》、《GQ》和《衛報》發表作品。她的著作有《刺耳:一個大聲婆的筆記》(*Shrill: Notes from a Loud Woman*)(已改編成影集,在 Hulu 上播放)以及《The Witches Are Coming》。她是 #ShoutYourAbortion 的共同發起人,榮獲女性媒體中心社群媒體獎(Women's Media Center Social Media Award)。

Laura Wetherington 的第一本書《A Map Predetermined and Chance》(Fence Books)被詩人 C. S. Giscombe 選為「國家詩歌系列」(National Poetry Series)得獎作品。她是 Baobab Press 的詩歌編輯,目前在阿姆斯特丹大學學院(Amsterdam University College)和內華達山大學太浩校區(SNC Tahoe)的短期到校(low-residency)藝術碩士學程教授創意寫作。

Lesley Wheeler 即將出版的著作包括她的第一本小說《Unbecoming》、她的第五本詩集《The State She's In》,以及雜文集《Poetry's Possible Worlds》。她是《Shenandoah》的詩歌編輯,現居維吉尼亞州,投票支持擁護生育自主權的一方。

Arisa White 著有《You're the Most Beautiful Thing That Happened》、《A Penny Saved》和《Hurrah's Nest》。她合著有《Biddy Mason Speaks Up》,這是寫給青少年的「為正

義奮戰」(Fighting for Justice)系列中的第二本書。White現為科爾比學院(Colby College)創意寫作助理教授。arisawhite.com

Vibra Willow 為「收復」(Reclaiming)傳統中資歷豐富的祭司、教師和儀式人員，曾主持多場公開和私人儀式，歷年來亦在各種刊物上發表女性主義巫術和異教信仰的相關文章。她是退休律師，目前對全球律師教授人權、英文和法律英文。

Mary Wollstonecraft(1759-1797)，英國作家和哲學家。她著有數本小說、一本法國大革命主題的歷史書、一本談禮儀的書，以及《為女權辯護》(*A Vindication of the Rights of Woman*, 1792)。她在生下第二個孩子(《科學怪人》的作者瑪麗‧雪萊)後去世。《瑪麗亞：又名，女人之過》(*Maria: or, The Wrongs of Woman*)為她死後出版的作品。

Sholeh Wolpé 為出生於伊朗的作家。她著有數本劇本和十二本譯作、文選和詩集，包括《Keeping Time with Blue Hyacinths》和《The Conference of the Birds》。她住過英國和千里達，現居洛杉磯。sholehwolpe.com

Galina Yudovich 在美國婦產科醫師學會(American College of Obstetricians and Gynecologists)的全球女性健康部門(Office of Global Women's Health)擔任計畫專家。她現於舊金山州立大學攻讀社工碩士學位(MSW)，並擔任該校的「女性地位政策研究員」(Status of Women Policy Fellow)。

21世紀前作品年表
Timeline of Pre-Twenty-First-Century Works

無名歌謠詩人（Anonymous Balladeers），〈譚林〉（Tam Lin），1549年左右
Mary Wollstonecraft，《瑪麗亞：又名，女人之過》（*Maria: or, The Wrongs of Woman*），1798年
Amy Levy，〈抹大拉的馬利亞〉（Magdalen），1884年
Edith Södergran，〈我們女人〉（We Women），1918年左右
Georgia Douglas Johnson，〈母性〉（Motherhood），1922年
Dorothy Parker，〈提著燈的女士〉（Lady with a Lamp），1932年
Agnes Smedley，《大地的女兒》（*Daughter of Earth*），1935年
Frank O'Hara，〈一場人工流產〉（An Abortion），1952年
Myrna Lamb，《你最近有為我做過什麼嗎？》（*What Have You Done for Me Lately?*），1968年
Saniyya Saleh〈一百萬個女人都是你的母親〉（A Million Women Are Your Mother），1970年左右
Ruth Prawer Jhabvala，《熱與塵》（*Heat and Dust*），1975年
Diane di Prima，〈熄滅的黃銅熔爐：人工流產後之歌〉（Brass Furnace Going Out: Song, After an Abortion），1975年
Colette Inez，〈妮可萊特〉（Nicolette），1977年
Gloria Naylor，《布魯斯特街的女人們》（*The Women of Brewster Place*），1982年
Audre Lorde，《薩米：我的新名字》（*Zami: A New Spelling of My Name*），1982年

女巫書系 Witches 02
她們的選擇：關於人工流產，作家們想說
Choice Words: Writers on Abortion

主　　編	安妮・芬奇（Annie Finch）
譯　　者	聞若婷、夏荼泓
責任編輯	郭姵妤
企劃行銷	陳詩韻
封面設計	馮議徹
印　　刷	漢藝有限公司
初版一刷	2025年6月
定　　價	560元
ＩＳＢＮ	978-626-99522-5-0（平裝）

出 版 者	游擊文化股份有限公司
	電郵：guerrilla.service@gmail.com
	網站：https://guepubtw.com
	Meta：http://www.facebook.com/guerrillapublishing2014
	Instagram／Threads：@guerrilla296
法律顧問	王慕寧律師
總 經 銷	前衛出版社＆草根出版公司
	地址：104台北市中山區農安街153號4樓之3
	電話：(02)2586-5708
	傳真：(02)2586-3758

著作權所有 翻印必究
本書如有破損、缺頁或裝訂錯誤，請聯繫總經銷。

國家圖書館出版品預行編目（CIP）資料

她們的選擇：關於人工流產，作家們想說／
安妮・芬奇（Annie Finch）主編；聞若婷、夏荼泓譯
一初版一台北市：游擊文化，2025.06
448面；21×14.8公分（Witches 02）
譯自：Choice Words: Writers on Abortion
ISBN 978-626-99522-5-0（平裝）
1.CST：人工流產
544.18　　　　　　　　　114004474

CHOICE WORDS: WRITERS ON ABORTION
Copyright © 2020 by Haymarket Books
All rights reserved.
Originally published in USA in 2020 by Haymarket Books
Complex Chinese edition published in 2025 by Guerrilla Publishing Co., Ltd.
Under the license from Haymarket Books
Through Power of Content Co. Ltd.